"中南民族大学本科教材建设项目"资助成果

基本道德教育原理

薛忠祥　主编

中国·武汉

内容简介

本教材内容分为七个部分,从道德的本质、发生原理到道德教育的理论与实践,再到学习德性的养成,构建了一个全面而系统的道德教育与学习框架,旨在帮助读者深入了解道德的本质、起源和重要性,掌握道德教育的有效方法,并促进个人德性的养成和提升。

本教材适用于大中专院校德育原理教学,也适用于中小学教师和家庭德育培训。

图书在版编目(CIP)数据

基本道德教育原理/薛忠祥主编. —武汉:华中科技大学出版社,2024.5
ISBN 978-7-5772-0778-0

Ⅰ.① 基… Ⅱ.① 薛… Ⅲ.① 德育-教材 Ⅳ.① G41

中国国家版本馆 CIP 数据核字(2024)第 100779 号

基本道德教育原理 薛忠祥 主编
Jiben Daode Jiaoyu Yuanli

策划编辑:	肖丽华 傅 文
责任编辑:	苏克超
封面设计:	原色设计
版式设计:	赵慧萍
责任校对:	张汇娟
责任监印:	周治超
出版发行:	华中科技大学出版社(中国·武汉) 电话:(027)81321913
	武汉市东湖新技术开发区华工科技园 邮编:430223
录 排:	华中科技大学出版社美编室
印 刷:	武汉科源印刷设计有限公司
开 本:	787mm×1092mm 1/16
印 张:	12
字 数:	263 千字
版 次:	2024 年 5 月第 1 版第 1 次印刷
定 价:	58.00 元

本书若有印装质量问题,请向出版社营销中心调换
全国免费服务热线:400-6679-118 竭诚为您服务
版权所有 侵权必究

前言

此教材的写作，源于三个重要时刻。

第一个时刻，是在笔者完成教育学博士后研究出站后，将自己的研究成果《教育存在论——教育科学的形而上学基础研究》的基本原理应用在教学中已经过约十年的实践、反思、凝练。笔者于2012年正式入职中南民族大学教育学院，任教本科课程"德育原理"。在比较、分析、实践、论证诸多德育原理教材的基础上，逐步形成了自己的学术原则和教学思路，此《基本道德教育原理》就是该思路和原则的反映。

第二个时刻，是笔者在教育存在论的研究、建构、发展的基础上，寻找到教育学的本体——育，以及确定育理学为教育学、教学论、课程论等"教学技艺"的科学原理基础。发现"育"之理后，笔者马上将其应用在"德"的育理研究与实践之中。"德育理学"方是道德教导、道德教学的科学基础。如此，本教材是"育理学""德育理学"的应用。

第三个时刻，恰值中国经过改革开放后基本完成了经济上、物质上从匮乏时期迈向富足时期的历史机遇，在这种历史转变时刻，中国不仅面临着建构自己的并且是世界普遍的学术话语体系，而且面临着国人的心灵世界、意义世界、精神世界都要从匮乏状态的被求之爱转向富足基础上的自由之爱，道德也要从一种具有被迫性的义务状态转向自由选择的责任、正义与真爱。

在以上时代的转变之中，就要在注重具体的家庭道德规范、社会道德规范、职业道德规范等道德规范建设的同时，提供一个根本性的、普遍性的、必然性的道德基础，这个道德基础就是基本道德。基本道德决定着具体道德的道德性，也保证具体道德的不走样、不缩水、不扭曲；而具体道德作为基本道德的具体表现和实践，也更能凸显道德的魅力与风采，构成人们美好生活的灵魂。

基于以上三个时刻，本教材具有三个特点。

第一，本教材以马克思主义伦理学的道德观为基础原则。本教材打通"伦理学""政治学""教育学"的关系，把道德教育建立在"伦理学"和"政治学"对道德、善恶、正义等德目研究的原理基础之上，使其具有深刻的学理素养，同时也让"伦理学"和"政治学"的德目要求有科学的教育原理以教化为人的道德素养；走出"心理学"对品德的知情意行的线性和抽象框架设定，将德育原理按照马克思主义伦理学的基本原理重新扎根在人性、社会性的根本现实基础之上，纳入道德"质料因、动力因、形式因、目的因"框架之内，按照"自然善、功利善、义务善、自由善、正义善、目的善"六类级别的道德善来建构新的道德教育原理。

第二，本教材致力于人类的基本道德研究和基本道德教育，为青少年树立远大的共产主义理想和中国特色社会主义现实理想奠定基本道德元素，使他们无论追求什么样的思想道德、政治道德、美好生活等，都会拥有一个具备基本道德素养的、诚实的、完善的人性基础；本教材根据人的生活道德、家庭道德、学校道德等的发生、发展特点，量身打造学生的基本生活德性、家庭伦理德性、学习德性等具体德目，以充分发挥学生所处具体场域的利益关系对道德的发动和影响作用，使得道德教育更接地气，扎根更深，行稳致远。

第三，本教材对课堂教学提供"对话—反诘—引领—生成"的对话辩证教学方式支撑，每一主题都分解为相对独立且循环上升的系统性问题，由一个个问题的解决生成相应的观念、概念、信念，进而影响学生的道德行为，乃至生成道德素养。

本教材前六讲由笔者撰写，第七讲由笔者的硕士生安紫琪撰写。第七讲阐释的德性的本质、作用、培养等基本思想和基本原理，均来自笔者的教育原理、德育原理，并不存在脱节之处。在此，笔者对安紫琪表示感谢。为了表述需要，书中难免存在少量重复之处，敬请谅解。

目 录

第一讲　为何是道德 ── 001
　一、自在与自我：命运给人的两大实体 ── 003
　二、道德，为人与国祚的根本 ── 004
　三、道德界定 ── 009
　四、道德的目的 ── 012

第二讲　道德发生原理 ── 023
　一、道德发生的历史溯源 ── 025
　二、道德发生的要素结构 ── 035
　三、道德发生的等次类型和递进规律 ── 041

第三讲　道德教育概念与德育目标的界定 ── 051
　一、道德教育的概念界定 ── 053
　二、育本体范畴中的德育概念 ── 055
　三、育本体范畴中的德育目标 ── 068

第四讲　德育过程实质与基本道德之境 ── 073
　一、当下德育过程为何存在不可靠性 ── 075
　二、德育具体目标：基本道德和具体道德 ── 082
　三、基本道德教育目标（一）：根道德 ── 085
　四、基本道德教育目标（二）：主体道德 ── 088
　五、基本道德教育目标（三）：荣耀之德 ── 090

第五讲　道德教育的理论基础分析 ── 095
　一、道德教育的间接理论基础分析 ── 097

二、道德教育的直接理论基础分析 — 106
三、道德教育的教育理论基础构想 — 111

第六讲　道德教育原则和实务 — 115
一、道德教育的基本原则 — 117
二、道德教育实务 — 125

第七讲　学习德性及其养成 — 145
一、学习与德性的历史发展 — 147
二、学习德性培养的必要性、迫切性、可行性 — 153
三、学习德性的内涵和外延 — 158
四、大学生学习德性的培育策略 — 180

第一讲

为何是道德

基本问题：

1. 为什么是道德，而不是别的属性是人与动物区别的根本标志？
2. 究竟什么是道德？
3. 道德的目的何在？

一　自在与自我：命运给人的两大实体

无论是人类总体还是每个个体，都无法否认这样的事实：在生死面前，没有人可以逃脱命运的安排。无论人类整体还是个体都不能自己决定自己的生死，除了父母告诉自己的生日，人并不能经历自己的降生，因为当时他并没有意识更没有记忆；同样人也不能体验自己的死亡，因为死亡后人是不可能再回来告诉你死后如何的。所以，在生死命运面前，按照海德格尔的说法，人是被命运抛到世界上来的，而这个被抛事件，并没有经过人的同意。尽管按照萨特的观点，人不得不接受和选择被抛的出生，但是，人依然是命运的产物。人的生死宿命既然如此不堪，难道人在命运面前就是无所作为的吗？回答是否定的。因为命运在安排人的宿命的同时，也给予每个人两大实体：自在与自我。

自在，在萨特看来是与自为相对的存在，是指前意识的存在；在康德看来则是不透明的物自体；在辩证唯物主义看来就是不以人的意志为转移的客观实在。这种自在之在被有的人看来是可以认识的，例如辩证唯物主义者；被其他人看来是不可被认识的，例如休谟和康德，在其看来，我们人类只能认识物自体显现给我们的现象，却不能看到物自体本身。我们以辩证唯物主义为指导，认为自在之在是可以被我们所认识、所把握、所利用的。因此，自在之在，虽然不能为我们所创造，但是可以作为我们存在的客观实在而给予我们生存和发展的可靠性基础，并且构成我们认识的信念，进而创造科学和技术，以有利于人类和我们自身。

自在之在，包括作为大自然的所有无生命物质，例如金木水火土等，也包括有生命之物，例如花草树木、鸟兽虫鱼、人类自身。但是，人类的自在是一种特殊的自在，只有人类的肉体和心体才构成人类的自在，即人类的小自然。不管大自然还是人类的小自然，都是命运给予人类的礼物，都成为人类生存和发展的根基和材料，并且以其不可被任何意志随意撼动的客观性来教导和控制着人类的任性。正因为如此，许多人才认为人类有无穷尽的宿命需要服从，例如中国人的天命观、斯多葛派的命定论，以及许许多多民间信奉的自然神。但是，人类是不甘于被自在之在随意摆布命运的，他们要奋起，要努力掌控自己的命运。而这个能够让人奋起、努力掌控自己的命运的实在就是人类的自我。

自我之在，在人类学进化史上诞生于从神的掌控中用理性审视自然、审视自身命运的时刻。例如，古希腊的哲学家苏格拉底就努力引导人们要过用理性审视的生活，并且指出，不经理性审视的生活是不值得过的。中国周朝的周公旦等认识到"皇天无亲，惟德是辅"的政治原则，伯阳父则超越迷信，用阴阳理性观解释地震的原理。伴随着缓慢的历史进化，直到近代，首先由欧洲人发现人类的个体自我，并且经由法国哲学家笛卡儿的觉悟从认知理性上确定自我的存在，即是他的著名命题"我思故我在"。在政治上的个体自我确立，则是由英国的洛克所确立的每个人天生就具有的不可剥夺的三大权利：生命权、财产权和自由权。在经济上，同样由英国的亚当·斯密提出不需要政府干预的自由主义市场原则。以上近代自我的诞生都是个人主义式的自我，这样的自我凭借自己的智慧理性、正义理性、功利理性推翻了束缚在其身上的封建羁绊，全面而深刻地推动了各个相关民族、国家乃至全人类的生存、进步和发展，开创了世界史，使人类进入全球化时代。但是，个人主义式的自我也是有缺陷的，在内部会造成两极分化，产生新的不平等，在外部则会导致世界富国和穷国、发达国家和不发达国家之间的对立与冲突。由此，基于马克思主义的中国人则在全球化的世界提出了集体自我，并且主张集体自我的生存权和发展权，联合一切可以联合的力量，抵抗霸权主义，走向新的公平的、正义的世界。

然而，作为实体的自我却不能被上述自我性质所替代。因为，无论是个人主义的自我还是集体自我，都是自我的某种属性或者功能状态，这些自我形式只能被作为自我实体的表现、选择和行动时才会显现出来。作为实体的自我主体因此不能是政治学的、经济学的、文化学的、人类学的对象，而只能是哲学和心理学的对象。作为哲学的自我主体是一种理性实体，具有认知、思考、分析、理解、综合、批判、逻辑、建构等属性和功能；作为心理学的自我主体则是一种自我意识，是一种能够自我认同、自我反思、自我创造、自我成就的心理实体。这样的具有自我意识的理性自我实体，构成了每个人类个体的天赋人性。这样的天赋人性，才使每个个体既能够与自在实体相连，拥有自己最坚实的实在，又能够走向自觉建构的世界——意义世界。从而不仅把自在自然变为自我实在中的经验、技艺、知识、智慧、功利、道德、美感等形式构造的意义世界，而且能够根据意义世界的安排，用美的形式将自在自然的质料进行重新安排，从而生产和制造出属人的新的物质世界。

如此，在这样的意义上可以说，人类的自我意识是整个大自然的自我意识，人类个体的自我意识则是个体肉体自然自在的自我意识。自我与自在，是一对人类独特的意义基因，是意义世界的脱氧核糖核酸结构，二者之间的纠缠、复制、生成，共同建构和生成着人类的意义世界，进而推进个体教养和人类文明的诞生和发展。

（二）道德，为人与国祚的根本

道，在汉语词源里从"辵（辶）"，即行走和小步跑的意思；从"首"，即看的方向，导向。有导向的行动和走路，便为道。后引申为能够指导行动的道路、道理、规律、规则。德，在汉语词源里从"彳"，也是有行为的意思；从"惪"，即十目视心，用心领会且内修。表明德字是综合了人的行为、舆论、环境、内心修养的词汇。

道、德合用为道德，就是指根据道的要求，内得于己、外施于人的一种行动、一种修养，一种规范。道德英语单词是 morality，来自拉丁语的 mores，意为风俗、习惯。说明西方的道德含义来自风俗习惯，后来西方人更多用 virtues 来指代道德，更加具有了人的修养的含义。在亚里士多德的《尼各马可伦理学》中，他把道德分为理智道德和伦理道德。理智道德可以通过教育方式而产生或增长，但需要时间和思考，如明智、理智、智慧等；伦理道德必须在实践中通过习惯而产生，例如慷慨、节制等。

道德的主体有两个，一是个体，二是集体。最完善的集体是国家，所以集体道德的集中体现就是国家道德，我们所指的集体道德主要指国家道德。无论是个体道德还是国家道德，都是个体主体和国家主体赖以生存和发展的根本品质所在。

（一）道德，国祚之本

谈起道德对国家的意义，没有比中华民族的国家建设更好的例子了。中华民族和世界其他古老民族一样，较早进入农耕文明时代并且建立了自己的国家。在古巴比伦、古埃及、古印度等古文明体里面，只有中华民族建立的国家留下了浩如烟海的历史记录。通过这些历史记录，我们会发现道德对中国国家的根本作用。

自从夏禹带领中华民族治理洪水以来，中国人就有了定居生活，并且开始了农耕文明，在农耕经济的基础上，建立起夏朝、商朝等国家政权。由于当时人类处在蒙昧时期，一开始的国家都是信奉天命的，所以才有各个朝代受命于天的天子制度。例如历史记载中的商朝革了夏朝的命，周朝又革了商朝的命。哪个朝代拥有了天命，哪个朝代就有了合法性；反之依然。在对待天命的态度上，像夏朝和商朝就是比较迷信的。例如，在商纣王时期，西伯侯姬昌治理的西岐国井井有条，深得民心，并且进行领土扩张。有一次，他的军队打败了一个叫作黎的部落，商纣王的大臣祖伊感到非常恐惧，于是奔告于王，对纣王说："天子！上天要终止我殷朝的天命了。"可是纣王听了一点也不担心，反而哈哈大笑着说："哎呀，担心什么？我生不有命在天乎？"由于商纣王迷信天命而不重视人事，最终被西周革了命。

即便当时的西周也没想到能够这么顺利打败商，因为西周是个小邦国，而商是一个大国。但是为什么大国商被小邦西周打败了呢？对这个问题，周朝的奠基者周武王和他的兄弟周公旦都在进行反思。反思的结果，让他们认识到，并不是什么天命决定着王朝的命运，而是统治者的道德决定着国家的命运。因此他们总结出了"皇天无亲，惟德是辅"的政治观念。并且用这些观念教导商朝遗民，让他们认识到并不是西周想要取代商朝统治，而是因为商朝的统治者失德导致天命转移到有德的西周上面来。不仅如此，周公旦还亲自撰写《酒诰》《梓材》等，教导幼小的侄子周成王不要任性、不要放纵，要"以德配天，敬天保民"。正是因为周公旦的文治教化，建立起了完备的周礼制度，从而奠定西周四百多年的国祚。但是，由于他们并不能认识到人性也有向恶的现实，权力过大就会导致滥用权力的腐败现象，进而导致国家倾覆。到了周幽王时期，因为其滥用权力，并且公权私用，上下离心，外敌入侵时不能组织有效防御，致使西周灭亡。即便后来又有东周天子，但是因为失去实力，成为各个诸侯国争霸天下的工具。当然，因为周天子失德的示范效应，引起一系列的诸侯失国、弑君弑父、士大夫失家、属下犯上、屡见不鲜。这便是"礼崩乐坏"的时代。可以说，整个周朝史就是有德得天下、失德失天下的显著案例。

正是鉴于周朝礼仪制度的形式主义弊端，春秋战国时期兴起的知识分子进行反思、建构，在吸收周公旦礼教思想的基础上，形成了孔子的仁爱的道德体系和德政观。例如，孔子反问道："人而不仁，如礼何？人而不仁，如乐何？"强调"为政以德，譬如北辰居其所而众星拱之"。指出"道之以政，齐之以刑，民免而无耻"，提倡"道之以德，齐之以礼，有耻且格"。接力于孔子的德政和德教思想，孟子提出仁政思想和仁义美德，并倡导知识分子的特立独行，奉行"得志与民由之，不得志独行其道""仰不愧于天，俯不怍于人"的独立人格标准。荀子则看到人性也有向恶的趋势，提出要"化性起伪"，实行礼法教化。经由孔子、孟子、荀子等的思想建构，儒家的古典道德理论基础完善了起来，同时也成为中华道统和学统的思想源头，更成为后世政统和国家治理体系的思想源泉和理论根据。此外，还有信奉自然道德的老子、庄子，他们作为儒家的有效批判者，指出"失道而后德，失德而后仁，失仁而后义，失义而后礼。夫礼者，忠信之薄而乱之首"。要求政治和人性要返璞归真，回归自然道德。后来成就了魏晋风度，玄学基础。可以说，一部中华史，就是一部道德史；一部中国国家史，就是一部道德建构和解构史。从罢黜百家、独尊儒术，到存天理、灭人欲，其兴也勃焉，其亡也忽焉，基本就是有德和失德的交替史。

（二）道德，为人之根

古代很多哲人都提出了人之所以区别于其他动物的性质：有的说人天生是政治的动物，有的说人是有语言的动物，有的说人是理性的动物，有的说人是符号的动物。以上种种说法都说明了人区别于动物的某些特征。但是，说出人从根本上区别于动物的特征的是孟子。他说："人之所以异于禽兽者几希，庶民去之，君子存之。"意思是人和动物的根本差别是很微小的，然而就是这一点点差别，才把人从动物界里提升出来成为人，即便这一点点差别，作为普通人却常常丢弃它，只有有教养的君子才会小心呵护和保存它。那么这一点点人性特征是什么呢？孟子说，是由恻隐之心、羞恶之心、辞让之心、是非之心等"四心"发端、构成的仁、义、礼、智等四个道德。缺少了"四心"，人就不成其为人。所以孟子说："无恻隐之心，非人也；无羞恶之心，非人也；无辞让之心，非人也；无是非之心，非人也。""恻隐之心，仁之端也；羞恶之心，义之端也；辞让之心，礼之端也；是非之心，智之端也。"并且认为:"仁,人之安宅也;义,人之正路也。旷安宅而弗居,舍正路而不由,哀哉!"

不仅在中国,古希腊学者苏格拉底、柏拉图、亚里士多德等人也认为美德是人的根本特征。只不过苏格拉底、柏拉图认为无知是作恶的原因,只要拥有了善本身的知识和美本身的知识,人们才不会为恶。所以在他们看来,知识就是美德。亚里士多德则在此基础上进行了改进,认为道德包括理智道德和伦理道德。苏格拉底、柏拉图讲的美德属于理智道德,可以通过教导获得,比如理智、明智、智慧等。但是,有道德知识不一定有道德行为,所以还必须有伦理道德。伦理道德就是依靠实践和习惯形成的,并且只能在实践行动中才能形成。比如慷慨只能在慷慨的行动中形成,节制只能在节制的行动中形成,勇敢只能在勇敢的行动中形成。西方人非常重视道德,所以他们的教育学者认为道德是教学的最高目的或者主要目的。科学教育学的创始人赫尔巴特就持有这样的观点。

与西方人关于道德的知识立场相比较,中国人更加重视道德修养。中国人不仅把道德作为人之为人的、区别于动物的根本标志,而且把道德作为人的学习、教学的主要目的。所以,无论是作为小学教学内容的礼乐射御书数等六种技艺,还是作为大学教学内容的诗书礼乐易等六种经典(乐经因在战国丢失,故后来称为五经),其中根本性的和中心性的目标还是道德。故有"大学之道,在明明德,在亲民,在止于至善"的大学宗旨,并且为了达到这一宗旨,便有了"弟子入则孝,出则弟,谨而信,泛爱众而亲仁。行有余力,则以学文"的弟子规,也有了格物、致知、诚意、正心、修身、齐家、治国、平天下的士人学子的进学路径,并且以"喜怒哀乐之未发,谓之中;发而皆中节,谓之和""致中和,天地位焉,万物育焉"的中庸之道为学习的最高境界。中庸是修为境界,更是一种美德,这种美德极具包容性,因此君子"尊德性而道问学,致广大而尽精微,极高明而道中庸",提倡"万物并育而不相害,道并行而不相悖",以至于"同归而归殊途,一致而百虑"。基于此,才有北宋司马光的"才德"关系之论。他认为:"夫才与德异,而世俗莫之能辨,通谓之贤,此其所以失人也。夫聪察强毅之谓才,正直中和之谓德。才者,德之资也;德者,才之帅也……是故才德全尽谓之圣人,才德兼亡谓之愚人,德胜才谓之君子,才胜德谓之小人。凡取人之术,苟不得圣人、君子而与之,与其得小人,不若得愚人。"

可以说,在人的众多性质中,智力+知识+欲望+功利=聪明/明智,智力+知识+欲望+功利+道德=智慧,快乐+道德=美感,智慧+美感=境界,聪明得来快感,智慧决定命运,境界决定品位。聪明对于命运喜忧参半,而缺乏智慧尤其是缺乏道德者,即便有显赫权位、殷实家业、金山银山等,也最终会败。拥有智慧者,不仅能改变不利命运,而且能够守住家业和权位。传统所说"忠厚传家久,诗书继世长",也只是说了其中个别要素。而有德者有福,或者幸福即快乐,则是片面之词;舍生取义,杀身成仁,也只是两难之下的极端选择,而非普遍行动。所以,以智慧支撑命运,则是幸福的、快乐的,苏格拉底、亚里士多德的合乎道德的目的即幸福接近于这个标准。在身心自然、健康基础上，道德是一切之本，是良行、良知、良能、良性，是个人与社会发展完善的动力源、定向根、幸福核。性相近的智力，则是天生我材必有根基的天赐之性；才华则是对智力的后天开发和应用，这便是习相远的意蕴。

无独有偶，2015年左右，北京师范大学核心素养课题组的调研结果（见图1-1）显示，人们所认为的最为核心素养便是道德品质。

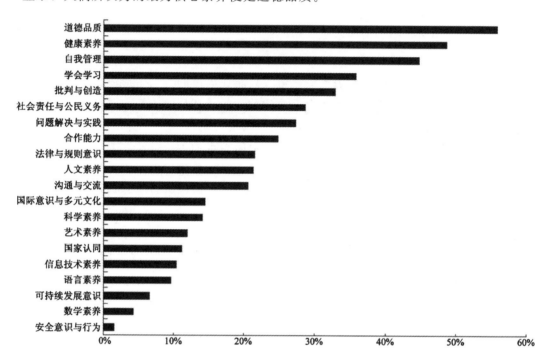

图1 北京师范大学核心素养课题组的调研结果

正因为道德是人之为人的根本特质，所以中国人更加重视对儿童的道德教化。由此产生了很多成语和格言。像"防微杜渐""少成若天性，习惯如自然""积善之家必有余庆，积不善之家必有余殃。臣弑其君，子弑其父，非一朝一夕之故，其所由来者渐矣"。也有很多教学方法和原则。例如把儿童比作一块璞玉，儿童的本心就是胚璞，教化的过程就是如雕刻玉器一般切磋琢磨的过程。这一过程要提前预判，不做无准备之教，对于不好的萌芽要在未发作之前就打掉它，所以叫作豫（预防性原则）；同时要及时处理道德问题，这个原则叫作时（及时性原则）；要根据儿童具体发展顺序和特点进行教导，这个原则叫作逊（循序渐进原则），同时要让儿童们互相监督、互相学习、共同进步，这就是相观而善的摩（集体性原则）。

可以说，正是因为认识到道德是国祚之存续、为人之人性的根本所在，中华民族的仁人志士才如此不遗余力地既能从自身做起，以自强不息推进文明，以厚德承载文化血脉，铁肩担道义，任重而道远，鞠躬尽瘁，死而后已；又能不断教化，或者如江河之奔腾，汹涌澎湃，或者如涓涓之细流，不绝如缕。以推进斯文为天命，不让斯文失堕于地，而后应用到庙堂政治、社会人性、日常生活，前仆后继，兴亡继绝，终使中华民族文明虽有劫难，但是依然绵绵不绝，贯通古今。在连续性中有创新，旧邦新命，其命维新；在创新中有连续，述而不作，为往圣继绝学，敬畏天命，敬畏圣人言，为天下开太平。

三 道德界定

要想给道德下定义是很难的。因为在日常意义上，人们已经把道德当成了区分善恶的标准在使用。例如，他们经常说某个人"道德"或者"不道德"，就意味着某个人是"善"或者"恶"，是"对"或者"错"，是"好"或者"坏"，是"是"或者"非"，是"真"或者"假"，是"美"或者"丑"，等等。但是，在严格意义上，从伦理学的角度看，道德是一种社会现象，是一种调整人们相互关系的特殊行为规范，只不过这种行为规范与法律法规等的强制性不同，主要依靠人们的自愿、风俗、习惯等来实施。把自觉的社会规范性当成道德的特性固然好，但这会带来一个矛盾，即一方面强调其自愿自觉性，另一方面又强调来自个体之外的社会性，那么我们要问的是：作为自觉自愿的个体主体，又如何心甘情愿地遵循社会的规范规制呢？所以，要想真正体现道德的自愿规范性，单凭其社会规范性还是不足的。这样的社会性界定具有外在的非意愿性，因此是有瑕疵的、不完美的。要想克服这样的缺陷，就需要回到人的原初境遇，发现道德的原始特征。

即便是最好的人类文化学，在面对社会的风俗习惯等规范性起源的时候，已经不能从发生学的角度准确描述道德规范的原始发生特征了，因为再高明的人类学家面对的也是既成事实的道德规范。要想准确描述道德的特征，就必须从个体道德发生学来寻找。

人类个体呱呱落地的时候，他有道德吗？生物学派认为这样的婴儿肉体里面是有"道德"基因的，因为这是一种可以趋利避害的基因。趋利避害，倘若利益最大化就是道德原则的话，人的本能也会是道德的。但是，这并不正确。因为，自然界的任何生物都有生命基因，也就意味着无论人和植物、动物一样，都有求生避死的本能取向。把这种本能取向作为道德，就意味着植物、动物也有道德。但是，这与道德独属于人的判断是矛盾的。所以，把趋利避害甚至趋乐避苦的本能作为道德的原则或者规范，是不合理的。当然，道德的存在一定是与利害关系、苦乐情感有深刻关联的。

既然道德的生物学解释不合理，前面所说的社会学解释也有瑕疵，那么道德究竟是什么时候起源的？它具有什么样的根本特征？

观察一个婴儿个体，从发展心理学的视角，我们会发现，婴儿在6个月之前完全是靠先天的本能、反射等来和外界发生联系的，但是当他对于时间、空间的感觉发展起来之后，他的本能性反射就会转化为一些意愿目的，周围的时空环境和各种事物就成为满足其意愿目的的对象或者工具。8个月左右，婴儿便具有了"目的-手段"心理和行为模式。这是婴儿心理发展的大事件。"目的-手段"行为模式的诞生，标志着婴儿第一次可以从自己的目的出发，来判断和使用周围环境和事物的特征，看它们是否能满足自己的目的、意愿。如此，他就不再是单纯的生物体，而是具有了"意义"特征，当然这个意义特征仅限于一种价值意义，即外在于个体的时空环境及其事物。即便这样，我们仍不能把具有"目的-手段"的婴儿称为道德主体。因为在这个阶段，婴儿的目的还是受到本能欲望和情感的驱使，还不能掌控和反思自己的行为过程、结果，更不能拥有明确理性取向的"动机"。既然如此，那么究竟什么样的特征才是道德的性质？

在平常意义上和严格学术意义上，我们都会认为婴儿、精神病人等不会有道德，因为他们缺乏"理智"或者"理性"。那么，理智或者理性究竟是什么东西呢？简而言之，理智或者理性除了认知的特征外，还有意识和自我意识的特征。认知心理学、社会心理学、动物心理学、动物社会学等已经揭示，意识、社会关系性、社会心理等都是人和动物共有的特征。把人和动物区别开来的已经不再是意识和社会性，而是人的自我意识。但是，自我意识并不是从降生就具有的。尽管人在1岁时就可以辨别出镜子里的自己，也就是有一定的自我辨认，但那还不是成熟的自我意识。成熟的自我意识必须是具有自我反思、自我认知、自我调整、自我选择等行为特征的。这样的自我意识在3岁左右出现，有的发展快的婴儿在2岁就出现自我意识。那么，我们就把3岁左右作为人的自我意识成熟的年龄阶段。

我们会观察到，在3岁左右，尽管幼儿年龄还小，但是不知不觉中他们已经像个小大人了，因为他们在趋利避害、趋乐避苦的本能性行为中，拥有了一份"狡黠"。这份"狡黠"不单是他们的"目的-手段"模式，而且是他们根据自己的目的来修正自身的行为，通过对成人的察言观色来调整自己的情绪、情感、行为策略，利用环境和成人的行为达成自己的意愿和目的。例如，3岁之前的婴幼儿的哭闹可能只是本能性的，但是3岁开始及其以后的哭闹就具有明显的动机安排了，即他们的哭闹常常是用手捂着眼的时候会从指缝里观察大人的反应情况，并且适时加大或减少哭闹的力度。倘若通过哭闹能够达成目的，此后便会变本加厉，久而久之，这便是任性等不良习惯的起源；倘若成人根本不理会他们的哭闹，他们以后就会收敛甚至放弃哭闹，他们觉得这样是无效的甚至会带来惩罚等不利后果，因此他们转而寻求其他策略，例如做个乖孩子、讨好父母等。倘若父母稍微具备一点道德知识，那么对3岁左右的幼儿很容易将他们引向道德之路。然而，大多数父母总自以为是地认为孩子还小不懂事，等到大了自然就会懂事，具有树大自然直、船到桥头自然直等模糊认识。岂不知，倘若对大多数树苗从小不进行适当修理，那么其枝干就可能乱长，以至于分不清主次，成为一团乱麻；另外，行船倘若不好好驾驭方向，也会走偏以至于不能顺利到达目的地。当然，在自然分布的概率中，还是有少数幼儿能够凭借自我意识来自觉调整自己，从而健康成长。只不过这样的概率，按照马斯洛的估计，只占同龄人的1%~2%。这些自我实现者，不但是人群中的佼佼者，而且还可以是人类的导师。因为他们是先知先觉者、自我完善者。当然，还有的父母走向事情的反面，他们虽不放纵孩子，但也不尊重孩子的自我意识和自由选择，成为孩子的控制者甚至统治者，让孩子成为父母自己意愿和目的的工具，甚至打着为孩子好的旗号做实际上是为父母自己好的事情，或者全面包办孩子的一切，让孩子长大后成为"巨婴"；或者控制孩子的一切，让孩子沦为自己的附庸；或者不控制自己的性情，喜怒无常，随意打骂处置孩子。这样的做法是自私的、无知的、鲁莽的，会对孩子造成扭曲、桎梏、伤害。

由以上描述可以看出，只要儿童拥有了自我意识，其就会成为完整意义上的人类个体。只要有自由选择的行为结果，他们就会进入一个新的意义世界即道德世界的安排，就可以用善恶、是非、真假、好坏、对错、是非、美丑等价值标准来评价他们了。这些价值标准不同于以往的"目的-手段"的价值评价。"目的-手段"的行为模式只是让人有了价值尺度，但是这个价值尺度只能衡量有利或有害、痛苦或快乐等本能性体验。而具有道德意义的价值评价，则是对所有利害、苦乐关系进行重新规范和安排，审视究竟哪些利益是合理的、该得的，哪些利益是不合理的、不该得的；审视哪些手段是该用的、合理的，哪些手段是不该用的、不合理的；甚至也要对相应的利益结果进行规约和安排，审视怎样使用利益和情感才是合理的、应该的、好的。这便有了"见利思义""见得思义""共享成果""助人为乐""慷慨""节制""勇敢""明智""智慧""理智""正当""高尚""伟大"等道德特征和道德层次的划分。

据此可以说，自我意识是道德形成的根本前提，没有自我意识就没有道德；同样自我意识下基于个体意愿的自由选择，则是道德行为是否道德的前提。没有自由选择，就没有对后果负责的要求，即没有责任。而没有责任，也就没有道德。所以自由是道德行为之道德的根本前提。这样我们就得到了道德的两个根本特征：自我意识和自由选择。根据这两个特征，可以得出这样的结论：在3岁左右，儿童便进入了道德生活。倘若在这个时候进行发现、有效保护和引导，则儿童非常容易拥有道德的生活。再经过3年左右的教化和成长，基于道德的生活的性格便形成了。良好性格决定良好命运。这便应了那句俗语："3岁看小，7岁看老。"所以，真正的道德教导开始于3岁，而完成于6岁。3～6岁是人的核心素养——道德素养的生成时期，提前或者错过了，以后都不好补偿了。后来的矫正或者修正，都不会那么纯粹，都会有这样或那样的缺陷。

在自我意识和自由选择的基础上，人们的行为具有了道德意义，这个道德意义是由行为结果的利害、行为动机的好坏和道德情感的羞恶来同时界定的。我们把那些源于道德善本身动机且行为效果是好的、有羞耻感的行为称为"道德的"行为，把那些源于功利、自利且行为效果对他人、社会甚至自己有害的、无耻的行为称为"不道德的"行为。当然，有时人们的行为动机是善的、好的，但行为结果是不好的、坏的。这就要视情况而定，看是否是有不可抗力因素或者能力因素等来限制道德的结果出现。倘若不可抗力因素导致好心办坏事，那就情有可原；倘若因能力不足，那就要注意管理者不能识人用人，或者个人主体缺乏自知之明导致德不配位的灾祸。同时也有动机并不那么纯粹而结果是好的。需要根据情况，不能求全责备，反而要用人之长、取长补短、相互协作、共谋善事。

根据以上分析，我们可以把人的行为分为道德行为和非道德行为。道德行为就是具有道德价值意义的行为，是可以用善恶进行评价的行为；非道德行为，则是不具备道德价值意义，是不可以用善恶进行评价的行为，例如动物行为、婴儿行为、精神病患者行为等。在道德行为里面，又可以区分开道德的行为和不道德的行为。道德的行为是指那些以善本身为目的而结果又是好的行为；不道德的行为是指那些以自利、自私等为目的且对他人、社会甚至自己有害的行为。基于此，我们从个体的角度给道德下定义，道德就是具有自我意识的人类个体，基于自由选择的对他人、社会、自己等有利或者有害的行为、思想、情感、观念等。所以道德，不仅是可以看得见的利害行为及其结果，而且还是看不见的人的内心情感、观念、思想等。道德是可以"诛心"的，而法律则只能规范行为却不能"诛心"。如此，我们把基于自由选择的最早的负责任行为称为道德的开端和标志，这样的责任心转化为自我评价、自我评判机制，就是良心和良知。如此良心和良知是在3～6岁形成的。错过3～6岁良心机制形成的时期，儿童就很难建立良心的内在道德法庭。此后更多的不是道德，而是基于功利计算、情感苦乐、利害本能的所谓"明智"了。

综合以上结论，我们便可得到如图1-2所示的道德图式。

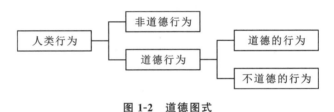

图 1-2 道德图式

（四）道德的目的

道德价值作为事物诸多价值之一，标志着人的行为或者人在判断价值、获取价值、使用价值等行为中的善恶尺度和修养高低，既是伦理学的核心概念，又是价值哲学的核心概念。然而，时至今日，对于道德价值的认识和实践还存在许多模糊地带甚至产生道德悖论。例如，人们认为道德是为了人们美好生活而存在的，因此在追求美好生活的过程中，由于各个主体对于美好生活的界定不同，便会导致无论在道德实践还是道德教育中，都把行善作为获取某种生活目的的手段或工具，尤其是把美好生活界定为获取功名利禄，行善仅仅是为了满足其功利目的的手段。如此，便会导致道德伪善而不是真善。杜时忠认为，生活道德论尽管把道德植根于生活之中,但是因为其混淆了生活和道德的界限而难免有把道德降低使用或者陷入工具主义道德之弊。再如,一些伦理学教科书把道德定义为一种调整人们相互关系的特殊行为规范,依靠内心信念、社会舆论、风俗习惯等起作用。风俗习惯就是道德的吗?社会舆论就是道德的吗?内心信念就是道德的吗?倘若不能从根本上回答这些问题,就容易导致站在所谓道德的制高点,做着某些不道德的事情。所以,有必要从根本上澄清道德价值的本质、道德价值的构成和目的因。道德固然是人类美好生活的需要,但是道德价值的目的因究竟是什么?

(一)真善——道德价值的本质

1. 道德起源于人类生存、界定利益、获取利益、使用利益过程中

道德既不是天生的,也不是简单从外界所给予的,道德作为以自由选择为前提,对自己、他人、社会有利或有害的行为的形成,取决于三个要素:第一,原始动力;第二,社会关系;第三,主体选择(3岁左右自我意识生成的主体)。

因为人有原始的动力,这些原始的动力表现为人的趋利避害、趋乐避苦的本能,具有无限性、永恒性及人类共同的本性的特点。但是,满足人类的原始本能需求的资源,是稀缺的,不是丰富的,所以就容易引起人类为了争夺生存资源,结成各种各样的集团而相互争斗,结果或者是两败俱伤,或者是同归于尽。久而久之,人们会发现,这样的结果是每个人不愿意看到的。人类为了避免这样的恶劣结果的出现,就在集团内部或者集团之间,达成一定的契约或者规定,以避免互相伤害,以至于达到互利共赢的结果。如此,人们把这种为了避免互相伤害或者为了互利共赢而达成契约或规定的过程,称之为善的发端或者道德的起源。

这样的善的或道德的行为的出现,在人类个体身上,是三岁左右,对人类整体而言,很早就开始了。在漫长的生活实践和现实的道德体验中,人类会发现那些既能保护自己又能与人为善的个体或者与邻为善的集团,不仅能够互利共赢,而且能够很好地存续下来。与此相反的是,那些容易争斗、争夺的个人和集团,虽然暂时能获得一些利益,但不容易长久生存。如此,人们知道了善或道德能带来比单纯追求利益更大的利益。所以,在实践中,人们就会把行善作为获取更大利益的手段之一。

在这样的基础上,人们也会逐渐发现并体验到那些善行或道德行为不仅能给人带来更多的利益,而且在情感上能够产生更加美妙的体验。这些美妙的体验,表现为受到已享受到道德行为和行善行为的人的赞扬、尊重,这种赞扬和尊重远远超越了因行善或做出道德行为而得到实际利益的需求而产生了新的精神上的高峰体验——崇高、光荣或荣耀,这种高峰体验的产生就是从需要道德获利到需要道德本身的转变标志。久而久之,这种高峰体验积累越来越多,以至于到这样的程度,对

这种高峰体验的需要远远超过获取利益的需要,导致人们不获取这样的高峰体验,或者这样的高峰体验需要得不到满足,内心就非常不安。这便是良心的产生。良心一旦产生,人们就会为了满足高峰体验而去做出道德行为,以至于为原来欲获取利益而行善的行为和想法而感到羞耻。羞耻感的产生,是人之为人的道德标志之一。

2. 围绕道德产生形成了不同的道德论或者伦理学派别

在衡量人是否具有美德或是否一个道德的人,或者某种行为是否一种道德的行为的时候,人们有不同的标准。总的来说有四个:功利论的,道义论的,情感论的,自由论的。较有影响力的是功利论的和道义论的。

功利论在西方以边沁、密尔、爱尔维修等人的思想为代表,在中国则以韩非子为代表。功利主义认为人应该做出能"达到最大善"或"最大快乐"的行为。最大善的计算必须依靠此行为所涉及的每个个体之苦乐感觉的总和,其中每个个体都被视为具有相同分量,且快乐与痛苦是能够换算的,痛苦仅是"负的快乐"。功利主义不考虑一个人行为的动机与手段,仅考虑一个人行为的结果对最大快乐值的影响。能增加最大快乐值的即是善,反之即为恶。边沁和穆勒都认为:人类的行为完全以快乐和痛苦为动机。边沁指出:"功利原理是指这样的原理:它按照看来势必增大或减少利益有关者之幸福的倾向,亦即促进或妨碍此种幸福的倾向,来赞成或非难任何一项行动。"密尔认为,人类行为的唯一目的是求得幸福,所以对幸福的促进与否就成为判断人的一切行为的道德标准。韩非子认为:"王良爱马,越王勾践爱人,为战与驰。医善吮人之伤,含人之血,非骨肉之亲也,利所加也。"由此构成人的行动根据,"利之所在,民归之;名之所彰,士死之"。爱尔维修也说:"无论在任何时候、任何地方,无论在道德问题上,还是认识问题上,都是个人利益支配着个人的判断,公共利益支配着国家的判断,行善和作恶等人类行为都是由利益所驱动的,这是一条普遍规律。"

所以,功利主义的道德论只把功利结果作为衡量一个人道德与否的标准,这个人不论采取什么手段、出于什么目的,只要做出在行为结果上有利于个人或社会利益的事情,就是道德的。功利论道德并不考虑人的动机和情感,因此忽视个人的目的的意义性和自由选择;同时,功利主义道德的功利受环境制约、条件制约,使人的道德选择处在不断变化当中,没有稳定而普遍的道德原则;此外,由于功利主义道德考虑的是满足最大多数人的最大幸福,因此有可能为了大多数人的利益而牺牲或者忽视少数人的利益。鉴于功利主义道德的以上弊端,便有康德出来进行批判和纠正,从而创立了道义论的道德学说。

道义论也叫义务论,以康德为代表。康德认为,义务出于人的善良意志。作为善良意志的体现的义务"就是出于尊重规律而产生的行为必要性"。这就是定言命令,且只有一条,即"要只按照你同时认为也能成为普遍规律的准则去行动"。康德所认为的道德义务不是和权利对等的义务,你对别人尽了道德义务,却不能因此而向别人要求享有某些权利。也就是说，合乎道德的行为必须为尽义务而尽义务，不能带有任何外在的功利目的、情感目的。这就是他所讲的道德行为要出于义务而非合乎义务。康德在这里确定的义务是以自由选择为前提的。自由是理性的，不是来自自然规律的强迫和内在欲望的驱使；自由是自律的，不是外在强迫的。康德特别指出，自由和无条件的实践法则是互相蕴含的，自由是道德法则的存在基础。因此，道德律是自立法、自守法的自律，而不是服从外在的权威和规则的他律。自由是使人成其为人的根本，只有当人具有自由时，他才能进行选择，才会提出遵循何种行为准则的问题，才有行为的道德法则存在的可能性；反过来，只有在意志为遵循道德法则进行决断时，我们才能清晰地看到意志的自由，才能为自己的自由选择承担起责任或义务。

针对康德的道义论道德，很多人认为其是绝对主义的规则论，是不讲个体自由的和不顾及具体历史条件的。其实这是对康德的误解。康德的道义论正是在功利主义行为结果论的基础上，给予道德自由的条件，避免功利主义道德在不同情景下的特殊性对于普遍规则的戕害和对人的逼迫。所以，康德的道义论道德不是简单地让人服从义务规则，而是这些规则即使不是个人制定的，也需要经过个体的认同和选择。简而言之，道义论道德就是出于个人理性的对于普遍法则的自由制定、认同和选择而产生的责任。与康德相似的观点在孟子那里也会见到。孟子说："舜明于庶物，察于人伦，由仁义行，非行仁义也。"意思是说，帝舜对于社会事务洞若观火、明了在胸，对于各种伦理规范、行为规则处理得恰到好处，他是以仁义本身为目的的人，而不是仅仅使行为结果符合仁义或对人们、社会有利的人。这里的道德或道德标准与康德的道义论是契合的。但是遗憾的是，孟子只是诉诸直觉而没有从逻辑上进行详细阐述和论证。

与功利论道德和道义论道德相伴随的还有情感论道德和自由论道德。情感论道德是指人的道德既不是来源于功利计算，也不是来源于理性推理，而是人的情感。这方面的代表是休谟。休谟认为那些社会认可的、促进行为的规范的吸引力和公信力很少是根源于理性，而是根源于情感和价值感。理性和判断在实际上可能通过促进和引领情感作为行动的中介原因。但是，美德"根源于我们对别人的同情"。类似于休谟情感道德论的观点还有孔子的"守丧之礼"由来说。孔子讲，人要对父母守丧三年，是因为人在小时候受父母的养育，要三年才能免于父母之怀，为报父母之恩，要为父母守丧三年。李泽厚在《中国古代思想史论》里把这种礼仪的生活常理起源称之为对道德起源的心理依靠。孟子也把道德的起源归于人的情感，他讲恻隐之心是人的仁爱之心的根源，就像我们见到有人落水等都会不由得生出一种同情、怜悯之心，而非什么功利计算和理性判断。情感论道德也被元伦理学称为"直觉的""情感的"，都是凸显道德的非理性特征。我们相信，人的很多美德行为或行动都是来源于不假思索、不用理性判断和功利计算的情感直觉，这就好像是天生的仁慈之心。但是，这样的道德情感是不普遍的、不可靠的，因为它受到个人状态、时间、环境等条件的限制。情感是变化的，此时有道德情感，彼时未必有；此地有道德，彼地未必有；对此人有道德，对彼人未必有。正因为如此，康德才批判基于情感的幸福论道德边界，称之为不普遍的、不可靠的道德理论，进而用道义论道德来纠正它。

自由论道德来自约翰·洛克，强调人们的道德行为即使是利他和有利于大多数人的利益的，也必须经过个人的同意，即必须经由个人的自由选择。洛克认为人类一出生即享有生存权利，这些权利包括人的生命权、财产权和自由权。洛克的自由论道德强调人们的自由意志在做出道德选择时的作用，是对功利主义道德论的回应。因为功利主义有时候会借口强调多数人的利益幸福而忽视少数人的利益让他们被迫做出牺牲，洛克的自由意愿前提则避免了这个缺陷。洛克认为，当权力被利用来使人民贫穷、使他们屈服于握有权力的人的专横的和不正当的命令时，不论运用权力的是一个人还是多数人，都立即成为暴政。所以他主张："处在社会中的人的自由，就是除经人们同意在国家内所建立起来的立法权外，不受其他任何立法权的支配。"洛克的自由论道德强调个人的自由选择，这是对的，但他总体上还是以功利主义为基础，同时因为他对于自由意愿的强调过重，有可能忽视个人对于他人和社会的道德义务而导致极端利己主义的道德不足。基于此，康德充分吸收了自由主义道德论对于人的自由、自愿的合理内核，形成基于自律的道德论，同时又克服了自由主义道德论容易陷入极端个人主义或利己主义的弊端，要求个人理性自由选择和制定下的道德原则必须符合每个人的意愿，也就是经过普遍同意才可行。

3. 真善是道德价值的本质

从道德价值的起源和道德论的各种观点发展来看，一个人的行为是否有道德价值，取决于其真善的含金量。像功利主义、情感主义以及基于功利主义和情感主义的幸福主义，都是把功利、情感体验、幸福体验本身的多少作为道德价值的高低。这种功利主义道德标准在元伦理学看来就是犯了"自然主义错误"。在康德看来，因为功利标准这种道德价值原则具有不足并提出普遍的、必然的道义论道德价值标准：只有出于义务而不是行为或行为结果合乎义务原则的行为才具备道德价值，而合乎义务原则的行为不具备道德价值，顶多算作一种伪善。针对康德的道德价值标准，许多学者认为他犯了形式主义错误。例如德国学者马克斯·舍勒就认为康德只顾及了伦理学的形式而忽视了伦理学的质料，因此其建立了作为质料的价值伦理学来纠正之。马克斯·舍勒看到了康德道德原则标准的无情和空洞性，但是当他把道德界定为价值质料的时候，也就取消了道德价值标准。如果每种作为质料的价值都可以作为道德标准的话，那么也就没有统一的、普遍的、必然的道德标准来衡量人的行为是否有道德价值了。这是对康德的道德价值标准取消后使道德泛化的结果。再如美国学者奈尔·诺丁斯以其关怀理论来界定道德标准，批评康德太注重形式化的道德，忽视了道德的具体情况和内容，因此其始于关怀的道德价值论就弥补了这个不足。其实其观点早就被康德作为情感主义、幸福主义道德论而批判过。

由此，我们可以看到，坚持真善，也就是由仁义行而非行仁义、出于义务而非合乎义务才是行为是否有道德价值的标准，而非基于工具主义的功利主义道德和不稳定的情感主义或幸福主义道德。但是，由此而行的道德价值观在具体实践中会让我们陷于尴尬：过于重视道德原则本身会使人感到不近人情，离人太远，有为道德而道德的嫌疑。例如，我们基于友情去探望一个生病的朋友，见面时他很高兴，他会说谢谢你来看我，有你这个朋友真好！而你却说，我来看你不是因为我俩的感情，而是因为我觉得我对你有道德责任才来的。如此会让朋友觉得索然无味，心情受伤。那么怎么办呢？在康德真善的逻辑原则框架下有没有功利、情感的位置呢？我们想是有的。既然康德批评功利主义道德、情感主义道德、幸福主义道德而确立严格的道义论道德原则，那么他也不会否认道德与功利、情感、幸福是分不开的。这里的问题不在于要不要功利、情感和幸福，而是怎样让功利、情感、幸福这些基于人之常情的需求获得满足时具有道德价值。如果人以功利、情感、幸福本身为道德原则，则违背了道德的自由性和理性原则，而使人最终消解掉道德本身。康德把道德原则的来源不是放在经验上，而是放在先验的善良意志方面。如此设计尽管保持了道德原则的绝对性和纯正性，但是也难免有独断之嫌：善良意志又从哪里来呢？他设计为上帝。但是，如果不是信仰上帝的民族，他们难道就没有道德可言吗？事实并非如此。中华民族在 2000 多年前就提出了同样的观点。这说明，道德原则不是先验的，而是生成的，是在人类生存、发展体验、反思、升华和自我意识建构的基础上生成的实践智慧。在生成过程中具有变化性、历史性、社会性，但是一旦约定俗成，就具有普遍性和必然性约束力，还具有再生性和人类获得性遗传性。

我们今天以马克思主义为指导。基于马克思主义基本原则而建构的伦理学认为，道德扎根于人的经济关系当中，离不开人的利益获取和选择。那么，道德原则离不开功利、情感、幸福，但是又不能唯功利、情感、幸福是从。有没有一种框架来让我们的道德价值既承认功利、情感、幸福等的合理存在，又承认康德道义论对真善的坚守？马克斯·舍勒的形式主义伦理学和作为质料的价值伦理学给予我们启发。结合亚里士多德的"四因"哲学理论，我们给道德价值划分出四因，便可以解决康德的尴尬及功利主义道德、情感主义道德的困境。

（二）四因——道德价值的构成

任何事物，只有认识清楚了其本原要素或者本质原因才能说彻底把握了这个事物。根据亚里士多德的理论，他认为事物的本质原因有四个：质料因、形式因、动力因和目的因。质料因是指构成这个事物变化和存在的基本要素，形式因是标志此事物是此事物而不是别的事物的本质特征，动力因是标志此事物的形成过程和变化原因，目的因则是说明事物存在的善和目的。其中由于任何事物的质料都必须最终生成标志这一事物的形式才是事物的完成，所以动力因、目的因都合并到形式因里面从而形成事物的两大原因：质料因和形式因。

道德价值作为众多价值中的一种，也是可以被认识的价值事物。因此，道德价值也具有四个基本要素和原因：道德价值的质料因、道德价值的形式因、道德价值的动力因、道德价值的目的因。从功利主义伦理学、情感主义伦理学、道义主义伦理学到道德主义伦理学，从表面看似乎是各有主张，甚至是相互冲突的，但是，如果从道德价值的四因视角进行审视，结果会发现它们其实是从构成道德价值的不同因素视角进行分析认知道德价值的。

功利主义道德价值的主张是从揭示道德价值的质料因视角来提出的。功利主义，主张人的行为的道德价值来自增添大多数人的最大快乐和幸福。尽管密尔也提出不同层级的价值主张，但是本质上承认行为带来的幸福、功利、快乐等结果作为衡量道德价值的标准是其伦理学本质。然而，尽管幸福、功利、快乐可以成为道德价值产生的原因或道德价值的某种功用，但是功利本身并不可以作为道德价值本身。如果其作为道德价值本身，则会引起混乱和道德消解。因为功利本身有大有小，随着主体人和社会情景而变化，因此不具有普遍性、必然性。如此，功利价值的道德并不是来自其本身，而是来自产生功利的社会关系和意义属性。道德价值能够确立功利的道德价值或者道德价值性，但是，道德价值不能凭空产生，而植根于人们的利益界定、获取利益和使用利益的行为过程中。例如，当人们需要某一功利价值时，必须首先界定此价值该不该得，此价值属不属于自己，然后再确立获取该价值的手段，获取该价值时是否会妨碍别人、是否不讲人性、是否妨碍社会、是否从根本和长远上有利于自己等，使用该价值时是自己独享还是与人共享。人们在界定利益、获取利益、使用利益过程中必定会产生这些行为的正当性、合理性问题，这就是行为的道德价值。而此道德价值是以利益为基础和基本内容的。所以，道德价值以幸福、功利、快乐等作为自己的质料因。如此，马克思主义伦理学主张道德植根于人们的经济关系和利益关系，其伦理学的根本基础和基本内容是以功利为质料的。

功利本身不能给自己以道德价值。道德价值是从社会关系、主体意识体验、反思、体悟、觉解和建构中生成的意义价值系统，这个意义价值系统起着为道德正名和赋予道德价值的功能。例如，人们在界定利益时，一定得从社会关系的视角考虑此利益是属于谁的？不属于自己的得了叫作不义之财，属于自己的叫作正当得益，属于自己但是又没有得到的叫作分配不公，属于自己的自己又主动让渡给别人或社会的叫作高尚美德。同样，在获取利益和使用利益过程中也是如此产生道德价值的。这说明道德价值是在本能欲望、社会关系、主体意志三个要素相互作用下生成的。本能欲望是动力，社会关系是客观条件，主体意志起决定性因素。道德价值既不是先验的，也不是社会从外界强加给个人主体的。康德的道义主义伦理学确立了普遍性和必然性的道德原则，这是对的。但是他有两个错误。第一，把道德价值的起源归于人的先验的善良意志，而没有看到道德价值生成的历史事实。也许他是为了避免道德原则受到道德经验的侵蚀而失去其普遍性、绝对性和必然性的原因，而不承认道德原则来自幸福、功利、快乐的界定、获取和使用中，因此便具有了纯粹的道德原则形式的特征。这个错误被元伦理学创立者摩尔称为"超自然主义错误"。第二个错误是道义主义伦理学排斥功利主义伦理学，没有看到功利主义伦理学在探究道德价值质料因方面的合理性。所以，道义主义伦理学被马克斯·舍勒、奈尔·诺丁斯等人批评为形式主义伦理学，而忽视具体情景、具体情感和具体利益内容。但是，如果没有康德提出的作为绝对命令的道德原则来为行为道德赋值，那么道德价值就会陷入相对主义乃至虚无主义当中，最后消解掉道德价值而陷入价值混乱和冲突。追求价值的行为固然有价值上的合理性，但是未必有道德上的正当性，混乱的结果使其失去了背后的正当性。所以，我们可以去掉康德道义主义伦理学的先验性和对功利价值等的排斥性，吸收其道德原则的形式性，将其确立为道德价值的形式因。道德价值的形式因是对幸福、功利、快乐等价值意义的道德价值认定和赋值，使其成为人的有序的、正当的道德价值存在而非杂乱无章的价值追求。

功利主义伦理学和道义主义伦理学作为规范伦理学的两个较大的伦理学流派，我们将其分别规定为探究了道德价值的质料因和形式因，这就整合了历史上结果论和动机论冲突，而将其合理性归入新的框架。例如，道德价值不是先验的，而是人们在社会关系中追求、获取、使用、界定利益过程中经由个人主体自我意识参与觉解而生成的；同时也不是干瘪的形式主义的，而是有血有肉、有情有义的。如果一个人要表现道德价值，那一定是在善良意志的动机下表现出对幸福、对功利、对快乐的获取和分享意义，而非两手空空的可怜样！当然，这些是在人力所能及的情景下的自由选择。

按照亚里士多德的四因说，最后他把目的因和动力因归入形式因，只用质料因和形式因等二因解释说明自然事物，由此而生成逻辑学的内容和形式这对基本哲学范畴。形式因就是自然事物最终生成的目的，对于形式因的追求、运动、塑造过程就是自然事物的动力因。但是，对于人的道德价值而言，道德价值不仅是属于人、属于社会的存在，而且人本身具有和自然物不一样的自觉性、目的性。这就使我们在审视道德价值的时候，不能纯粹用质料因和形式因分析道德价值，而要超越对自然物的二因分析，观照道德价值的四因。质料因和形式因的具备使道德价值作为一种价值事实而产生，但是这种道德价值为何产生、怎样产生、其本身的目的何在，是需要进一步澄清的。因为单靠对自然物的二因分析范式不能说明人的存在。

对于道德价值的动力因，功利主义伦理学、情感主义伦理学都做出了贡献。对功利价值的追求、满足和使用，经由此功利价值的满足和使用过程中产生的情感幸福体验，以及人类生成的恻隐之心、仁慈之心、同情之心、慷慨之心等自然和纯粹性情感，都会产生具有道德价值的行为。这就是道德价值产生的动力因，其决定着道德价值产生的过程和结果。

但是，道德价值产生之后，其最终的目的因是什么？仅仅是为了证明追求价值的诸行为的正当性和合理性吗？仅仅是为了满足情感体验吗？如果这样的话，人类就太渺小了，因为这只不过是另一种扩大版的功利主义而已。我们说，道德价值因为其是道德的才是有用的，有用只是其附属功能和作用，而非有用才是或者就是道德的；道德价值因为其是道德的其情感才具有正当性，而不是有情感才是道德的。这就说明，道德价值还具有其本身的一种终极目的性，这便是道德价值的目的因。

（三）修养成人——道德价值的目的

人类为什么要有道德抑或道德价值？在整个价值序列中，主张美好生活者既把道德价值看成是高于诸价值的目的因和形式因，又把道德价值的实现看作是能够顺利完成其他诸价值，例如生命价值、功利价值、社群价值、人类价值等的手段。这样人类拥有道德价值就容易陷入功利主义的或者模糊的美好生活论者的工具主义之中，进而从根本上模糊了人之为人的道德价值的终极性目的因，有可能在最终结果上让其他价值成了目的因，最终消解掉道德价值本身，或者走向伪善，或者走向混乱。总之，这样的所谓的缺乏终极目的和正当性的生活，并不会更加美好和幸福。笔者认为，道德价值不仅是保障其他价值和价值序列顺利实现的形式因，赋予价值和价值序列以正当性，而且作为人之为人的根本特性引领着人类及其个体奋力向上，提升修养，成为一个道德的人和道德的社群。

道德价值是人之为人的根本标志，决定着人类及其个体的尊严和存在意义。人之诞生，其基本价值是生命价值，当其拥有了意识和自我意识，便会对自己的生命进行觉解从而生成自己的意义世界。第一个意义就是功利意义，也便是功利价值，基于功利价值的计算原则是"两害相权取其轻，两利相权取其重"，即孟子的鱼与熊掌的取舍原则。但是功利价值是在不断和他人、社群打交道的过程中求得和使用的，此功利价值获取和使用的过程中产生了相应的该不该、对不对、好不好、善不善、美不美等价值意义，这便是道德意义和道德价值的产生。道德价值一旦产生出来，就成为人类个体和社群规定自己为人的存在的根本意义所在。所以才有孟子讲的"人之所以异于禽兽者几希""由仁义行，非行仁义也"之论断和舍生取义的原则出现。也就是仁义道德是人之为人、区别于动物性的根本标志，但是这种仁义道德必须以仁义道德本身为目的，而不是作为手段获取功利等价值行为表面上、结果上合乎仁义道德。康德认识到必须把人当成目的而不能当成手段，提出要尊重人，是因为他也看到人之为人的道德理性特征所在，其对于严格的道德本身目的的绝对命令虽然有点不近人情，但是保证了人的尊严与地位。尽管孟子和康德都看到了道德价值作为人之为人的根本特性，其决定着人的尊严，并且在众多价值及其序列中规定着价值目的，但是他们并没有解决人为什么要有道德最终目的的问题。所以，为了保证人之为人的尊严与地位，除了坚持道德之为道德的行动目的，还需要进而明了道德价值的终极目的因，不是仅仅为了给予价值和价值序列以正当性，也不仅仅作为目的因引导着其他价值追求，更重要的是要提升人的修养，修养成人。

在中国古代，人们已经发现人之为人的终极目的不是功利，也发现美好生活不能由功利等价值来决定，而是道德。例如，《大学》就提出止于至善的修养目标。人要"苟日新、日日新、又日新"。当然《大学》的最终目的被苑囿于齐家治国平天下的具体框架中，并未明了至善修养本身的含义。其实，人的修身不是为了齐家治国平天下等具体目标，这些具体目标只是人的修身的外化形式，也是人之修养提升自己的根本途径和方法。试想，一个莘莘学子乐于一箪食一瓢饮居陋巷，最终一朝成名于天下，进而趑趄于公侯之间，待沽于豪门之阶。这究竟是提升了自身的道德价值，还是降低了自己的道德价值呢？我想，这只是对一般老百姓而言的。因为老百姓作为普通人，只能认识具体的功利价值等意义，并且把可以量化的、感性的功利价值作为衡量人价值大小的具体标准，并不能从根本上认识到人之为人的根本所在。然而对于读书人、学者、文化人而言，人之为人的根本固然需要功利价值等满足以延续生命、改善生活，但是，这样的生活目标凭借自己智慧中的独特知识、技能、能力就可以办到，大可不必把整个身心都用来改善生活，反之，改善生活的目的是为了自身之作为人的尊严、作为不同于动物性的人的存在而不断生成的。

如此，我们就会看到，修养，做个道德的人而不是仅仅有点道德的人，便成为道德价值的终极目的因。修养，就是不仅在物欲横流的境遇中坚守人的尊严不被腐蚀掉，而且拥有人的责任和良知。这种责任和良知诉诸道德价值本身，不是被赤裸裸的、冷酷的功利性计算所左右，而是引领人类及其个体走向人本身，走向人之为人的存在意义。做个道德的人，不是做个有道德的人。做个有道德的人比较容易，只要他的行为在结果上能够有利于别人就足够了，并且还被人们称为好人、善人等。但这仅仅是在行为结果上的善，其作为人本身包括他的动机未必是真善的。因此一个有道德的人可能是个伪善者。而道德的人则是真善者。这样的人不仅能够把道德作为自己的行动目的，把成为真善者和为真善而存在作为人生目的，不断在有限的生命中进行修为，而且还拥有智慧。通过自己的智慧而不是巧取豪夺、不劳而获来维持生命价值和实现功利价值，为美好生活提供质料因、动力因。这样他们不会陷入匮乏之中而是富足，同时也不会陷入缺德当中而是完美。他们拥有道德价值这个形式因，更重要的是还拥有道德价值的目的因，不断超越自己，提升修养，成为道德的人。尽管道德的人没有最终的终点，但是他们心向往之，不断走在朝向道德的人的路上。在此意义上，真正的美好生活基础是道德与智慧。

思考题

1. 你认为人生是偶然还是必然的？是被动的还是主动的？
2. 命运给每个人准备了哪两个实体？
3. 道德有什么功能和作用？

4. 对道德应如何定义？

5. 道德的目的是怎样的？

参考书目

1. 《史记》
2. 《资治通鉴》
3. 《论语》
4. 《孟子》
5. 《荀子》
6. 《道德经》
7. 《庄子》
8. 亚里士多德：《形而上学》《尼各马可伦理学》《政治学》
9. 康德：《实践理性批判》
10. 迈克尔·帕尔默：《道德问题（第二版）》，李一汀译，中国友谊出版公司2020年版。
11. 《教育哲学》编写组：《教育哲学》，高等教育出版社2019年版。

第二讲

道德发生原理

基本问题：

1. 道德发生的中国经验。

2. 道德发生的科学理论。

3. 道德发生的基本原理。

第二讲 道德发生原理

道德如何发生决定着自觉的道德教导遵循何种规律、达至何种道德。换而言之，只有阐释清楚道德发生的规律和特征，道德教导才会有科学依据以育成道德和个体的德性。那么，考察历史上各种道德发生论的优劣，就是一种对道德育成有利的事情。

道德发生的历史溯源

（一）道德发生的中国古代理论经验

在前文中我们已经谈到，中华民族作为始终有连续性的唯一的文明古国，根本原因在于其文化的历史连续性，其文化的核心价值之一，就是道德价值的连续性。在保证这一道德价值的连续性的仁人志士的奋斗中，无论是理论上、思想上还是行动上、实践上，就行动实践而言，无论是个体的还是民族的、国家的行动实践，在绵绵不绝的历史长河中，都有令人可歌可泣的或者默默无闻的道德壮举，连同其他的政治的、经济的、科学的、技术的、教学的等历史壮举，一起推进中华文明的长度、厚度、深度与高度。其中作为道德壮举的核心，无过于儒家道德学术的古典建构和后期新儒家的薪火相传。

1. 中华道德文明的古典建基

前文已述，中华道德文明的自觉始于周公旦的制礼作乐，后进自觉继承之而又发展了礼乐文化的，毫无疑问是孔子。孔子以继周之"郁郁乎文哉"的使命为己任，即便在政治仕途上不得志，但是在教学文化上独树一帜，在为中华文明的继往开来保留了火种的同时又培育了新的火种。从而真正为往圣继绝学，为万世开文化之源头。

1）性相近、习相远：孔子自成体系的道德建构

孔子的最伟大之处在于不谈怪力乱神，少言性、命、仁等与日常生活相距遥远且不切实际的东西。他把注意力集中在日常生活中具体的孝道、忠信、恕道、恭宽信敏惠等具体的行为规范上，倡导个体各自社会身份地位的道德规范。如此使历代中国人没有陷入宗教狂热的冲突和战争中。虽然有各种国家分裂、王朝变更、社会冲突，但是，中华民族作为一个文明和文化整体，还是在历史长河的大浪淘沙中保

留了下来,并且在保留中不断扩张、发展、壮大,在全球化时代依然屹立于世界民族之林。

具体而言,孔子所开创的道德文化事业在于他的基本命题:"性相近也,习相远也。"这里的"性"就是指人与生俱来的素质特性。他认为,人和人之间在先天遗传素质上是差不多的,没有什么高低贵贱之分。而人的各种个性差异,则来自后天的学习、练习、复习、实践等自身努力。基于此,他不认为自己是生而知之者,而是"发愤忘食,乐以忘忧,不知老之将至"的学而知之者。由此他更提倡学习德性,认为学而时习之,是很快乐的事情;温故而知新,可以为师;"三人行,必有我师"的谦虚与好学精神,支撑起了其为万世之师的典范之根。也正是因为其性相近、习相远的人性信念,使他提出"有教无类"的教育公平信念、生成仁者爱人的仁爱观念,划破封建等级森严的黑暗天空,为中华民族乃至人类点亮一盏永不熄灭的、温暖的、充满浓浓爱意的明灯,照亮并指引着中华文明前进的路程。所谓"天不生仲尼,万古如长夜"。

孔子基于其性相近、习相远的信念,相信"后生可畏,焉知来者之不如今也?"更相信民众可以被普遍教化,因此要从"庶矣"的民众到"富之"的转化,在"富之"的基础上进行普遍"教之"的提升,方可改变人性,提升素养。即便他相信"唯上知与下愚不移"的人生命运,但也只是建立在生而知之的上智与困而不学的下智基础上的学习差异,因此他更主张因材施教,以便进行"中人以上,可以语上也;中人以下,不可以语上也"的差异化教导,使学生循序渐进,以成其人。

以上孔子的论点说明他并不对人性的先天起源持任何善或者恶的观点,反倒是无论善恶、美丑、真假、是非、贤愚不肖等,皆是后天努力的结果。在此意义上可以看出,在孔子的时代,其对人性的观察和自身身体力行,是无出其右的。因此他被视作大成至圣先师,是丝毫不为过的。任何人的任何努力和成就,都被包含在他的命题前提中了。

2)性向善,开四端:孟子的性、势、情、才、命辨

孟子尊孔子为先师,称自己为孔子私淑弟子。在道德文化上继承了孔子的"仁本"论,提出"仁心义路"的仁义主张,这一主张认为每个人都有不忍人之心,即不忍为恶之心,反而具有"恻隐之心、羞恶之心、辞让之心、是非之心"等"四心",这四心便是仁、义、礼、智的发端。尤其是孟子断言,此"四心"和"四端"是人之为人的特性,是不同于生之谓性的耳目口腹之欲的"命",不同于人性之外表的"情",不同于人的天生的才华或才能。并且"四心"和"四端"是人之为人所固有的,不是外在环境所给予的人的根本属性,舍此属性,便不具备人性,因而也就失去做人的资格。孟子实际上为孔子的"仁"提供了一个更为根本和普遍的人性基础,"恻隐之心",连同其他"三心"为仁、义、礼、智等四种德性奠定了更为丰富和普遍的人性基础,并且在道德逻辑结构上更加有一种理论建构的意蕴,将孔子的性相近、习相远的中性人性论向前推进了一步,让人性走向了"善"。后世的思想家

将孟子的这一道德建构称为"性善论",这是合理的。但是,这一"性善论"的判断究竟是"性本善"还是"性向善",还是有差异的。

分析孟子的道德逻辑,不难看出,孟子尽管讲"四心"和"四端"是人性所固有的,只是为了强调人性异于禽兽的根本特性而言,才不免有些独断地论证非此"四心"不能使人之为人的特性,失去了则非人,没有更非人。但是,孟子更强调的是"四心"只是仁、义、礼、智四种德性的"端",也就是发端。其作为端,就是四种德性发生的起点。从这种意义上说,人性中自有发展出人的仁、义、礼、智等德性的基因、种子和端点。由此可以判断,善性为人所独有,并且人性自然向善,并非由外在力量所给予和塑造的,即孟子主张的"内在固有"而非"外铄"的道德发生论。当然,在孟子的时代,能够开思想之先提出这样的主张已经了不起,即便有些"先验论"和"独断论",也影响不了其道德论点的价值和地位。

如果要说孟子的不足的话,则是其在解释"不善"或者"恶"的发生时的困难。孟子的道德论难以解释为何人性固有的"善性"之花怎么会结出"恶果"来?孟子将恶的产生归于"势",并且零零碎碎地提到"富岁子弟多赖,凶岁子弟多暴"的环境影响论,并且不主张"情""才""命"等就是不善的。这些都是一笔带过。同时,孟子比较武断地将恶的产生诉诸人的主观放弃,例如他说:"仁,人心也;义,人路也。舍其路而弗由,放其心而不知求,哀哉!人有鸡犬放,则知求之;有放心,而不知求。学问之道无他,求其放心而已矣。"对于同样意义的表达,孟子却还表述为:"仁,人之安宅也;义,人之正路也。旷安宅而弗居,舍正路而不由,哀哉!"这就很难理解,既然人性固有善性,那么如此善性之人怎么会创造出恶的"势"、恶的环境呢?怎么会有动机放弃自己的善呢?这种无由头的断语,便为后来宋儒等把"心""情""欲"等用来解释恶的根源提供了空间。这种"求其放心""存心养性""扩而充之"的修养策略也为后来"复性论""变化气质、恢复本性""天地之性、气质之性"的人性论建设提供了一定的思想资源。

3)性向恶,礼法教化:荀子的化性起伪

荀子被称为儒家的集大成者,这是有道理的。但是,就是这一集大成者,在后来的历史风云中并不被待见。他的性恶论以及他的弟子李斯等人的作为,可能不讨人喜欢吧。但是,更为根本的原因,在于荀子的性恶论暗含着对君主专制政权的内在否定力量或者分权制衡力量的安排,这才不受帝王们的喜欢。

荀子承接孔孟之道,更加发挥孔子的性相近、习相远人性精神,将人性推进到恶的倾向的发生论上来,为他的礼法教化提供根本的理论基础。荀子首先通过定义"性"来进行论证。他接过告子等人"生之谓性"的主张,避免孟子单独用性指人性的特殊性狭仄之弊,指出生之谓性的人之性质和动物(禽兽)等是差不多的,就连尧、舜、禹等这样的圣人君王也和普通人的生之谓性的特性是一样的。只不过这样的普遍的人性,"生而有好利焉,顺是,故争夺生而辞让亡焉;生而有疾恶焉,顺是,故残贼生而忠信亡焉;生而有耳目之欲,有好声色焉,顺是,故淫乱生而礼义

文理亡焉。然则从人之性，顺人之情，必出于争夺，合于犯分乱理而归于暴。故必将有师法之化，礼义之道，然后出于辞让，合于文理，而归于治"。荀子界定了人性生而具有的趋利避害、趋乐避苦、耳目之欲等，如果顺从它们不加以规约，必然会产生恶。可以看出，荀子并没有讲人性本恶，恶是在一定条件下产生的，这种条件就是"放纵人的自然本性"。基于此，荀子提出了防止恶产生的主张——隆师尊礼，进行师法之教，实施礼法教化与规约，方能化性起伪。化性起伪有很多种策略，有圣人君王的先知先觉以及他们的积渐积靡，对良好环境建设的重视，例如"蓬生麻中，不扶而直"等。

如果将荀子的性向恶和礼法教化主张再推进一步，那就是很现代的政治思想了。黑格尔说：人们以为当他们说人性本善时是说出了一种伟大的思想，但他们忘记了，当他们说人性本恶时是说出了一种伟大得多的思想。人性在放纵的条件下很容易向恶，那么在拥有较大的权力和金钱等资源的条件下，很容易滥用权力和资源，以至于腐化堕落，导致害人害己，最终众叛亲离。倘若对人性欲望进行规约，对权力进行制约，对资源使用进行监督和监管，人性就不至于没有方向和规矩而走向恶，反而因为这种规约走向善。在这种思想指引下，人们才会认识到恶的危害性，进而自觉防范恶，从而抑恶扬善。

但是，后来的儒家学者并没有认识到荀子的思想的可贵之处，反而丢弃荀子，只讲孔孟之道，甚至只讲孟子的性善论。尤其是汉朝董仲舒等实用主义思想者，丢弃儒家的学理，只讲儒术，甚至扭曲孔子"性相近、习相远"的具有能动性的人性论，转换成他们的天道和阴阳论，硬性地把孔子因材施教的"中人论""上智下愚论"扭曲为他们的先天的"性三品"说，说什么圣人之性不必教化，中人之性可以教化，斗筲之性不可教化，硬生生把人先天分割为三类，让统治者独享人性上品。这是对儒家思想的倒退之举。尽管有后来韩愈的原道及李翱和宋儒等的复性论，但是因为其人性论建立在先验的、武断的、独断的基础之上，也就不能从根本上改变人性因为缺乏科学的理论知识和有效的权力、资源制约而走向恶的历史现实。

2. 中华道德实践文明的内圣外王之路

孔子、孟子、荀子"三杰"的道德发生的思想建构，形成中华道德文化的基石，后来的道德思想家无出其右。不仅思想理论如此，而且实践方面，"三杰"之后的仁人志士也遵循"内圣外王"之路，走出了一条独特的士人举子、中华士大夫的独特道德精神之路。

自从汉朝接受董仲舒的道德文化建议"罢黜百家，独尊儒术"，经东汉《白虎通义》确定的"三纲六纪"，尤其是"君为臣纲、父为子纲、夫为妻纲"的"三纲"道德规范，直接把孔子、孟子、荀子（简称"孔孟荀"）时期还比较均衡的君仁臣忠、父慈子孝、夫敬妻顺的关系给做成了单方面服从关系，生杀大权落入了君权、父权和夫权手里。在这种道德价值和文化制度的评价和规约下，儒家的学理探究和思辨发展都受到了根本局限。若没有外来文化的冲击，则很难有打破局限的可能。所以，汉后的曹魏、两晋、宋、齐、梁、陈、隋等八代文运便成衰落迹象，直到唐朝韩愈，在反对佛家文化冲击的斗争中，与柳宗元等人一起开展恢复古文运动，被誉为"文起八代之衰，而道济天下之溺"的天下文宗。在道德建设上，韩愈吸收董仲舒的"性三品"说，重新安排儒家道德文化谱系，称自己是继尧、舜、禹、汤、文、武、周公、孔子、孟子之后的文化传承人，重续原道。其学生李翱提出复性论，从学理上继承了孟子的"求其放心"的道德教化思想，开辟了宋儒将人性分为"天地之性"和"气质之性"的二分模式。并且将恶的产生归诸"气质之性"的斑驳不纯和对天地之性的遮蔽，要想恢复天地之性的纯粹状态，就需要变化气质，存天理，去人欲，禁绝人之欲望、喜怒哀乐等情感，使其符合三纲和五常（仁、义、礼、智、信）等社会礼节和规范。尽管从程朱理学到陆王心学等都建构了一个名为"天理"的形而上前提，但也只是给孔孟荀等的伦理道德规范增添了一个形而上的盖子，并没有从根本上改变孔孟荀古典人性论体系的完满性，甚至硬将孔孟荀的人性论纳入其"天地之性"和"气质之性"二分模式当中，随意解释和剪裁，并不符合孔孟荀的本意。如此的结果则是，在中华道德文化奠基之后，它们身上具有的内在批判和发展精神的蓬勃倾向荡然无存，转而或为权力专制下的实用要求所桎梏，或为士人举子向内心寻求圣人之修养的道德高标主义的诞生。

当改朝换代的历史一再重演且几乎重犯同样的错误，不能在庙堂政治实现目的的中华道德文化的支柱便寄托在有道德理想主义的士人举子身上。他们看到儒术化的五经已不能完全承担正义使命，便从儒家经典中撷取出《大学》和《中庸》，与《论语》《孟子》等编订为四册经书，后来为朱熹所统一注释，便成为后来士人举子进阶学习的必读书目《四书集注》。其中，《论语》提供日常的伦理规范；《孟子》提供大丈夫浩然之气的独立精神；《大学》提供格物、致知、诚意、正心、修身、齐家、治国、平天下的"八德目"修养路径，也便是后来内圣外王之路的雏形；《中庸》则指引着士人举子修养的最高境界——恰到好处的中庸之道。由此便演化出张载的"为天地立心、为生民立命、为往圣继绝学、为万世开太平"的道统自觉，范仲淹的"先天下之忧而忧，后天下之乐而乐"的悲天悯人情怀，更有王阳明的"学为圣人之道，学以致良知"理想追求，顾炎武"天下兴亡，匹夫有责"的历史责任。

依靠士人举子、中华士大夫们的道德理想主义实践的苦苦精神支撑，中华道德文化一直在延续，不堕于地，直至清末由龚自珍发出"万马齐喑究可哀"的悲怆沉吟，并劝"天公重抖擞"，"不拘一格降人才"。此时发端于西方的现代文明已经凭借坚船利炮进入全球化许久了。此时的中华道德文化，必然遭遇一场在全球化境遇中的全面而深刻的洗礼。

（二）道德发生的科学理论

如果说中华道德文化是建立在农耕文明基础之上的典型，那么西方道德文化则是一种建立在工商文明基础上的典型。

中华道德文化以农耕文明为基础，势必以土地经营的自给自足经济为依赖。由于土地的经济依赖性，建立在自然基础上的血缘纽带及其扩大就成了极为自然的事情。于是个人或个体就被镶嵌在由家庭、家族进而扩大为宗族、宗法社会、宗法国家的家国同构的社会结构中，其道德规范也便是以孝悌忠信为基本内容的社会角色规范体系。

反观西方道德文化，工商文明的分工协作，使西方社会跃出基于血缘关系的自然家庭的范围和轨道，建立起个体或个人与国家之间的直接联系：个体以追求自己理想的自我完善和自我实现为目标，国家和社会、家庭则承担为个体自我完善和自我实现提供保障、保护和服务的责任与义务；反之，个体的自我完善、自我实现不仅解决了个体的生存和发展问题，个体的自我完善、自我实现又附带着为社会提供了仁爱和贡献。如此的个体的自我完善被称作个人正义，国家、社会、家庭的服务保障则被称为国家正义、社会正义、家庭正义。

可以说，西方道德文化是以正义为核心的，中华道德文化是以仁爱为核心的。因为中华道德文化是以君王、父亲、丈夫等男权主体为主导的，自然对他们的期待就是对下属、对子女、对妻子的"仁爱"了；而西方道德文化是以个体或个人的自我完善为核心，自然对国家、社会、家庭的期待就是建立公平公正环境的"正义"期待了。所以，基于正义道德文化的权利义务关系必然有利于个体或个人的自我完善与自我实现；基于仁爱道德文化的施恩与报恩的情感关系也便有利于维持家国同构的社会整体。

不仅如此，西方道德文化还以建立在科学理论基础上见长。

这里的科学范畴是指大科学范畴，并不是指基于自然科学的小科学范畴。所谓大科学范畴，是指源于古希腊的凡是凭借理性审视、逻辑论证、自然观察、科学实验等形式进行的说理、论证以得出结论、解释世界、指导行为的方法，都是科学的方法。科学，本质上就是一种论证和追寻真理的方法。西方道德文化就是建立在这样的科学方法基础之上的。相对而言，中华道德文化更多建立在直觉、思辨、断言以及少许日常观察等基础之上。

大体来说，西方道德文化的科学理论有两个发展阶段：前实验科学时代和实验科学时代。

1. 前实验科学时代的西方道德发生

前实验科学时代以古希腊和希腊化的时代为代表。这个阶段的道德文化以哲学分析、逻辑思辨、日常观察为基本方法。

古希腊三杰——苏格拉底、柏拉图、亚里士多德把他们的道德建构建立在哲学分析、逻辑思辨、日常观察等方法的基础之上。

首先，苏格拉底在对话辩证法中用归纳法和定义法来界定什么是"善"，什么是"美"，构造一个超出人的感官世界、特殊世界的理性世界、普遍世界，从而提出善本身、美本身等基本道德概念。基于此，指出人们只有得到关于善本身和美本身的知识，才能够避免无知带来的恶，所以说，美德就是知识或者知识就是美德。苏格拉底的学生柏拉图接过老师的衣钵，继续将其所在的世界分为感见世界和可知世界，并且提出一个只能用心灵感知的理念世界，只有这个理念世界才是不变的、永恒的、真实的世界，而人们感官、感觉所看到、体验到的可见世界则是一个流变的、不真实的、虚幻的世界。所以，只有关于理念世界的知识才是真理，而关于可见世界的知识只是一些意见。介于二者之间的数学知识接近真理，但因为其与可见世界有关，所以还不是完全真理知识，只是通向真理知识的路径和必要准备条件。如此，柏拉图才在他的阿加德米学园竖起一块牌子，上面写着"不懂几何学者不许入内"。换言之，数学训练及其测试是衡量一个人是否有资格完成学术学业的标准和工具。

柏拉图将苏格拉底提出的美德集中构造为"正义"，并且将其分为国家正义和个人正义。国家正义就是指组织建构国家的平民、武士和统治者各自具有相应美德，即平民具备节制美德，武士具备勇敢美德，统治者具备智慧美德。平民、武士、统治者不仅要分工协作，各尽其职，而且平民、武士还要服从统治者的智慧，从而形成一个整体国家，共享国家提供的福祉。柏拉图由国家正义提出个人正义。个人正义就是指将存在于个体之中的灵魂三个部分欲望、激情、理性分别赋予三种美德，让节制美德控制欲望，让勇敢美德控制激情，让智慧美德控制理性，并且让理性智慧地控制欲望和激情，这样个体灵魂的三个部分就会各得其宜、相安无事，成为一个和谐的整体。所以，柏拉图的正义概念就是无论国家还是个人的内部和谐，这种和谐来自组成其整体的各个部分各负己责、各得其所、分工协作、共享幸福。这便是著名的源于古希腊人自我完善的"四美德"模型。

在柏拉图"四美德"的基础上，亚里士多德进一步发展了它们。亚里士多德将柏拉图分裂的理念世界和现实世界的关系给翻转了过来。他不认为真实的世界在现实之外，反而认为真实的世界存在于个别世界、感官能感觉到的现实世界当中。他将还未成为现实的事物称为"潜在的"事物，将其将要成为的现实称为目的。因此，亚里士多德的世界是变动的、发展的。基于此，他将苏格拉底、柏拉图的静态美德发展为动态美德，用他的理智德性融合了知识就是美德的要素，同时又用伦理德性或道德德性的实践性消除了苏格拉底和柏拉图所不能解决的知行不一、言行不一的弊端。亚里士多德通过他的善目的论指出，任何事物，包括任何人，最高善就是其自身本性和功能的充分发挥。人的本性和功能的充分发挥，就是人之为人的理智德性的充分发挥。理智德性的充分发挥，就是沉思。所以，沉思就是人的最高善，就是人的幸福所在。同样，作为国家政治，其本性和功能的充分发挥就是为每个公民提供幸福，让每个公民成为好人或有教养的自由人。

古希腊城邦政治被后来的马其顿王国、罗马帝国终结之后，西方世界进入希腊化时代，即用希腊文化来教化帝国的时代。希腊化时代的道德文化以伊壁鸠鲁学派和斯多葛学派为代表。伊壁鸠鲁学派的道德文化主张快乐就是道德，只不过这里的快乐是心灵的快乐。即便如此，还是有人把感官快乐作为道德标准，由此导致放纵主义的发生，并且开了后来功利主义、快乐主义、幸福主义的源头。斯多葛学派则主张服从命运安排的道德就是幸福、就是快乐，引导人甘于接受命运的安排，成为更大世界的臣民。

伴随着基督教的兴起，古希腊的理性主义论证的道德以自身逻辑论证的优势保持了科学的特性，进而让基督教的仁慈、爱、忠诚等道德拥有了一定理性基础，并一直保持和推动在唯名论与唯实论的斗争中，直到从唯名论中产生近代科学方法。其间，严格的逻辑论证、逻辑思辨、逻辑分析等逻辑思维方式成为以后科学实验方法必不可少的灵魂和规范建制。

2. 实验科学时代的道德文化建构

现代科学和古代科学的根本区别在于，现代科学是实验科学。然而，即便是严格的科学实验方法成就了现代自然科学，从根本上也没有抛弃严谨的哲学思辨、逻辑分析、日常观察等，反而在具体的哲学和科学流变中，哲学思辨、逻辑分析、日常观察成了科学假设的必备因素和环节，科学实验方法更加有章可循且结论更加符合逻辑和具有预期真理性。由此，科学事实就不再是简单地眼见和耳听的感觉之物，而是经过逻辑分析和预测后又被实践或者经验所证实的的确存在的事物，这样的科学事实便是真正的实在，是被知识把握的可靠的实在。所以，实在是被逻辑证明的感性存在。

1）现代哲学思辨的道德发生

建立在实验科学之上的现代道德的发生，首先是建立在日常观察、主观感受和哲学思辨基础之上的功利主义道德、快乐主义道德。功利主义道德的代表边沁、快乐主义道德的代表密尔都是从人们的日常经验出发，把道德的发生点放在人们的日常功利需求和苦乐情感感受上。他们主张，只要满足最大多数人的最大功利化和最大多数人的最大快乐幸福就是道德的。功利主义道德、快乐主义道德有其客观的实在基础并能被人们所经验到。除此之外，休谟也是情感主义起源论的道德主张者，他被誉为现代功利主义道德的源头。但是，如同前面所说的，伊壁鸠鲁的快乐主义也是功利主义和快乐主义道德早期思想资源之一。

哲学思辨下的道德建构最终还是要接受具有彻底批判精神的哲学思辨本身的批判。建立在日常经验、情感体验上的功利主义道德、快乐主义道德甚至最早的亚里士多德的幸福主义道德，最终受到哲学家康德的彻底批判。康德认为："将欲求能力的一个客体（质料）预设为意志的规定根据的一切实践原则，全都是经验性的，并且不能充当任何实践法则。""一个仅仅建立在某种愉快或不快的感受性这一主观条件之上的原则,虽然对拥有这种感受性的那个主体也许可以用作感受性的准则……也不能用作法则。""一切质料的实践规则都在低级欲求能力中建立意志的规定根据,并且,假如根本没有足以规定意志的单纯形式的意志法则,那么甚至就会没有任何高级的欲求能力能够得到承认了。"也就是说,功利主义者倡导的趋利避害的功利目的、快乐主义者主张的趋乐避苦的情感目标、幸福主义者追求的幸福体验目标等,在其感受性原则基础上不涉及道德价值的情况下,可以遵循像孟子所说的"舍鱼而取熊掌"式的"两害相权取其轻,两利相权取其重"的功利苦乐原则,但是这并不具备完全道德价值。如果面临功利、快乐、幸福导致的生存欲求和道义(国家、民族、人民等生死存亡关头)的抉择时,就必须遵循道义原则,如孟子的"舍生取义"才会是有完满道德价值的。

康德之后,经验实证主义和逻辑实证主义相继成为道德发生论证的基本方法。以维也纳学派石里克、卡尔纳普等人为代表的经验实证主义者否定道德体验作为客观事实的实在性,将其作为仅仅具有一定价值意义的存在,否定伦理学成为一门科学。以维特根斯坦等为代表的逻辑实证主义者则把道德称为人的主观情感倾向,只对人们的行为选择实施赞成或反对的态度倾向提供指导。摩尔则跟康德一样批判功利主义、快乐主义、幸福主义道德论者的"自然主义错误",指责他们直接把某种自然物或者其属性当作道德本身,这是很深刻的批判,直接切中了功利主义、快乐主义、幸福主义道德论者的要害,也揭示出他们道德发生论上的机械性和庸俗性倾向。当然,摩尔主张的直觉主义道德的自律性等尽管有一定的合理性,但是也因为其缺乏实在根基而不怎么成功。

伴随着欧洲大陆现象学、生存主义哲学等的兴起,本体论哲学得以复兴。本体论哲学在伦理学上以发现他者为成就,认为道德的发生完全是因为他者的存在。正因为他者的存在,才使得笛卡儿以来的人类自我中心主义所导致的"唯我论""利己主义"等价值取向受到抵制,进而建立与他者共生、共存的"在世之在",并且引导人们从为我主体向主体间性关系,又从主体间性关系向跨主体关系超越的人类共存关系演变。尤其萨特和勒维纳斯等哲学家更是提出要以他者为道德成立的前提,要为他者而在,进一步显现和奠基了道德关系及其生成的客观基础。

2)现代心理科学实验方法基础上的道德构造

1879年冯特心理学实验室的建立,使心理学进入了现代实验科学行列。由于道德与人的心理活动密不可分,所以现代心理科学对道德的研究就是从能够观测的道德行为、情感表现、道德认知、道德判断力等方面来揭示道德发生的根源的。

首先是弗洛伊德基于生物学框架将人的趋利避害、趋乐避苦的本能性行为归入他的潜意识概念,并用意识来调节潜意识。后来将潜意识等本能行为和冲动归入他的新的人格结构中的本我,用自我代表意识、理性和现实力量对本我进行调节和规约,在自我基础之上又设立了超我这一意义性存在,指出道德就是超我对自我与本我冲突的升华。这一升华力量源自他的本我中的力比多即人先天具有的性驱力的冲动力量，这一冲动力量与人的现实的自我和社会力量相冲突，冲突的结果或者被自我、社会所压抑成梦境或者精神心理疾病，或者通过超我升华为道德。所以，在弗洛伊德这里，道德源自本能欲望激情和自我意识、理性力量、社会力量的冲突中的升华。没有自我力量和社会力量的制约，性驱力下的欲望、情感本能就会像洪水一样泛滥成灾。为了避免最终的两败俱伤或者同归于尽，社会力量和自我力量就对本我进行压制和调节。倘若压制过头了，就会使心理受损；倘若能够升华，则会自我解脱。基于此原理，弗洛伊德将精神治疗付诸临床实践。但是，将道德发生安排在生物本能和自我意识、社会力量的冲突之上，就可能使道德成为一种解决冲突的权宜之计或者一种手段工具，而不能根本上体现人之为人的教养品质和美好素养。况且情感、性驱力等作为道德产生的动力原因还是难以让人信服。

基于弗洛伊德精神分析学派的道德解释不足，行为主义者通过实验揭示道德产生是一种社会观察学习的结果。社会观察学习理论的代表是班杜拉。班杜拉通过社会观察学习的对比实验揭示，人们之所以选择或者不选择道德行为，完全是因为表扬或惩罚的结果对行为选择的影响。如果一个人做坏事的行为得到了肯定和表扬，那么将会有更多人选择做坏事；如果一个人做坏事的行为得到了批评和惩罚，那么将会有更多人不选择做坏事；倘若一个人做坏事或者或好事后既不表扬也不惩罚，那么仿效之人就会顺其自然。社会观察学习理论是一种行为主义的道德学习模式，其理论基础是功利主义，道德行为的出现和选择是因为行为结果的利害关系所致。道德行为的产生条件是社会关系性的，没有社会关系就没有社会观察，也就没有替代性行为后果的启示；没有社会关系他者的存在，就会只有价值关系而没有赋予价值关系道德性的道德关系存在。但是，尽管社会观察学习能够解释道德行为的被选择来自趋利避害、趋乐避苦的功利主义动力，这样产生的道德行为也仅仅是在结果上的好和坏，对于道德动机、道德修养、人性升华等真正的道德教养等问题，观察学习来的道德仅仅是为了得到表扬或者避免惩罚的工具性伪装罢了，也还是难免有权宜之计之嫌。况且行为主义者所依赖的社会环境本身就是道德的吗？也还是个问题。

在行为主义道德发生的基础上，认知主义学派不再把道德描述为环境刺激和行为反应之间的被动强化关系，而是诉诸人的道德认知和道德判断力的发展。其代表是科尔伯格。科尔伯格在大量观察、统计、比较的基础上，提出他的三水平六阶段的道德认知发展阶段理论，比较概括地将前人的功利主义、现实主义、享乐主义、情感主义、道义主义等理论安排在他的道德发生与发展框架之中。例如，在前习俗道德水平上，道德判断力第一阶段的惩罚和服从定向以及第二阶段的个人工具主义道德选择就是典型的功利主义的道德取向，趋利避害地避免惩罚和获取利益，这一阶段的外在权威和奖惩方式起着关键作用。但是来自儿童道德判断的狡黠，则表面上服从权威，实际上是工于计算后的道德选择，里面既有他律成分又有自律意向，既有感性被动服从又有理性计算的主动选择。在他的习俗水平道德层次上，无论是第三阶段的相互性的人际关系、人际期望、人际协调的道德判断选择，还是第四阶段的社会义务和良心维持，都是在儿童自我意识、理性成长、交往关系扩大后的利益关系复杂性的综合发展。它既体现了原有的功利主义计算的明智作用，又体现了这个时候的理性引领、道义产生、良心法庭的复杂心态。在后习俗道德水平上，则体现出了因为儿童自我成熟、理性成熟等带来的道德原则上的成熟。像第五阶段的对社会契约的权利、义务关系的尊重和坚守，第六阶段的对普遍伦理原则的认同与坚守等，都体现出了理性原则自律水平的道德和社会契约他律规范的统一。从而从根本上超越了皮亚杰将道德分为他律和自律两个阶段的不足之处，展现了任何时候的道德都是他律和自律的统一，二者交织进行。这正应了《中庸》中的一句话："道也者，不可须臾离也，可离非道也。是故君子戒慎乎其所不睹，恐惧乎其所不闻。莫见乎隐，莫显乎微。故君子慎其独也。"无论一个人多么洁身自好、自律守节，都离不开外在的监督和制约。殊不知，孟德斯鸠有言，凡有权者皆有滥用权力的倾向，而滥用权力就是腐败。所以，在道德上的发生与成长，他律和自律都是同时存在的，只不过表现的内容和形式有所差异而已。

总体上看，心理学实验方法基础上揭示的道德元素，说明了道德离不开行为结果，离不开情感体验，离不开功利计算，离不开本能欲望，离不开认知判断，离不开理性推理，等等。固然道德可以说是一个知、欲、利、情、意、信、行等的综合体，即便这些要素合在一起也不可能构造出一个人的高尚的道德修养。因为人之为人的特性绝不是摩尔所批判的自然主义直接构成的，也不是简单的情感主义的恻隐之心、功利主义的趋利避害、快乐主义的趋乐避苦、形式主义的原则坚守，等等。这说明，基于自然科学实验方法的道德研究只能研究能够观察、测量的道德相关部分，但这些部分离开道德本身就只是些道德附属物。真正的道德如何发生，恐怕还是要交给具有人之为人资格的整体的人本身来自由解决比较好。

（二）道德发生的要素结构

在前文中，已经简单描述了道德发生的要素与过程。通过该描述，我们知道道德发生不是天生的生物学基因的特性，也不是自然界、社会的简单给予，而是在人的先天机制、他者存在、主体自我等条件下的一种行为体验、自我选择、行为修养的结果。

（一）道德发生的先天机制

来到这个世界后，人类个体便先天地拥有了两个实体：自在和自我。就人类个体而言，自在之在的大自然和个体肉体是个体生存与发展的物质基础，而自在之在的心理实体，包括认知心理过程、情感、能力、气质、性格、兴趣、习惯、爱好等，都是个体之存在意义发生的心理基础。自我就在利用自然实体、肉体实体和心理实体的过程中展开其运筹帷幄的谋划。

具体而言，道德发生的先天机制就是基于肉体和心体的生存意志及性欲意志、功利欲求、快乐欲求等因素的活动和相互作用。

1. 生存意志

人类的生存意志是指人类的求生本能和向死本能。

每个人都有求生本能。这种求生本能来自人体基因密码及其对人类肉体新陈代谢的控制。人类肉体每天都有无数细胞诞生，同时又有无数细胞死亡。倘若没有人的求生本能，人类肉体就不会存在和成长发展。如此导致许多人非常看重养生。例如中国的庄子，就知道"吾生也有涯，而知也无涯，以有涯随无涯，殆已"。由此专门写了《养生主》《逍遥游》等名篇，抨击对自然生命摧残和奴役的机械技巧等行为，讴歌顺其自然的生命之道。

伴随着求生本能的还有人的向死本能。死亡，在许多人眼里是恐惧的。向死而生的死亡，却是一种坦然的胸怀和境界。倘若没有人类的死亡机制，那么地球上的每个角落早就被人类塞得水泄不通。正因为向死本能的存在，一代人死亡了，才有另一代人的新生。代代相传，才能生生不息。同样，就人类个体而言，旧细胞死亡了，新细胞才会诞生，才会使人体得到更新，从而迎接崭新的每一天。如此，求生本能和死亡本能并存，人类才得以欣欣向荣，不断进步与发展。

生存意志被人类在哲学上发现和正位是在 19 世纪末 20 世纪初。生存意志作为一种客观存在，在人类历史上很长时间内不被人类所待见，总觉得它是非理性的贪婪、冲动、无情、低下。所以，在哲学家、思想家的笔下与口中，不是贬低它、打压它，就是节制它，甚至禁绝它。面对理性主义哲学的主流统治，克尔凯郭尔、叔本华、尼采等哲学家，大声说出人的生存意志的合理性，从而开创了非理性主义哲学的先河。克尔凯郭尔提出"生存先于本质"的命题，认为人是此时、此地、此人的有血有肉的生存存在，这一生存存在先于人的理性、社会性等本质性存在，分为感性存在、理性存在和宗教存在。人不能选择自己的出生，但是可以利用自己命定的生存存在，去创造自己的本质。

叔本华则认为人的非理性欲求的、冲动的、无法满足的生存意志才是人的本质，它决定着人的一切思想和行动，以至于整个世界只是这种意志的表象。正因为存在这种人们普遍追求着的但是永远无法满足的意志欲求，人类才是悲哀的。基于此的人类行为表现出利己的、恶毒的、同情的三种取向。利己的取向只是希望自己快乐和满足，恶毒的取向则是希望众生痛苦，同情的取向是自我与其他自我的生存意志感同身受，将众生与自己视为一体，并希望不伤害众生，尽自己一切努力去帮助众生。由此提出人类的两大美德：公正和仁爱。叔本华认为只有同情才能导向人的道德，利己和恶毒都不能。

接承叔本华的生存意志，尼采更注重生存意志中的权力意志。他认为权力意志才是人的本质，而基于权力意志的人是超人，是朝向占有、掠夺的主人，不是胆小怕事的奴隶。他由此提出主人道德和奴隶道德，主张只有主人道德才是人的道德。而主人道德是源于自我的道德，是一种受生命本能支配的自然道德，是一种利己主义的道德。利己主义在尼采看来就是正义本身。尼采之后的海德格尔则揭示了以操心为核心的人的生存存在状态，萨特描述了人的自在生存存在状态等。

总体而言，生存意志作为人类道德生成的原始动力，对于道德的产生有积极和消极两种作用：积极的作用是提供人类道德产生的原始动力基础，给予人类道德无穷无尽的动机和必要性，冲破一切禁欲主义等不合理的道德规范体系；原始动力存在着永远消解道德规范和伦理原则的倾向，因为原始动力要证明自己本身就是合法的、合理的，因此它们的冲动性、非理性是对所有道德规范和道德原则的反向动力。

2. 性欲意志、功利欲求、快乐欲求

性欲意志由弗洛伊德所发现并主张其为人性的原始动力。弗洛伊德把人的性欲意志分为口唇期（0~1岁）、肛门期（1~3岁）、生殖器期（3~5岁）、潜伏期（5~12岁）和生殖期（12~22岁）。口唇期的婴儿通过吞、咬、吸等嘴巴行为来获得性满足；肛门期的婴儿通过排泄等行为来获得性满足；生殖器期的幼儿通过性幻想和展示生殖器来获得性满足，在此阶段出现男孩子的恋母情结（俄狄浦斯情结）和女孩子的恋父情结（伊莱克特拉情结）；潜伏期的儿童表现为一段平静的时期；生殖期的青年表现出人类的成熟、躁动、勇敢、稳重、深沉等品质。

弗洛伊德不仅用性本能来解释人的行为本质，而且将性本能与人类文明的产生联系起来。他在《文明与缺憾》一书中，阐明了文明与性本能之间的对立关系。他认为，人类如果受本能和性欲的支配，则必然会陷入一种随心所欲的无法控制中。所以，要让人类生存下去，就必须对人的性欲等本能行为进行禁忌、限制，于是各种规范、法律就建立起来了。至于儿童本人，由于害怕父亲等对自己的阉割，也就把父亲的严厉管制内化为自己的意识，如此让自己升华成为超我的道德。

其他如功利欲求、快乐欲求等，在前文已经进行了阐释，在此不再赘述。

（二）道德发生的他者存在

他者，是相对于个体自我存在之外的存在者，他者存在不以个体的自我意志为转移，因此被称为客观性存在。他者存在，对于人类个体而言有两个。一个他者存在是可以为个体自我所认识并且作为个体肉体欲望、本能等先天性存在满足的质料

或者直接对象物。例如，空气之对于呼吸，水源之对于干渴，花朵果实、禽兽血肉之对于饥饿，树叶兽皮之对于体肤保暖，山洞之对于栖居等。另一个他者存在即是人类本身中和个体自我一样的其他自我主体，这些自我主体跟"我"的自我主体是一样的自我，只不过在"我"看来他们是他者，而在他者看来"我"又是他们自我的他者而已。应该说，作为每个自我主体之生存与发展前提的质料或直接对象物是个体自我或者人类生存与发展的资源，这些资源的总量是有限的；而人类的欲望、本性等先天存在是不能得到完全满足的，是无限的。这样在有限与无限之间就产生了矛盾冲突，人类就不得不发挥和发展自己的智力来假物为用，利用、制造各种工具作为手段，将有限的资源转化为可持续发展的各种形式以供人类个体生存与发展。

其实，如果人类整体都是理性的、友好的、善良的，那么有限的资源无论是现成的还是可持续生产出来的，都能够均等地满足人的生存需要。又或者，如果只有一个个体或者一类人的存在，那就只有人的需要目的和满足手段之间的关系，也就是说只有一种价值关系，而不必有什么道德关系的存在。顶多人们只是凭借计算让需求的满足多点或者少点而已，并不需要什么礼让、什么风险、什么自私，或者正当，或者高尚等道德行为的出现。人类就生活在"伊甸园"当中。

但是，偏偏人类处在他者和他者的关系中。他者的存在，让人类的目的和手段的价值关系复杂了起来。因为他者的存在，参与资源分配的主体就不那么均衡、不那么顺利了。因为不同的他者有不同的要求，不同的要求导致不同的目的，不同的目的导致多元价值观的存在。多元价值观存在了，谁的价值观是合理的？谁的价值观是正当的？谁的价值观是首先要满足的？谁的价值观是后一点满足的？不仅如此，因为他者的存在，每个自我个体都获得了一面镜子，从这面镜子里，每个自我个体认识到自己的重要性，并由此发展开去，形成以自我为中心的利益关系、情感关系。比如，我的利益界限在哪里？哪些东西属于我？那些东西属于他者？怎样的相互关系才能保证自己的利益不受伤害？就像卢梭在《论人类不平等的起源和基础》中所说的那样，谁第一个竖起一块牌子，说这块土地是属于我的？这样的私有制的产生只有在他者存在的情况下才有可能。

正因为他者的存在，人和人之间的关系才成为社会的关系，不然只有自己和自己的同一性，不可能有社会性。人和人之间互为他者，而又承认彼此的自我存在。这就产生了他者和他者之间的利益冲突、价值冲突，同时也会存在自我和自我之间的理性认识、清醒交流、谈判合作。当然，一开始的他者之间的冲突解决更多采取的是野蛮的形式，就像中国人早期认识到的"非我族类，其心必异"，荀子所说的争夺与冲突，霍布斯所说的人与人之间的战争和丛林法则，萨特所说的他者作为地狱的存在等。不知在多少次的利益争夺冲突中，在眼见多少个部落灭亡、部族灭亡，或者同归于尽，或者两败俱伤后，先进的人类才认识到他者与他者之间需要相互退让妥协而不是争夺，需要相互尊重而不是凌驾于彼此之上，需要合作共赢而不是两败俱伤。这样的结果就产生了彼此制定的契约、规则，尽管在发展中契约常常被撕毁，规则常常被破坏，但是毕竟这些契约、规则的出现说明了人类理性的觉醒和成果的进步，人类终于可以通过理性来制约自己的先天冲动性了。这就是最早的来自自然生存之道的理性所得，即道德规则。而这样的规则完全是为着生存利益的，因此野蛮而又可敬。

在人类获得彼此尊重、合作共赢的互惠互利道德的基础上，各个他者之间凭借理性继续发展，进而发展出了自己人与外人、低级价值与高级价值、卑微价值与崇高价值等价值等级次序，在处理这些价值等级次序的过程中就逐步确立起不同的道德要求。例如处理家庭的、社群的、民族的、国家的不同范围内价值关系的道德准则，就产生出中国的孝悌忠信礼义廉耻，也产生出古希腊的节制、勇敢、智慧、正义等德性。杜威说的道德产生于处理人们之价值冲突的需要就是指的他者主体存在的道德发生。

（三）道德发生的主体自我

如果说人的先天本能、欲望、功利、快乐等要素机制是道德发生的永恒动力，那么他者存在构成的社会关系则是道德发生的必要条件，并且他者存在是将有意识、有目的、有手段构成的价值意义构造为一个价值序列，从而有高低、贵贱、亲疏、贤愚之分。按理说，道德发生在价值序列之中就比较完备了。例如，以中华文明为代表的礼乐道德文化，就属于这样的价值序列体系。这一体系以自然的天高地卑为依据，比附人间的上下秩序、君臣父子夫妇等尊卑贵贱亲疏远近等角色规范，进而建立相应的等级纲纪名分的伦理秩序。只要明确了这些角色规范，无论内外、言行、身心等都做到了相应的诚敬礼仪要求，那就是有道德、有修养的人了，文质彬彬便为君子；如果不按照这些修养要求来做，那就是无礼小人或者粗野之徒。

但是，面对等级森严的社会秩序和礼仪秩序井然的人的行为，有的哲人似乎不太满意。比如，孟子认为："舜明于庶物，察于人伦，由仁义行，非行仁义也。"意思是说，一个人真正的道德修养不是在行为形式上和结果上符合仁义规范的要求，而是要从内心奉行仁义且以仁义为目的，同时在行为结果上能达到仁义要求的，才是道德的行为或者道德的人；而那些只在行为结果和形式上符合礼仪要求的人，若内心是为了私利等，那也不能算完全的有道德价值的人。直到18世纪，康德才提出同样的道德要求，即一个人有没有道德价值不是看他的行为结果，而是要看他的行为动机，此行为动机要出乎义务而不是符合义务，并且为此做了严密论证。这说明，中西方的哲人都提出了道德之为道德的根本标准：不在于先天机制，也不在于社会他者要求，而在于主体的意愿和自由选择。在主体意愿上，一定要以道德本身为目的；在自由选择上，一定是自由选择才能导向道德价值。

那么，为什么完全的道德价值需要主体条件才行呢？这是因为，只有符合主体的意愿，并且由主体自由选择的行动，主体才能承担相应的责任；而被迫的不符合主体意愿的行动，尽管可能结果是好的，但也不能是道德的，因为对这样的结果，主体是没有责任的。正因为此，我们将主体道德产生的年龄放在3岁，即人的自我意识产生的年龄。只有在自我意识产生之后，人的意愿才会被自我所意识到，才能真正是被意识到的自己的意愿而不是他者的意愿；并且在行为发出前是由自我意识所引导、所决定从而是自由的；在行为发出后所导致的行为结果才能为主体意识所掌握、为自我意识所反思，为自我意识下的情感所体验为快乐或痛苦，进而反思利害，为下一次行为的抉择提供参考。所以，最佳的道德引导和生成年龄是从3岁开始的。

3岁前的幼儿可以说没有道德责任，正是因为其不具备负责任的意愿和自由条件，因此可以称之为非道德行为阶段。同样，丧失理智的精神病人等也不具备道德价值行为，因为他们也缺乏相应的自我意愿和自由选择条件。

普通人总以为3岁的幼儿没有道德价值或善恶判断力，经常忽视对他们的规约和引导，从而导致幼儿任性等行为习惯和性格的养成。例如，一个大人不觉察实际上已经有自我意识的孩子，跟着大人到商场里买东西，看到好吃的就说饿，看到好玩的腿就拔不动，就会要求大人给买。倘若大人不从，他们就会动用一切手段来迫使大人屈从，大人拗不过，就给买了，从而使其自觉的欲求行为得到满足。等下一次再逛商场或者出行时，幼儿还是如法炮制，基本照样得手。久而久之，幼儿就会得出经验和观念结论：任性的结果是好的，以后会变本加厉地任性。然而，倘若幼儿第一次要求得不到满足，他们就会想其他办法。而当他们多次努力尝试得不到满足反而带来痛苦体验时，他们自己就会自觉放弃这样的意愿和这样的方法手段，进而用讨好或者察言观色方式来反思、判断自己的要求是否合理，自己的手段是否合理，最终选择那些在大人看似合理的意愿和手段来满足自己。如此，幼儿个体的自由选择就是道德发生的主体条件。

皮亚杰、科尔伯格等人确立第一阶段和第二阶段的前习俗水平的道德是权威的、享乐主义的、现实功利主义的，这是有道理的。但是他们把该时期的道德归于他律的，就不合适了。因为，与其说儿童道德行为是在大人权威和奖惩功利苦乐体验下的结果，倒不如说是幼儿凭借自己的自我意识、情感体验和反思能力自觉选择的结果。而受他们理性能力的制约，他们还不可能说出什么道德观念、道德原则之类的抽象话语，只能采用情境式的、可见的功利结果类的形式。但是，即便这些可见目的对象物的归属和获取中，也含着儿童自身意识、反思能力的狡黠。故而他们只是在原始动力驱使下，在他者存在的条件下，自觉选择对自己有用或者有害、快乐或者痛苦的意愿取向和行为手段方式而已。在这个意义上，他们是自律的，只不过表面上选择了权威的倾向而已。如果有被迫的他律，他们也是主动选择了这种被迫性。从这种意义上说，权威没有什么值得沾沾自喜的理由。

主体的自由选择不仅在欲求意愿上通过合理的方式满足自己，而且会在情感体验上通过苦乐对比来满足自己。但是，令人奇怪的是，人不仅仅是本能、欲望、功利、情感等的实体，还是一个精神的存在。不知怎么的，有的人或者有些人采用合理的意愿和合法的手段来满足自己意愿，或者满足他者意愿后，会在精神上产生一种荣誉似的高峰体验。这种高峰体验是身心瞬间的神圣般体验，是一种无以名状的全身心舒适感、美妙感。这种感觉的产生并且长时间积淀下来，就构成人之为人的高级道德感——崇高感。当有了这种崇高感的产生，人们为善的目的就不是为了生存，就不是为了欲取之先予之的交易，就不是为了功利快乐最大化的伪善，而是基于内心良心舒适感的精神追求。这个时候人就从有道德的、符合道德要求的人发展成了道德的人，也就是俗话意义上的"好人"。这样的人，不说话则已，一说话便是真话；不做事则已，一做事便是好事。只要条件具备，那他就会说真话、做好事。这样的人堪称真人。真人，不是人的先天机制的必然结果，却是在处理和满足先天机制的时候产生的、生成的；真人，也不是由他者存在组成的社会的外在规约的权宜之计，而是在外在规约下做出的合理合法意愿和自由行动选择、结果反思、情感体验基础上的精神升华，是超越了自然、超越了社会他者的一种自由境界。这种境界标志着人之为人特性的生成，标志着人的自我完善和自我实现，标志着人的行为和人本身的终极价值的体现。

这便是至善，也便是人之育本身的外在显现。如此，修养为人、道德价值的终极目的才得以实现。

三　道德发生的等次类型和递进规律

循着道德发生的基本要素及其路径，我们会看到，人类因为道德而使自己成为卓然不群的万物灵长、宇宙精华。同样，也只有道德的存在才使其他人类的才华，比如智力、理智、明智、智慧、语言、符号、政治等属性成为人的特性。否则这些才华就会失去正确的方向、偏离正确的轨道而和人的本能、欲望、功利、名位、情感等自然动力相结合，使人成为无比野蛮的动物，这是人之个体意义上的助纣为虐。只有在道德的指引下，人的生活才成为道德的生活，才成为美好生活，而人本身，则成为有良好教养的道德人。所以，所有道德的目的就是让人成为好人，过上美好的生活。在走向好人和美好生活的途中，鉴于每个人的出生境遇、生存方式、生活道路、生活环境的差异性，也便导致每个人的道德生成方式、结果具有差异性。在无害的基础上，人的道德类型在横向和纵向上有六种：自然善，功利善，义务善，自由善，正义善，目的善。

（一）自然善

自然善是发端于人的先天机制的，未曾通过计算和社会习染的善，包括本能的保护、欲望的满足、激情的释放、功利的适宜、智力的发挥等。

出于本能的保护莫过于求生本能。求生本能是人的基本本能，是人前行的永恒动力。《易经》说："天地之大德曰生。"告子说："食色，性也。"就是指通过饮食和性行为，来满足人先天求生的本能。即便晚期主张存天理、灭人欲的儒家伦理也承认"饮食男女，人之大欲存焉"的求生本能之现实。到18世纪，戴震指出"生生之谓仁"，直接否定了宋明理学家以理杀人的极端禁欲主义道德，从而带来了思想的解放。康德也认为，对生命的爱和对性的爱，前者为了保存个体，后者为了保存物种。这两种爱是人类极强烈的自然冲动，驾驭着人类力量，滚滚向前。但是，康德把作为自然善的本能保护与人类的理性对立起来，不承认其道德意义，这是错误的。这个错误已经由马克斯·舍勒在《伦理学中的形式主义与质料的价值伦理学》中进行了严格的批评与论证。正因为康德否定和看不到自然善的道德性，所以，他诉诸先验的善良意志等形式对自然善等的道德赋能，这其实是很武断的做法，是一种独断论。

所以，自然善本身就具有自然道德的意义，因为道德引领美好生活，而美好生活离不开人的本能保护与满足。只有本能保护与满足了，人类才能走向美好生活。可以说，本能保护与满足，本身就是美好生活的一部分和其他美好因素的基础，所以具有道德性。

当然，自然善必须在没有伤害其他善的情况下才是具有道德价值的。倘若有人或国家按捺不住自己的冲动而伤害别人、别的族群，甚至发动战争来满足本能保护，最终的结果必然是害人又害己，得不偿失。从无义战的春秋到斯巴达的奴隶制到野蛮民族的掠夺，再到现代的两次世界大战、日本侵华战争等，都是野蛮战争，都是非自然善的本能跃出善良轨道的邪恶行为。与冲动而有侵犯性相反的是一种懦弱的苟活，不敢表达自己对自然善的主张和满足，而是迫于外在压力苟活于世，丧失立场、原则，从另一种层面上显示出平庸之恶，因为无助于善，便会助长无原则的跃出自然善轨道的恶。

奠基在本能保护和满足的基础上，人的各种欲望的满足、激情的释放、智力的发挥与增长、功利的获得与适度，都使人类在文学、艺术、宗教、科学、伦理等方面精彩绽放，就像尼采发现的古希腊之酒神精神对于古希腊悲剧艺术和戏剧艺术的创造力，阿波罗精神之对于古希腊哲学和科学的文化动力，都是奠基于人的自然善的文化创生。可以说，没有自然善，就没有人类；没有自然善，也就没有中国道家的本体、西方卢梭的《爱弥儿》。当然，只凸显自然善而否定其他善，则是片面的、盲目的。

（二）功利善

功利善是在自然善的基础上超越本能保护和满足的范畴，通过一系列物质、财富、金钱、名位等标的物来作为自身存在意义和尊严的善。这种善，只要在不损害别人利益，即便暂时损害而又事后赔偿的原则下，便是功利之善。功利善的情感体验就是美，这是一种直觉，不假思索，不由自主。所以，爱美之心，人皆有之；爱利之心，人亦皆有之。

尤其是伴随着交易货币的出现，物质、财富可以通过货币来标的，所以，功利善的表现形式集中体现在对货币的追求上面。以赚钱为主要使命的商人和资产者，皆是功利善的载体。即便日常生活中的普通人，虽然没有赚钱特长，但是也会有向往富裕之心。赚钱，作为功利善的日常表述，可以成为人的自我实现的目标。所以，拥有良心良知的商人、资产者，非但不是社会和人类的祸害，反而是有利于社会和人类的财富创造者、财富给予者，他们的诚实、合法、合规的财富转移与创造推动了历史、社会的进步，并且提供了美好生活的物质、技术基础，因此是一种具有道德价值的目的善。正是在此意义上，功利主义、快乐主义、幸福主义的人生追求才是合理的。因为这些人生目的的标的物，不仅是美好生活的基础和有机组成部分，而且本身也是美好生活的标准和动力之一。

在人性才华的自然分布中，除了自然善的本能保护和满足是最为普遍的善之外，功利善是具有货殖才能的一类人的自我完善和自我实现。这类人的先天素质和后天发展就是适合经商，以实现货畅其流；就是适合开矿产、建公司、办企业、兴产业，以实现物尽其用、财富涌流。就像春秋时期的子贡、范蠡等，皆是商人典范；而现代的福特、比尔·盖茨、马斯克等，皆是企业家典范。他们的存在，是人类幸福的基石。

当然，功利善如果离开本心，用偏了方向，居心不良，就是祸害。例如战国时期吕不韦，本来经商有术，但是偏要和王室政治的名位等扯在一起，虽然有奇货可居的成功，但最终结局是身败名裂；又如古代一些商人，勾结官府，鱼肉百姓，虽有一时快活和享乐，但最后不得善终、产业凋零。

所以，既要从文化上为功利善正名，也要在制度设计上让有货殖个性的才华之士倾心财富创造，心无旁骛地实现自我，抛弃无商不奸的不合理判断，丢弃重农抑商的传统文化和制度安排，还功利善之士以正当名分，才是全球化中华文明的正道之一。如此，就不仅仅是见利思义、见得思义的问题，而是利和得本身就是义和善了。问题的重点不是在利本身是否恶，而是文化价值观和制度设计，如何让逐利之心合法合规、公平竞争地满足，规约逐利之心不越出轨道、不产生危害。在此意义上说，一切将义利对立起来的观念和行动都有失偏颇。

（三）义务善

义务善是与人的社会角色相应的道德善。每个人生来就要扮演某种社会角色，与这种社会角色相应就有一定的道德和行为规范来制约，社会结构才能呈现出和谐局面。泰勒的《自我的根源》就把人的自我描述成一种社会结构框架下的角色安排；

同样，麦金泰尔也把正义描绘成人的社会角色叙事。其实，从根本上说，这些都是人们的义务善。

义务，也叫责任，是伴随着人的出生在社会结构中不可避免的使命。每个人不可能独自出生、生长、成熟，都需要在前人所安排的家庭结构、社会结构中得以被照顾、被抚育。由此，无论生养者还是被生养者，抚育者还是被抚育者，教导者还是被教导者，都具有相应的道德义务或者道德责任。在这些道德义务的规约与引领下，每个人生命保存和成长所需的自然善、功利善才得以拥有、保障和满足，每个人才得以健康成长。而缺乏道德义务的地方，往往是自然善和功利善都不能得到正常保障的地方，人的生命成长就会相应匮乏和残缺。

一般而言，人的义务善分为家庭的、社会的、国家的、职业的等类型。在家庭中的义务善，典型的如中国家庭，强调父慈子孝、兄友弟恭、母亲子孝、姐妹和乐、光宗耀祖等；而在古希腊的家庭里面，则训练和管理奴隶来负责劳动、家务，让子女参与国家政事，或者执干戈以卫社稷，或者做个好公民为国家服务。在社会中的义务善则以朋友关系和师生关系为主。朋友之间讲求信用，师生之间讲求良师益友，或者如父子关系。在国家中的义务善，在中国人是修身、齐家、治国、平天下等明德至善义务；在古希腊则是平民之节制、卫士之勇敢、统治者之智慧、国家之正义。

义务善不是与生俱来的善，而是一种社会关系赋予的后天善，是人的社会功能和本性功能相结合的一种善。例如，社会对男性角色的期待，往往是以坚强、强壮、勇敢、大度等来要求，这大概是从男子本身的本性出发而生发出的一种社会义务期待；社会对女子则往往会以温柔、聪慧、细心等来要求，这也是从女子本身出发的一种社会义务期待。这样的性别角色义务期待就构成了不同的性别文化，性别文化的本质其实就是一种性别角色义务善的意识化。

（四）自由善

如果说自然善、功利善等是基于人的自然生命、欲望本能趋向的自然选择，那么义务善则是伴随着出生就会被社会安排的角色选择，是不得不的选择。面对这种不得不的选择，比如，没有同我商量就生出了我，我没有选择出生却拥有了生命；同样，社会角色规范也不是自己所选择的，各种制度安排更不是自己参与制定的。那么，为什么我还要接受呢？萨特认为，无论怎样，即便没有选择出生，也没有选择社会角色规范，对于出生这一结果，我依然接受了；对于社会角色安排，我依然接受了。人生来自由，所以选择了被出生的结果，也选择了被出生后的社会安排。因为这种安排里面也包含了我自己赖以生存和发展的自然善、功利善、义务善的分配，是自然、社会替我保管的，我一出生，就还给我了，由我自由支配。尽管还是受到权威的监管和制约，但那也是为了我的好才安排的。这种基于自己意愿的、自愿选择的,无论是被动的还是主动的,我们叫作自由善。自由善的本质就是表达自己意愿,经由自己同意,并且自由选择。

有些权威者可能会借口为服务对象好而始终把持着对对象义务服务的资源和权力,实质上是为了自己的权威地位、权力私利和功利善。例如,父母对子女的控制、君王对臣下的羁绊、官员对民众的统治、教师对学生的利用,等等,都可能有这种非义务善的倾向存在。可以说,没有自由善的存在,义务善就可能偏离应有的轨道,滑到失衡的片面义务的境遇中。最为典型的片面的义务善就是中国的三纲伦理。三纲伦理讲求君为臣纲,君叫臣死,臣不得不死;父为子纲,父叫子亡,子不得不亡;夫为妻纲,夫休妻,妻不得不离。反之,则没有相应的义务制衡。在这种失衡的义务善面前,整个人性都会扭曲,扭曲成没有自然善、不讲功利善的绝对片面善。这是非常有害的。它丧失了个体的存在和灵魂,正像余秋雨在《柳侯祠》中所讲:"个人是没有意义的,只有王朝宠之贬之的臣吏,只有父亲的儿子或儿子的父亲,只有朋友间亲疏网络中的一点,只有战栗在众口交铄下的疲软肉体,只有上下左右排行第几的坐标,只有社会洪波中的一星波光,只有种种伦理观念的组合和会聚。不应有生命实体,不应有个体灵魂。"

所以,任何一个正常的社会和正常的个人的存在和解放,都是以自由善为前提的。孔子讲:"君使臣以礼,臣事君以忠";"人能弘道,非道弘人";"道不行,乘桴浮于海";"三军可夺帅也,匹夫不可夺志也。"孟子讲:"得志与民由之,不得志独行其道。"荀子讲:"从道不从君,从义不从父,人之大行也。"以上伦理操守,就是讲的人的独立自由之道德善。亚里士多德专门在《尼各马可伦理学》中讲尊重意愿和自愿选择是责任的前提,没有自愿的选择就不可以负责任。洛克则在《政府论》中提出基于自由同意的义务,指出我们唯一应该被约束的权利就是"放弃那些我们与生俱来的权利",即谁也不能去侵犯别人的生命、自由、财产权。因为它的不可剥夺性,使得个人更深沉、彻底地拥有了自我,即自由的不可分割性。康德更是在《实践理性批判》中主张,自由是道德的前提,没有自由就没有道德。所以,自由善,比任何时候都保障了义务善的合理性。倘若没有自由善的保障,没有自由选择下的自我认同,那么,任何义务善最终都会走向片面的、有私心的功利善,对自己虽然是善,但是对他人、社会、国家则是恶。

如此,从古代的朴素意愿、主体和自愿论,到现代严密、系统论证的自由善,已经从一种私人道德的选择发展到一种公共制度的设计。这种基于公共制度的自由善设计,就是正义善。

(五)正义善

正义善在个体的身上表现为正义感或正义之心的德性,或者表现为见义勇为的德行。但是,更多地表现为一种社会制度安排。作为一种社会制度的正义安排,就是把每个个体的自然善、功利善、义务善等在遵循个体意愿、自由同意且自由选择的情况下，用法律形式界定下来，厘清边界，保证每个个体的善的满足并且不受别的个别善的侵犯和伤害。只有正义善成为一种法律制度并且由具有正义感之人来执行，那么就会有普遍的善的保障；否则，没有法律正义善的保障，紧靠几个英雄侠士的正义行为，可能会救某个人、某些人，但是救不了所有人；可能会救得了一时，但是救不了一世。所以，正义善是一种普遍善，是一种不是偏向于某个人、某些人之善但是又能保障每个人之善得以安全实现的所有人的善。

最先提出正义善的是亚当·斯密。他在《道德情操论》中指出，行善犹如美化建筑物的装饰品，而不是支撑建筑物的地基，因此做出劝诫已经足够，没有必要强加于人。相反，正义犹如支撑整个大厦的主要支柱。如果这根柱子松动的话，那么人类社会这个雄伟而巨大的建筑必然会顷刻之间土崩瓦解。同样，罗尔斯提出作为公平的正义，也提出正义是社会制度的首要价值，规定了人的不可被剥夺的基本权利正义。他说："正义是社会制度的首要价值，正如真理是思想体系的首要价值一样。一种理论，无论它多么精致和简洁，只要它不真实，就必须加以拒绝或修正；同样，某些法律和制度，不管它们如何有效和有条理，只要它们不正义，就必须加以改造或废除。每个人都拥有一种基于正义的不可侵犯性，这种不可侵犯性，即使以社会整体利益的名义也不能逾越。因此，正义否认为了一些人分享更大利益而剥夺另一些人的自由是正当的，不承认许多人享受的较大利益能绰绰有余地补偿强加于少数人的牺牲。所以，在一个正义的社会里，平等的公民自由是确定不疑的，由正义所保障的权利决不受制于政治的交易和社会利益的权衡。"

中华传统道德文化很早就提出了"仁义""仁爱"精神，并且不遗余力地提倡"德治""仁政"，也在某种程度上体现出公平精神，但是，就是因为从根本上缺乏自由善的追求，缺乏正义善的保障，才很容易使得每个人的自然善、功利善、义务善等发生偏斜，失去公平正义。历朝历代之得以勃兴，主要是在某种程度上体现了自由善和正义善的结果；反之，改朝换代的不断上演，主要是因为旧朝代失去了自由善和正义善的后果。以史为鉴，可以知兴替。往者不可谏，来者犹可追。在全球化时代，学习世界先进文明和经验，用自由善和正义善来引领道德善，实在是国人之福祉所在。

（六）目的善

目的善，来自亚里士多德的目的论。其根本含义是指要把善本身作为道德追求和道德修养的目的。目的善不把道德当成追求外在功利目的的工具，因此不是功利善；也不是把道德当成一种原则和规范来规约行为的外在形式或者图好人之名、道德之名，而是在正义善之保障下，在自由善之抉择下，朝向善本身的道德追求。这种道德追求，把履行道德、追求内在的善当成道德目的本身，而只有拥有内在善的人才有资格拥有共同体分配的幸福。同样，只有拥有美德的人，才能维护共同体的长治久安，以享受更美好的幸福生活。对个体而言，它的目的是使个体形成美德，成为具有道德品质的人，即"道德的人"或"好人"；对社会而言，它的目的是使社会成为公平正义的共同体，即"有美德的社会或共同体"或者"好社会"。其中，道德的人是由其本身是否具有共同体所设定的各种品德要求决定的；好社会或美德共同体则是由每个个体的正当权利所决定的。共同体内的个人，只有掌握并践行了美德本身，即拥有了义务善，才有资格成为共同体中的一员，才能够分享共同体分配的资源和幸福从而拥有自然善、功利善，同时作为主体建设美好的共同体；共同体本身，只有具备相应的美德才能拥有合法性和合理性根基，即拥有正义善。也只有在拥有正义善和公序良俗的美好共同体中，才有普遍的、真实的好人和美德存在。

就道德思想史的演变而言，尽管亚里士多德提出了目的善要求，但是因为其阶级局限不可能拥有真正的目的善。只有克服了阶级局限的马克思主义伦理学，才从根本上扫除了人的异化的阶级对抗制度，确立真正人的道德的经济基础、普遍权利和自由制度，为真正人的诞生奠定自由、充分发展的经济、文化、制度基础。

目的善是指符合道德本身的道德。任何人及其任何行动，之所以具有道德价值，成为道德的人和道德的行为，就在于其动机是以道德本身为目的的，并且具有相应的道德行为效果。如此的道德动机和行为效果的统一，就是马克思主义伦理学对于功利主义道德和实用主义道德之盲目性、义务论道德之先验唯心性、德性论道德之空洞性等弊端的超越，同时又吸取了功利主义道德和实用主义道德行为的客观有效性、义务论道德动机的原则性、德性论道德的修养目的性，使人及其动机、行为出乎道德而不是符合道德，由仁义行而非行仁义。对于道德教育而言，就是进行道德教育的目的、方法等不是单纯以利益最大化为目的，而是要以道德本身为目的，要获取应该获取的正当利益，并且要用正当手段获取利益，拥有利益之后要善于与人分享等，使道德教育成为真正道德的事业。

目的善是以多元道德层次为格局，允许个人道德层次螺旋式上升，以培养纯粹的道德人为最终目的的道德。马克思主义道德观以人民群众的最大利益即集体利益为原则，是革命的功利主义。由于人民群众的差异性，现实经济利益关系的多样性和多层次性，在道德层次上就不可能全部都是毫不利己、专门利人的纯粹的人，道德的人，脱离了低级趣味的人，有益于人民的人。在避免自私的极端个人主义、利己主义和无政府主义的基础上，既要允许人们先人后己的礼让仁爱道德层次，也要允许人们无害于他人也无害于己的正当道德层次，同时在正当、高尚道德层次上向无私奉献的伟大道德层次发展提升。最终目的是培育出不受具体物质利益所左右、不受阶级关系和利益关系所异化的真正道德的人，也就是纯粹的道德人。在这个过程中，具有自由的、全面的个性发展的人是所有道德教育乃至教育的总目标，而真正的、纯粹的道德人则是教育的最高目标。

目的善为道德的自然长成提供充分的物质基础。目的善把自然善、功利善、义务善、自由善、正义善看成是向自身运动并螺旋式上升的终极善，因此它应当并且现实地拥有道德生成的丰厚的物质基础。它不是空洞的说教，不是唯心的强制，也不是伪善的功利与效果，而是通过改变经济基础、利益关系等，建立充分的物质基础、正义的分配制度、惩恶扬善的法律制度，为共产主义道德的产生、形成和发展保驾护航，让共产主义道德自由、充分地生成与成长。通过社会主义公有制和按劳分配原则的正义善免除异化的制度关系，为人们形成诚信、友善、敬业、奉献等美德提供制度基础，让人们不必因生存而需要伪装道德，而是因道德生活而需要生存；通过社会主义福利制度和基本保障制度的义务善让人们免于物质匮乏的窘困，不会产生为了面包而降志辱身的极端行为；通过让人们拥有自然善、功利善以体验充足而丰厚的物质生活而仓廪实自然修养礼节、衣食足自觉知晓荣辱，不会为功利名位诱惑铤而走险；通过建立抑恶扬善的法律制度、敬畏生命尊重人格的平等社会关系等自由善、正义善，使人们不会为了体面、尊严而过失伤人害人。倘若没有充分的物质基础，人们依然会面临物质匮乏和资源稀缺而重新开始争夺必需品的斗争，由此导致陈腐的东西死灰复燃。因此，建立在马克思主义伦理学基础上的道德教育不仅仅重视课堂上的知情意行教导和引领，更重要的是建立校内校外、学校社会相统一的生活环境、制度环境、关系环境、物质基础，从而使共产主义道德自然地长成。

在这里有一桩公案。许多道德哲学家把亚里士多德的德性目的幸福论道德跟功利主义、快乐主义的结果主义道德相混淆，将它们都称为目的论道德而混为一谈。这是对亚里士多德目的论的一种严重误读。亚里士多德强调任何技艺、任何科学乃至任何事物，其目的都是善。这种善根据亚里士多德的具体论述不难推出就是技艺、科学、事物本身的本性和功能最充分发挥。例如，一粒种子发芽、开花、结果等，或者果实累累，或者成为参天大树，或者绿色满园，或者桃李芬芳，等等；一种技艺，如骑术、艺术、建筑术等，最终要以利于美感、利于居住的功能最充分发挥为准。而人这种高级动物，是有多重属性或者德性的。亚里士多德说，倘若一事物有多种德性，那其中最好的德性就是至善。而对人而言的善就是幸福。人有多种德性，因此满足人的最好的德性的善的目的就是最幸福的。由此，亚里士多德批判了来自人的肉体欲望激情的享乐生活和来自人的功名利禄之荣誉感的外在的政治生活，主张最符合人之德性的或者人的本性和功能发挥的就是沉思生活，因为沉思生活是对人之为人之根本德性——理智、推理等的功能的充分发挥，是以它本身为目的而不是通过别的目的和为了其他目的而生活，因此是最幸福的，也就是至善的。与此相对应的功利主义、快乐主义的道德善，并不追求人的自我完善即人的本性和功能的最充分发挥，而是追求行为的结果是否功利最大化、快乐最大化。因此，结果主义和目的论道德风马牛不相及。而最终结果则是，非但结果主义道德不能说明目的论道德，把二者混为一谈，反倒要由目的善来说明结果论道德，其所主张的功利善、自然善等才会具有道德性而拥有合理性。

同样，目的善道德还是对中华文明修养目的论道德资源的复活。在前文已经谈到，中华传统道德是一种内圣道德，它以中华士大夫为载体提炼提升为中华士大夫精神。这种道德是一种高标的道德人格理想主义，它以格物、致知、诚意、正心为修身养性之路径、德目、标准，因此是把道德本身作为道德目的，是一种目的善。但是，这种目的善道德，在自给自足的小农经济下，受到匮乏的自然善、功利善的影响，受到缺乏自由善、正义善制约下的偏斜的、失衡的义务善的压制、束缚、桎梏和扭曲，不可能成为充分发展的目的善，因此历史的结果只是成就了些许仁人志士的忠孝节义道德名声，而没有成为一种社会的普遍公序良俗。这是令人遗憾的。但是，在全球化时代，在自然善、功利善充分满足，在义务善充分尽责，在自由善的引领下，在正义善的保障下，目的善将会拥有充分的发展空间，从而复活古希腊的德性目的论和中华传统道德中的修养目的论，达至真正的道德本身和道德人的道德生活。

思考题

1. 比较中西道德发生资源的异同点。
2. 陈述道德发生的基本要素及其相互作用。
3. 从横向和纵向谈谈道德善的多样化和内在的提升运动。

参考书目

1. 《教育哲学》编写组：《教育哲学》，高等教育出版社 2019 年版。
2. 檀传宝：《德育原理》，北京师范大学出版社 2007 年版。
3. 《大学》
4. 《中庸》
5. 《论语》
6. 《孟子》
7. 《荀子》
8. 戴震：《原善》
9. 柏拉图：《理想国》
10. 亚里士多德：《伦理学》《政治学》
11. 布尔克：《西方伦理学史》，黄慰愿译，华东师范大学出版社 2016 年版。

第三讲

道德教育概念与德育目标的界定

基本问题：

1. 如何界定道德教育的概念？
2. 育本体范畴中的道德教育实质是怎样的？
3. 育本体范畴中的德育目标界定是怎样的？

一 道德教育的概念界定

当下,界定道德教育概念的内涵和外延极为要紧,因为目前道德教育的概念是非常泛化的,以至于让人有凌乱、大杂烩的感觉。那么,道德教育的内涵到底指称什么?道德教育的外延又涉及多大?这是本讲首先要搞清楚的问题。

(一)现有的道德教育概念考察

我国现有的道德教育简称"德育"。其概念界定,据顾明远主编《教育大辞典》所下的通行的定义,是指"旨在形成受教导者一定思想品德的教育。在社会主义中国包括思想教育、政治教育和道德教育。在西方指伦理道德教育以及有关的价值观教育"。根据这个定义,"德育"是指培养受教导者思想品德的教育,其外延包括思想教育、政治教育和道德教育,道德教育只是德育的一个方面。

西方的道德教育概念,英文是"moral education",指人的品德、德性或美德的自觉培养或教导过程。西方的伦理学或道德哲学、道德教育理论也主要研究美德的本质、起源、发展的规律和心理机制,与心理学密不可分,有行为主义、认知主义等研究取向。这与顾明远所界定的"伦理道德教育以及有关的价值观教育"是大体吻合的。比较中西方对道德教育概念的界定,我们可以看出,中国的道德教育其实是一种"大德育"概念,远远超出了道德本身所涵盖的德育范畴;而西方的道德教育,则是限于道德本身的一种教育,因此是比较专门的道德的教育。

在现实的道德教育实践中,不仅包括顾明远所界定的"大德育"的多方面外延,而且涉及范围非常广泛,除了思想教育、政治教育、道德教育等,还有价值教育、法制教育、生态教育、心理教育、国防教育、中华民族共同体意识教育等。这说明,道德不仅其本身很难界定,而且其外延也涉及甚广,以至于可以这样说,只要是与人有关的活动和行为,无不与道德相关。但是,这样泛化的道德教育如何才是道德的呢?

檀传宝专门研究了这个问题,指出德育概念泛化的主要弊端在于:第一,概念内涵不清晰,逻辑混乱;第二,难以与世界比较与接轨;第三,用政治化的说教涵盖一切,忽视思想、道德、心理、法律、政治本身的特点和形成规律。①

---

① 檀传宝:《德育原理》,北京师范大学出版社 2007 年版。

怎样矫治道德教育泛化的弊端而归于德育之正途？檀传宝指出，要采取"守一望多"的策略。

"守一"指坚持道德教育的专门性，德育即道德教育，不能泛化。

"望多"指既不能忽视其他方面的教育，也不能忽视道德教育对其他方面教育的基础性作用。其他方面的教育同样重要，不能用道德教育排斥其他方面的教育。思想教育、政治教育、法制教育等其他方面的教育可以概括为社会性教育，心理教育现在被归入专门的心理健康教育或心理咨询与辅导。但是，严格而言，这样的说法还是不够严谨。社会性教育主要指普通社会交往中的人际关系如何处理，包括公共关系和私人关系等，属于正义和善等，包括法制教育等；政治教育主要指人的政治素养的形成，如何行使公民权利和承担义务等；思想教育既包括意识形态说教，也包括哲学等思想观点、思想方法、思维方式的养成和引导等。同时，道德素养是其他方面素养的基础，道德教育也是其他方面教育成功的基础，其他方面的教育离不开道德教育，互相联系密切。

从檀传宝的专业分析中可以看出，道德教育是有专门的内涵和外延所指的，而其他如思想教育、政治教育、心理教育、价值教育、法制教育等是与道德教育相关的范畴，不能混为一谈。所以，需要凸显道德教育本身的内涵，才能界定其外延；而要凸显道德教育本身的内涵，就必须凸显道德本身的内涵，因为道德教育就是在教学或教导引领下生成人的道德本身的过程。

（二）本教材关于道德教育的界定

道德就是具有自我意识的人类个体，基于自由选择的对他人、社会、自己等有利或者有害的行为、思想、情感、观念等。所以道德，不仅是可以看得见的利害行为及其结果，而且是看不见的人的内心情感、观念、思想等。根据道德这个定义，可以看出道德教育就是在交往中人的道德意义或者道德性的自我生成事件。凡是人在交往中有道德性或道德意义生成的事件，都是道德教育。

如此，道德教育就可以分为以下两种。

1. 自发的道德教育

自发的道德教育是指在没有别人自觉引导或教导下由人类个体在交往中自发生成的道德意义或道德性生成事件，既可以指一个人的某种行为的道德性，也可以指一个人的道德性的生成。

2. 自觉的道德教育

自觉的道德教育是指在人的自觉引导或教导下生成的道德意义或道德性生成事件。其可分为家庭德育、社会德育、学校德育、媒体德育等。教材中的道德教育主要指的是学校德育。

檀传宝把道德教育定义为"教育工作者组织适合德育对象品德成长的价值环境，促进他们在道德认知、情感和实践能力等方面不断建构和提升的教育活动。简言之，德育是促进个体道德自主建构的价值引导过程，是价值引导和自主建构的统一"。很显然，在这个定义中，他强调道德教育中的价值引导，因此属于自觉的道德教育；同时又强调受教导者的自主建构，在某种程度上肯定了道德教育的自发性。

这样的自觉德育思路，既强调了教导对学习的价值引领，又强调了受教导者自身建构的自发性，结果就一定是好的吗？

纵观现实中的德育，很多时候是说起来重要、做起来次要、忙起来不要。尤其是在应试考评的中小学教学氛围中以及在被就业率、考研率左右的大学本科教学中，不仅知识和能力的教导仅限于实用性的知识和技能的传递与习得，而且德性培养过程也主要成了课堂上的思政课程和课程思政的事情。这样的课程教导方案主要还是思政知识及其体系的传递过程，是知识信息传递、接收与再输出的过程，实际上与学生主体在道德观念、道德情感、道德意志、道德信念下的道德行为并没有多大关联。所以，无论是自发的德育还是自觉的德育，到底怎样才能成为振民育德的自律行动？到底如何才能成为进德修业的自觉修为？现在来看，单靠知识传递的课堂教学是解决不了的。要从根本上解决，必须回到育本身，而德性、道德的生成，其本质就是育的一部分。从育本体的视角而不是从教和学的视角解决德育实效性问题，才算是找对了方向。

（二）育本体范畴中的德育概念

无论在中国古代教学传统中，还是在西方"education"的话语体系中，都没有对"育"这个词汇和概念进行认真研究。尽管 20 世纪 20 年代以来，中国学者以"教育"二字对应"education"，但是，100 多年来，中国的学者和话语体系的建构者，并没有对"教育"本身是否能翻译成"education"进行严格的语言分析，以至使"教育"一词承担了很多非育之事，甚至只强调了教导的一面，而遗忘了"育"或者"育人"本身。这已经为很多智者、学者所诟病。我们要着重关注的是，首先分清中国语境和西方语境下，"教""学""育"等概念是否能够用"education"一概收纳且是等值的。

（一）中国古代语境中主要强调的是"教"和"学"，而不是"育"，更不是"教育"

中国"教育"一词在 20 世纪 20 年代以前只是一个重叠的单字，并没有实际的含义。其包括"教"和"育"两个词的含义。"教"在古代词语中和"学"相对应。清代王念孙注疏的《广雅疏证》将"教"和"学"归为"效也"，也就是仿效的意思。这和东汉许慎在《说文解字》中对教的解释"上所施下所效也"是一脉相承的。而"学"一词，许慎解释为"觉悟也"。与此相承接的是，王念孙将学归为"觉"。此外，教和学还有共同的含义。王念孙认为"学，教也"。

由中国古代词源分析可以看出，虽然"教育"一词由孟子第一次连用已经出现，但是"教"并没有和"育"经常在一起使用，反而是和"学"一词联系使用。古人不是在"观乎人文，以化成天下"，就是在劝人学习，学为圣人。例如，从较早的《论语》开篇"学而时习之"到《荀子》的"劝学篇"，再到《学记》强调的"君子如欲化民成俗，其必由学……建国君民，教学为先"，再到国家制度里面的学部设立，直至清末张之洞的《劝学篇》，都在强调"学"而不是"育"。而"育"字却另有归属。育，首先是指女人生育孩子，其后逐渐引申为生长、化育、孕育、生育、发育、哺育、抚育、养育等自然成长的意思。《尔雅》讲："育，长也。""育，养也。""到东汉许慎则把"育"引申为有价值取向的"养子使作善也"。其实这已经把教的内容移植到育的身上（培育，开始有自觉之育，让自然之育符合教的目的、要求）。但令人奇怪的是，教和育很少被连用。"育"字尽管被教育连用，但是也被用作其自然养育的含义，教之，育之。

如此，在中国古代文化传统中，我们找不到教育"有目的地培养人"的当前含义。符合"有目的地培养人"的只有教和学。那么教育的当前含义是从哪里来的？

（二）"有目的地培养人的教育"是近代中西文化交流的翻译产物

有学者考证，"教育"一词的当前含义是 20 世纪初叶在翻译西方"education"一词时，借鉴传教士、日本学者翻译的成果而逐步形成的一个近代词汇，到 20 世纪 20 年代固定化为今天我们的普遍用语。但是，将"education"翻译为"教育"一词，是有其文化误读的。一方面，"education"一词只有教的含义，并不包含学"study""learn"的含义，而在中国古代词汇中，教育是教和学相统一的。另一方面，"education"一词即便指教，也主要是教导的含义，并没有"育"的本意。据《新牛津英语词典》的解释，"education"既指"the process of receiving or giving systematic instruction, especially at school or university"，又指"the theory and practice of teaching"。其中"instruction"一词又指"teaching 和 education"，而 teach 又可以被解释为"give information about or instruction in (a subject or skill)"。

这说明，在英语词汇里面，"education""instruction""teach"是可以用来互释的，但是与汉语相对应的词汇只有"教"或"教导"，并不包含"育""学"的含义。所以，用"教育"一词来翻译实在是张冠李戴，即便是用"教学"一词虽然比较贴近，但是也不能完全反映"学"的含义。因为在《新牛津英语词典》中特别强调，用"learn"表示"teach"是错误的。另外，在英语词汇中，与"育"相对应的词是"to bring up""nurturant""cultivation"，意指"to bring a person to maturity through nurturing care and education"。所以，要是用教育来指代一切生育、培育、教导、学习等现象，就得重新确定"教育"一词的含义。

（三）育本体的发现

1. 汉语言中"育"是一种本体存在

在教育学语境中，"育"的含义与"教"相对应，来自东汉许慎《说文解字》，"教，上所施下所效也"，"育，养子使作善也"。由此观之，好像"育"是一个价值概念，也就是使新生儿童的成长符合教导者或培育者的目的要求方为"善"。其实，这并不是"育"的根本。

"育"的本意是自然之化育、生育、生长、抚育、养育等，是万事万物的本体存在，是万事万物的本体完善，如草木之生命、禽兽之感知；再如源于一颗种子的春华与秋实，一个细胞的爬虫游鱼、飞禽走兽乃至人类之智德。《周易》云："天地绁缊，万物化醇；男女构精，化生万物。"《中庸》云："致中和，天地位焉，万物育焉。"

到战国时，孟子第一次把"育"与"教"相连，"得天下英才而教育之"，但此时育依然是具有自然之养育的意思。这说明，"育本体"绝不是"教导"或"培育"的价值目的所能涵盖得了的，育本体的内涵绝不是某种外在的自然善、功利善、符合义务善的善。放眼全球，亚里士多德对善的定义可以给我们一些启示。

亚里士多德在他的《伦理学》中指出，善是任何技艺、科学、人的选择活动，乃至任何事物的目的。这样的善综合起来说就是包括人在内的任何事物、任何技艺、任何科学的本性和功能（即他说的德性）的最充分、适度的发挥，例如医术之于健康、马术之于战斗、长笛之于音乐等等。对人而言，这个目的善就是幸福。幸福就是合乎德性的实现活动。但是，人的德性也就是人的灵魂的功能有多个部分，有肉体欲望、情感荣誉、理智沉思等，与此相对应的目的善就有享乐生活、政治生活、沉思生活等多种。亚里士多德说，那个最能合乎人的最完善的德性部分的就是最好的善，也就是最高的幸福，这个幸福善除了其自己本身为目的，不是为了别的什么目的或者受到什么别的目的的限制。他经过考察，这个幸福善就是最合乎人的理智德性的实践活动，即"沉思"生活。由此，我们在这里看到，亚里士多德所说的幸福善是一种人之为人之特性——理智德性及其功能的最充分发挥，即最完善的发挥，这种最完善的发挥表现为爱智慧而不是为了实用。用现代话语表述就是人的"自我完善"和"自我实现"。

结合亚里士多德的"自我完善"和"自我实现"的善的界定，以及我国语境对育乃"养子使作善"的界定，我们不难推论出，育，就是在自然善的基础上，抚育幼子，培育幼子，使其成长为完善的人，也就是他作为最完善的他自己，在现实性上得以自我实现，简而言之，就是"养子使其自我完善与自我实现"。经由这一自我完善和自我实现的过程，凭借自己的美好创造为他人、社会做出贡献，同时也使个体利益得以满足。也就是说，功利善、义务善都建立在人的自我完善和自我实现这一根本基础之上。内得于己、外施于人的"德性"便也得以实现了。

2. 育本体的广义和狭义之分

1）广义：自然之育与意义之育

"育本体"对人而言，不仅决定了人的肉体之成形、成熟、健美，还决定了人的心理之发展、成熟、健全，更重要的是决定了人的意义精神之体的智慧、德性、美感、境界等的自我完善与自我实现。所以，从最广泛的意义而言，育本体既包括人的肉体生命的孕育和发育、成长、成熟，也包括人的心理素养的发育、发展、成熟，同时也包括作为人的社会关系存在的社会角色及其权利、义务，以及通过人的觉解、领悟而生成的经验、技术、艺术、知识、理念、德性、美感等意义内容和形式。人的肉体之育和心理素养之育构成人的自然之育，社会角色权利和义务、意义内容和形式构成人的意义之育。意义之育构成人的现实存在和精神存在。

2）狭义：狭义育本体就是人的意义之育

狭义育本体主要包括人在交往中基于觉解的意义及其言说方式的生成。

3. 狭义育本体的四要素

狭义育本体有四个要素。

1）质料因

育本体的质料因是指在肉体实体和心理机制基础上，与人打交道的各种交往对象及其各种活动方式。最初的交往对象是自然界。人出于生存本能和生命延续的需要，首先从大自然中获取生存资源，这就是海德格尔所说的"上手状态"。当自然物对于肉体之需要满足的"上手状态"突然断裂或者出现新品种，人们就会从价值目的满足的状态中解脱出来，注目于这个自然物本身，这便是人的知识、认知的开端。

通过自觉的认知、尝试等，人类就获得了关于自然物的觉解、领悟，就形成了关于自然物的感觉、经验、技术，进而生成知识等。例如各种艺术或者技术的创始人，燧人氏发明火，神农氏发明农业，有陶氏发明陶艺并制造陶器，鲁班发明锯子，仓颉造字等，皆把大自然作为觉解质料而生成知识意义。同样，在与社会交往中生成各种规范、礼仪、习俗、道德等意义，在与人交往中生成亲情、友情、爱情等，在与自我交往中生成元认知、元智力、元道德等，在与文化交往中生成和再生文化意义。提供文化交往的学校教学是一种特殊交往形式，是指教师和学生通过专门的教导、传授、学习等来生成前人所已经生成的文化形式和内容，这种专门的交往形式提供的质料具有杜威所说的简化、净化、平衡性等功能，较之于个人随机的、家庭不正规的质料因提供等，具有系统性、平衡性、全面性、持久性等优点。

可以说，当下应试教学体系中的中考、高考等，学生费九牛二虎之力获得的学习机会只是获得了育本体的质料因而已，也就是获得了交往对象和交往机会而已。而这些质料要想成为育本体，就必须遵循育本身的规律。比斯塔在《重新发现教学》中提到的"教学之弱"就是指的育本体，没有育的发生，再厉害的教学之强也是徒劳的。倘若不通过育本身的创造性和主体性，那么教学就成了强制、教唆、训练。

2）动力因

育本体的动力因在当下社会有三种：育被动力、育主动力和育能动力。

育被动力是指推动人的学习力量来自人的外在要素和自然要素。人的自然要素就是人的生存需要，每个社会组织和个体为了生存、延续下去，需要将已经积累的生存经验保存和传递下去。然而，学习又是艰苦的，可能需要在满足生存需要的社会强制和自然逼迫下来学习，甚至通过惩罚来逼人就范。例如，汉字"教"的构词形式就包含了强制学习的意义。当然，在社会中，这些强制学习的手段还有精神奖惩、经济手段等，都属于被动学习的范畴。这种被动学习的价值取向是实用的、强制的，一旦追求的价值目标、外在权威压力解除，学习就会停止。当这种被动学习进行时，人的育本体会在经验、技术、艺术、知识等方面有所增长和少许成长。但总体上是在已有智力阶段基础上，本能、欲望、情感、功利等需求不会变化的情况下的增长，其表现形式就是学历的提升和增长，并缺乏根本性的成长。如此就可以解释，智慧、德性、美感等并不一定会随着学历增长而成长。所以，要想获得根本性的育之发生，就必须拥有育主动力。

育主动力是指学习的动力不再是外在的强迫和自然的逼迫，而是来自人本身的兴趣、爱好、爱智慧的价值观等内在动力。这种动力就是人的"心志"，即心理的志向。志向是对被动力的超越。诸葛亮说："非学无以广才，非志无以成学。"讲的就是人的才干的增长依赖于学习，而学习的成功依赖于志向，志向是学习成功的天花板。没有志向的人只服从于生存需要，因此只学习与生存相关的知识技术，绝不可能有创新和创造出来。只有爱智慧的人才能追求智慧本身、善本身、美本身，并朝向智慧创造、德性修养、美感品味等的意义世界的建构。陈寅恪说："士之读书治学,盖将以脱心志于俗谛之桎梏,真理因得以发扬。"讲的就是学习必须从被动力转向主动力,才能将学习朝向育本身,让育得以充分发生。

育本体拥有了主动力后,还得需要能动力才会让育切实地充分发生。因为主动力的爱智慧等只是一种意向、一种追求、一种期待,是一种持久的、充足的动力,还要有相应的能力才会成功。育的能动力有智力觉解、反思觉解和元智觉解三个层次。

智力觉解是适合所有人的育能动力。它来自皮亚杰所揭示的人的智力发展的四个阶段。每个阶段的智力就是一种觉解层次,应用这些不同层次的能动力,人得以将外在质料吸收、消化、内化为自己的素养及其结构。但是,智力觉解只是人朝向外界将外在质料转化为自身素养的过程,还不能达到对所觉解的对象质料进行批判性分析、回顾性反思等深度觉解。因此,智力觉解只能造成增长,而不能造就发展、成长,反而智力成长成熟是智力觉解的前提和基础。

反思觉解是在智力觉解成熟的基础上,人通过对知识之间的联系进行分析、比较、鉴别、批判等,解构原来的知识结构,生成新的知识或者知识结构。反思觉解有直觉反思、经验反思和理论反思。理论反思是反思的最高阶段,只有理论反思是批判性的、建构性的、生成性的。批判性思维是反思觉解的本质特征,遵循辩证法的"正题—反题—合题"的知识生成规律。反思觉解是新知识生成的必经之路。

元智觉解是在反思觉解的基础上,人对于人本身的智力觉解类型、智力觉解层次、反思觉解特点、觉解力水平特点等进行分析批判,从而创造条件让自己或者被教导者的觉解力得以实现跨越。拥有了反思觉解、人就可以创生知识。拥有了元智觉解,人不仅可以创生知识、发展主体,而且可以为师。这种师才是真正的师,才是走近人本身的师,才是从根本上影响、教导别人的师,才是见微知著、洞察秋毫、事半功倍的师。

拥有了觉解力,就使人在主动力的推动下,进入育本身,生成育本身,才会使育自由、充分地生成与发挥。结果就是人的自我完善和自我实现,而源于被动力学习的低层之育就成为附带着的事情。

3) 目的因

育的目的因就是意义构造,意义构造的形式有知识、智慧、价值、德性、美感等,这是人的意义世界的构造与建立。有了人的意义世界,人就会超越动物性而成为人之为人的存在,人就学会了存在,人的存在使人享受人的尊严、人的幸福。所以,育的目的因就是人的至善修养之达成,就是人的成人,就是人的自我完善和自我实现。

4) 形式因

育的形式因就是语言,语言是意义的表达和存储形式。无论是教导和学习中的传递,还是育本身的表达与交流,都需要通过语言。语言是学习的工具,也是学习成功的形式标志。无论是书面语言、口头语言、形体语言等,都是意义的表达式。维特根斯坦说,语言的边界就是思维的边界,这只说对了一半,只说出了意义的表达和存储形式。而海德格尔说,语言的生成不是先有语词,再把意义放进去,而是人在与事物打交道过程中,通过觉解力(或者理解力)对事物的领会的分环勾连生成意义,最后生成新的语言。所以,意义是语言的源头,语言则是意义的形式。跟育本身打交道在此意义上就是跟语言打交道。

4. "育本体"的特性

1)在本体论意义上,育分为源育和次育

源育是人在理智、德性、美感等意义方面生成新的经验、技术、知识、智慧、美德、美感等意义形式,是"次育"的源泉,是亚里士多德所说的第一个惊异提问者发现的第一原理。源育者是所有人的第一个教师。

次育是在教导者的帮助下,习得、重生源育的内容和形式。次育是源育之保存、传播、转换的手段和过程,是开辟新源育的基础。

源育和次育是相互统一的,源育中包含次育,并且要通过次育传播、传递、交流下去;次育中包含源育,要通过源育的批判、分析、建构等来推动次育的更新和发展。

2)在价值论意义上,有"育本身价值"和"育相关价值"之分

"育本身价值",就是包括教学在内的各种事物和各种活动对于人的自我完善意义生成的功能和作用。

"育相关价值",就是人的意义自我完善之后对人的政治、经济、教学等各种衍生和附属价值。

3)在时间和空间意义上,育本体要早于教学,同时广泛于教学

教导和学习,是在育中,通过育,又为了育。育是教导和学习的根据和目的,教导和学习是育的手段和动力。因此,育理就是教导和学习的知识原理,揭示育之本质和发生发展规律的育理学就是教学技艺的科学原理基础。育理学,才是教育学的核心学科,而心理学、社会学、文化学、哲学等,则是与育理学相关的科学,并且包括它们在内的所有科学都依赖于育理学才会创生和发展。只有育理学才能解释每门科学的创始人、后继者、知识体系等是怎么来的,并且在后续的教导和学习中通过育理来发现、培养新一代的创新者和创造者。

（四）"education" 对育本体的可能性遮蔽

1. "education" 的实质是以 "teaching-learning" 关系为核心的，朝向一定目的、价值的技艺活动

华东师范大学教授吴刚以赫斯特、本纳、杜威、比斯塔为教育学谱系考察教育的逻辑，认为："教育活动的核心在于教与学的关系，这是教育目的达成的主要机制，这种教-学关系在日常教育中展开为各种教学模式、教学策略和技术的运行。"

2. "education" 是把双刃剑

柏拉图认为，只有指向灵魂转向的教学技艺才是受过教育的（educated），只是灌输知识的教学技艺则是未受过教育的（uneducated）。教学技艺如此的分野在杜威、彼得斯、比斯塔等人那里也得到继承，在尼采、赫尔巴特、本纳那里被以真正的教育、教育本身凸显。

3. "education" 的汉语对应词汇只能是"教学之育"，而不能是"教育"，更不是育本体，它只能是一种指向 educated 或 uneducated 等价值的教学技艺，而没有本体

从育本体的逻辑来看，作为教学之育的"education"只能是达至育本体自我完善的众多手段中的一种，用好了可以促进并保证育本体健康发展，用不好则会成为育本体发展的束缚甚至桎梏。

4. 用"教育"来对应翻译"education"是学术名词的一次出口转内销行为，并且没有经过清晰的语言分析就成了约定俗成的概念

我国传统的与"education"相关的词汇是"教""学"，很少与"育"相联系，可以说，育只是在它的更多自然之育意义上使用。所以，"君子如欲化民成俗，其必由学""建国君民，教学为先""教育强国"等是教学追求的育相关价值，而不是育本身价值。

应该说，在育本体视域内看教学，倘若在价值论上是为育而教、为育而学，又或者是在本体论上向育而教、向育而学，那么"教导"和"学习"才会具有育的特性而成为"教育"的存在。倘若"教导"和"学习"在价值论上是为了实用，那么，育本体就会被异化、被扭曲、被桎梏为教学的手段和工具，作为人的自我完善和自我实现的育本体就不会得以保障，反而会受到戕害。这已经为现实中的应试教学所证明了。

（五）育本体视域中的德育界定

1. 育本体下的基本原理

根据育本体的性质，我们可以看出，育本体下有三条基本原理。

1）人人都是育本体的产物，同时人人都是自育体

无论何人，其肉体，其心体，其精神，都是育本体的产物。因为育本体就是生生不已的生命力量，就是生生不已的心理力量，就是生生不已的精神力量，这种力量决定着、孕育着、生育着、哺育着任何生命，当然也包括人的生命的成长。

每个人本身，也都是一个自育体。所以才有人的自然善，以保存自己个体生命和种族生命的延续；才有人的功利善，以实现生命本能、欲望和情感的满足与保持。同时，在心理之育基础上，经由自我意识等构建起自己的价值意义、道德意义、知识意义、美感意义等，便有了义务善、自由善、正义善、目的善等精神意义的生成。正因为人人都是自育体，但是每个人的育尤其是意义之育所产生的时间、广度、深度、高度等各不相同，也便有了后来的"教导"和"学习"的故事。

2）所有的技艺、知识、科学、学科、精神等意义形式都是自育体的产物，同时已经有的意义形式都是具有次育性的，即是"教导"和"学习"的对象

每个民族、每个种族，都有自己先知先觉的第一个创立某种经验、技艺、知识、学科、科学等意义形式的人，这样的先知先觉者就是意义形式的创始人，此创始人也就是所有后来者的教导者，所有后来者都是学习者。但是，不论怎么学习，总有个别人超越前人的意义形式发现新的问题进而通过解决新问题又获得新知识，这便是新的发现发明创造者，也就是新的教导者。如此后浪推前浪，汹涌澎湃，人类意义才会光辉灿烂，否则就会暗淡无光。

3）意义之育的结果中，有智慧、德性、美感、境界等。其中，德性就是育结果中的一种

人在与各种事物打交道的过程中，通过自身的感觉知觉、记忆思维想象等智力能力，逐渐把握事物的属性、性质、本质、规律等，并用语言文字和数字等表示出来，便构造了人类的知识。所以，知识反映人的预测和经验事物之间的符合程度，倘若一种预测被经验到，那么这种被经验到的事物就是科学事实。所以，并不是看到、听到、触到的就是事实，而是在一定的逻辑框架下，无论是形式逻辑还是数理逻辑,通过逻辑推理而构造出来的预测被经验所证实后,才是事实。事实,就是能够被知识把握的客观实在,是一种被证明的存在,是可靠的实在。不可靠的则是还没有成为知识的信念或假定的实在。由于知识是反映的可靠的实在,所以拥有知识的人和能够构造新知的人,被称为有智慧的人。而怀揣发现新事物、构造新知信念和价值取向的人,被称为爱智者。

在所有的事实知识中,有具有普遍性和必然性的知识,比如数学知识、物理学知识、化学知识、生物学知识、生理学知识、心理学知识、社会学知识等。这些知识所指的是可靠的事实,根据这些知识的行动会出现预期的结果,所以是可靠的知识。即是说,这些知识说"是"怎样,其行动结果就必然"是"怎样。

但是,有的事实知识虽然也说"是"怎样,最后的行为结果却未必"是"怎样。这类事实知识就是关于价值和道德的知识。比如,明知道"撒谎是不对的",但是根据这样的"不对的知识"的行动,最终还是避免不了撒谎;明知道"诚实是正确的",但是根据这样的"对的知识"的行动,却未必是"诚实的"。为什么会这样呢?这也是休谟等人所提出的从"是"推不出"应该"的难题。然而,真的是从"是"推不出"应该"吗?此问题我们后面再来作答。

由此我们可以推出育本体视域下的德育本质问题:如何从道德"是"的知识推出道德行为的应该"是"?

2. 德育是可教和不可教的统一

1) 直接教导和间接教导的德育

现代提出道德直接教导和间接教导区别的是杜威。为了实现发展学生有效地参与社会生活的能力的道德教育目标,杜威并不主张直接传授道德知识的教学方法,因为这种方法对社会的影响作用有限,且适用范围很狭窄,只有在少数统治多数的社会群体中才有效果。而在民主主义社会中,他主张"借助所有的机构、部门和学校生活素材而进行品质培养"的间接道德教育。间接道德教育可以利用三种资源:自身作为社会性机构的学校生活;学习和做事情的方法;学校的学科和课程。要把校内学习与校外学习连接起来,把学校作为社会的雏形,让学生在交往、交流和合作中共同参与学校生活;在学习过程中发展虚心、专心、诚恳、见识广阔、彻底、担当等道德特性和积极能动的建设性能力;在学科和课程中获得知识材料并能有意识地对其进行选择、加工和组织,从而最终对社会有用。

直接教导的德育是传递道德知识或者道德命令的,它的成功不需要被教导者的自由选择,并且是在一个封闭的、完整的、高度被控制的环境中。只有如此的生活才会体现如此的道德教导,而如此的道德教导就是如此的道德生活。例如,古希腊斯巴达王国的道德规训就是如此,不仅人出生后被挑选和被教导,而且整个国家生活就是一个封闭的军营，每个人的一言一行都受到国家的监督和规训。宋朝之后的中国道德教育也是如此，以三纲为主导的道德规训直接肯定了君权之对于臣下的支配权、父权之对于子女的支配权、夫权之对于女性的支配权。在这些规训教导里面，没有自由权、没有正义权，只有服从、顺从、听从的义务。所以政治生活圈、家庭生活圈、经济生活圈、文化生活圈都是不能越雷池半步的被监督、被规约的完整闭环。严格地说，直接教导的德育不能算作德育，只能是一些行为规训，它所反映的是背后的自然善、功利善等本能性、欲望情感的满足。此时的义务善则成了一种支配人的工具，而不是一种道德责任。因为没有自由就没有责任，也就没有道德。这大概也是杜威反对直接教导的德育原因之所在。

从历史上来看，凡是在开放的自由地带，凡是有自由善和正义善的地方，道德的前提大多以个体自由选择为主，因此相应的义务善、自由善、正义善等实现较好，社会风气比较纯正，人们的性格比较健全。孔子云："先进于礼乐，野人也；后进于礼乐，君子也。如用之，则吾从先进。"《汉书·艺文志》云："礼失而求诸野。"即是要求比较纯朴的本真道德。

2）道德是可教和不可教的统一

最早提出道德是否可教问题的是苏格拉底和他的学生美诺。美诺曾经向苏格拉底提出问题：道德是否可教？因为，如果道德是天生的或者是通过什么习惯、实践形成的，那就不用教导；如果道德是某种知识，那就可教。苏格拉底在和美诺的探究中，最终的结论是道德是不是知识不能确定，同时也缺乏实施道德教导的老师，所以，道德是不可教的。

但是，在苏格拉底和柏拉图的对话中，展示了道德的另外一面。此时的苏格拉底认为人之所以为恶是因为对善本身和美本身的无知，如果他们具有了善本身和美本身的知识，那就不会作恶了。因此而提出，美德是知识或者知识就是美德。苏格拉底和柏拉图的这种观点受到后来的亚里士多德的批评。亚里士多德认为，单有道德知识并不足以使人拥有道德行为，不具备道德行为的结果就是道德知行不一、言行不一。因此，只有引向道德行为的道德才是真正的道德。但是他又肯定了道德作为知识的一面，因此他将道德分为两类：可以被教导的理智德性，如明智、理智、智慧等德性，需要教导和时间；不可以被教导，只能在习惯和实践中形成的伦理德性，如慷慨、节制、勇敢等。

结合以上杜威的德育观点和亚里士多德的德育观点可以看出，德育的成功一方面要根据个体本身的自然成长规律、自己本身意愿和自由选择等进行才是有效的；另一方面，的确需要某种道德规范、道德命令的指引，道德才会达至其应有的高度、深度和标准。这就是亚里士多德所说的道德"不是出于自然的，也不会悖逆自然的"。也符合《中庸》所说的"天命之谓性，率性之谓道，修道之谓教"。其中教导的功夫必须建立在符合天性规律基础之上，但是单靠天性规律本身难以达到至善，而只能求助于"修道"之教。对此怎么理解呢？

从六种善的多元存在和递进层次就可以看出来。六种善有的来自自然，有的来自人的自觉觉解，而有的则既和自然相联系，又和自觉相联系。像自然善就是完全自然的，因为个体生命的保全和种族生命的延续，都是自然的安排，是生命节点的自然萌发，完全不靠人为的选择。在自然善面前，人类只能接受，顶多安排一下接受它的方式和顺序，而不能安排自然善本身。相较于自然善，功利善则是一半来自自然，一半来人的自觉生产和计算、谋划、安排。因为功利善一方面是受到人的趋利避害、趋乐避苦等先天本能驱动的，是满足人的本能、欲望、情感等的对象物；另一方面要受到人的智力、技术、技艺、生产等人为自觉的安排才能实现，同时功利善的具体份额的分配和获取，还受到义务善的统筹和制约。义务善，则在一定程度上和自然本性相联系，但主要是人为安排的。例如家庭义务善，是自然血缘关系的反映，又是人的自觉安排的亲子关系、兄弟关系、夫妻关系等。自由善、正义善、目的善则完全是人为的自由选择和境界升华。

正因为六种善的自然成分和人为自觉比例不同，所以才决定了德性可教与不可教的统一。自然善和功利善主要不是教导的产物，而是先天就有的；自由善、正义善、目的善则完全需要自觉觉知和教导才能产生；义务善则是一半需要教导，另一半需要自然安排。当然，从另一角度看，正因为自然善和功利善来自自然，因此就具有冲动和野蛮的趋向，为了避免其危害，就需要对其进行教导和监管；而义务善，既具有人为的自觉，又具有自然的野蛮，所以，对义务善也需要严格的监管和教导。至于自由善、正义善、目的善，虽然它们凭借自觉觉知和教导而生成，但是一旦生成了、成熟了，那就是一种美好的人性力量，从而实现对于自然善、功利善、义务善的自律和监管，引领它们走在正确的轨道上。

可以说，凡是通过自由善、正义善、目的善引导义务善到位的个体、群体，都会让自然善、功利善处在公平正义、合理合法的运行轨道上，呈现和谐景气的美好局面。凡是自由善、正义善、目的善缺位的地方，义务善大概率是失衡的，也因此导致人们为了自保或者为了谋取更大功利而尔虞我诈，影响社会风气。

3）德育是他律和自律的统一

人时刻不能从根本上脱离自己的自然善和功利善，摆脱其自然性的冲动和盲目，也就不可能成为完全自律者，所以君子才要无时无刻不"戒慎乎其所不睹，恐惧乎其所不闻。莫见乎隐，莫显乎微。故君子慎其独也"。孔子云："视其所以，观其所由，察其所安。人焉廋哉？人焉廋哉？"这说明人要时时刻刻自省自律，而且要自觉接受舆论、他者的监督和批评，方能无过，过则勿惮改。

同时，也不能把人置于牢笼之中，使人失去自由。使人失去自由，其实就是社会、国家失去正义善，进而就会逼迫人们不再自律，而是走向自保和功利最大化，其结果会造成平庸之恶。这是因为，每个人还具有理性，还具有自由、责任以至于自律、自治、自足的特性，因此，要相信人本来并不是恶的，而是由本能欲望、功利名位等的自然追求而向善的。只是因为在追求自然善、功利善的过程中,有可能处于无知、盲目、冲动的状态而侵犯他者的自然善和功利善,跃出该有轨道而成为恶果。基于此,可以说,道德并不是从外界硬塞给人的主体的,也不是天生就有的,而是在人的自然向善性基础上,通过监管、舆论、教导等方式,引导人敬畏自然善,互相尊重彼此的功利善,守好边界而不为害。在此基础上引导人通过自由善、正义善来保障义务善的自觉履行,让人们认识到只有义务善得到正确和自觉履行,对大家才是有利的、好的,倘若义务善不能得到自觉和正确履行,大家就会互相欺骗、互相戕害,或者两败俱伤。由此观之,道德教育是他律与自律的统一。

4)道德知识教导的有效性,取决于因"得"施教

在中国语境里,"德"的解释就是内得于己、外施于人。即是说,人的道德水平分为三类。第一类是外在行为的结果方面,是由自然善、功利善等构成的,包括要得到什么,如何得到,得到了如何用。这类道德水平就起码是无害的或者对自己有利的。第二类是义务善者,即履行职责后会产生有利的结果,不履行职责则会产生有害的结果。第三类是无论有没有自然善、功利善的结果,无论有没有义务善的督促,总是追求自由善、正义善和目的善,但有可能,皆有益于人。

基于三类道德水平的人进行因"得"施教,就会用他们各自听得懂的语言来传递善念。

对待第一类道德水平者,可实施权威的奖励和惩罚,杀一儆百,充分体现班杜拉的观察学习原则,让冲动者、阴谋者不敢行动,不敢肆无忌惮,不敢胡作非为。对待这类道德水平者,由于他们只看重结果的有利无利或者有得无得,所以进行道德劝诫、道德知识教导是没有用的,只能是侧重于管理、监督、奖惩。

对待第二类道德水平者,一方面用教导让他们明事理,尽义务,另一方面不放松管理、权威和奖惩。要给他们的自由善留足正义善的空间,让他们通过自觉行动,使道德知识能有所进步;同时也要扎紧篱笆、做好监督,让他们的功利善不要越出轨道。

第三类道德水平者,则是人性和社会的进步力量。对待这类道德水平者,要给予充分的自由、充足的资源和合适的位置,让他们充分发挥自己的力量,以做更多人的表率;引领人性的无害、向善和道德化成;引领社会风俗、风尚、文化价值观和正义制度建设的进步与发展。对待第三类道德水平者,保持他们的公开性、开放性等特性,让他们充分处于社会的监督之下,给予充分信任和自由。让他们教化民众,移风易俗,化淳人性和社会。

三类道德水平者,各自所得层次、内容皆有不同。因"得"施教,便会使其各有所得、各得其所、各得其位,"万物并育而不相害,道并行而不悖"。

三 育本体范畴中的德育目标

育本体范畴中的德育目标一定是基于人或受教者都是道德自育体这一基本原理来确立的。正因为人是道德自育体这一基本出发点,所有外在的道德教导或者道德命令都需要通过人的育、在育中、为了育来实现,所有离开人的自育这一本体存在去追求外在的控制、强制、训练以迫使受教者服从、顺从等,都是得不偿失,最终会失败的。

当下许多道德教育理论和实践者将道德教育称为将一定的社会道德规范转化为或者内化为受教者的行为规范,又或者将德育矛盾看作是对道德的社会要求与受教者实际道德水平之间的差距,这是有失偏颇的。因为,从来道德都是自由选择的结果,没有自由就没有道德。即便他者社会关系的存在会制约人的道德发生与发展,众多的他者也都是每一个有自我意识和自由选择的主体,因此最终的道德还是要通过每个自我主体来自由选择和实现。离开了这个基本出发点或者前提,既不可能有真正的道德出现,也不可能得到成功的德育。

所以,基于育本体的德育目标一定是基于每个自我主体的自知自觉,在此基础上进行管理、道德规训、道德教导,最终又归入主体的自觉自省。

一般来说,育本体范畴中的德育目标有以下四个类型。

(一)无害:底线道德

底线道德主要指一个人的行为必须是无害的,如果对他人、社会造成了危害,则必须承担相应的责任或者补偿;一个行善之人必须尽最大努力保证行善结果对自己是无害的,如果两难情况下实在避免不了危害,就要做相应的补偿,或者是时间性的,或者是空间性的。法律是行为的底线,法律只管直接的行为结果,间接管理行为动机、情感如何。如果一个人在不可抗力情况下做出了危害性结果,也是可以原谅的;即使一个人做出了微小危害,但是出于主观故意并拥有正常意识,也要承担责任。一个人如果违背法律造成巨大危害,但是因为认罪服法的同时又深深自责、忏悔、内疚,则有可能取得被害对象的原谅。同样,如果有的人利用别人的同情心和善行进行讹诈、欺骗,甚至给行善之人造成额外的损失,那么行善之人有权通过法律保护自己的正当权益。当然,有时候行善之人或有德性之人会被人们误解为别有用心的,但是在误解面前,只要没有对利益的实质性损害,坚持自己的选择,误解有可能自然会消失。

底线道德是对每一个人的道德要求，是最为普遍的道德规范，是常人道德，同时也是对自然善和功利善的道德类型者的道德目标要求。可以这样说，凡是围绕着个体自然善和功利善而行动的人，只要其行为不伤害他者的利益，那就是自由的、允许的。这样的利益追求者，因为不具备支配公共资源的能力，只是先于个人的自然善和功利善，不可能有更高的道德要求。这种道德要求是最为普遍且最为基本的。

（二）责任：义务道德

义务道德是一种社会角色规范道德。凡是与公共资源和利益相关的角色，都得有义务道德。这种角色规范道德是指一个人无论是支配公共利益和自愿，还是要从公共资源中获得个人该得的相应份额，都需要从角色规范出发，尽职尽责，履行责任，方能有权支配利益和获得利益，否则，就会受到相应的惩罚。

最明显的义务道德就是公职人员的道德。从政府官员到公共事业人员，皆是如此。他们因为享用的是公共资源，动用的也是公共资源，依靠法律和法规等来分配公共资源，是社会公共福利的代理人。无论这种公共福利是有形的还是无形的，是营利的还是公益的。义务道德最为普遍的形式就是公开性和开放性。只有在阳光下的义务道德，才会真正从责任出发，而不是从自利的自然善和功利善出发。例如，一个人作为个体在面对突发状况时保存自己的生命是可以理解的，但其作为教师而不顾学生的生命则是可耻的。就是因为教师身上有义务道德，有对学生生命负责的义务。

较为微妙的义务道德是家庭中的父母角色规范。之所以微妙，是由于家庭是私人空间，因此道德规范具有私人性；同时，家庭又涉及多个人的利益，因此又具有社会性。所以，即使家庭是基于感情的，仍需要有一定的义务道德来调整。像做父母的对多个子女"一碗水端平"的公正之德，对子女自立自强的教化之德，以及子女自律自足的自强之德，孝敬父母、赡养父母的社会之德，都是义务道德。

当然，义务道德有被动和主动的两种取向。被动的义务道德是通过功利性奖惩制约，来迫使当事人履行道德职责，其公式是"如果不尽职尽责，通过考核必受惩罚；如果尽职尽责，通过考核必受奖励"。结果，迫于免受惩罚的恐惧，或者为了奖励的追求，当事人不得不履行职责。主动的义务道德是指当事人不管有没有奖惩，把义务道德当成自己的责任，自由选择，尽职尽责。

（三）正义：制度道德

如果底线道德能够顺利执行，义务道德又多有主动尽职尽责之气象，那么，实施一种制度设计，而不单纯是对于道德楷模和典范的奖赏，就是一种正义善道德的普遍化，这便是制度道德了。

制度道德是对仁爱之德的边界理清，是对自由之善的保护和保障，是正义善的普遍化、制度化、长久化，是国家之德。只有在正义之德普遍实施和保障的前提下，个人人性才会走向正途，社会风气才可以走向清明和谐，人的生活才会拥有可预见的真正的美好。倘若一个社会缺乏制度道德，只是依赖于社会表彰的道德楷模和典范，那么，社会的普遍之善就不会建立起来，道德善也会昙花一现，道德建设就是一种个别的、偶然的事情。

正义善和制度道德是通往真正道德的人和道德的社会的必由之路，舍此，则难有美好社会的可能。

（四）目的善：自由道德

德育的最终目的是自律，也就是自立法、自守法的德育目标，是真人道德。目的善是指，通过个体的自由选择，自觉认同并实践底线道德，自觉认同并实践道德义务，自觉认同并实践正义之善。凡选择，皆不是为了获得自然善、功利善的外在手段和工具，而是以义务本身、正义本身为目的。这是一种完美的德性。完美德性要求一个人在做好事或行善时的动机与行为必须基于自由选择、以善本身为目的，而不能作为实现其他目的的手段；在行为结果上必须是有利于他人和社会的。比如一个人的孝顺父母、尊敬老师、社会慈善之举，如果是为了获取名誉、利益等目的，则不是完美德性，即使结果是好的，也不能说是完美德性。同样，如果一个人在众目睽睽之下被迫做出某些善举，也不是完美德性，因为不是自由选择的。只有自由选择且善本身目的、结果有利同时具备，才是完美德性。

这种完美德性，以德性修养和与人为善为目的，而不是为了别的什么目的，因此是自由的道德。正因为是自由的道德，最终当事者大都能负起全部责任。

由以上论述可以看出，育本体视域中的道德教育和德育目标，既承认人的道德个性的多元性，即是说从自然善到功利善，从功利善到义务善，从义务善到自由善，从自由善到正义善，从正义善到目的善，都可以独立地作为道德发生发展的目标，也可以作为个性化德育目标。同时，育本体视域下的道德教育和德育目标，还承认人的道德水平、个体的道德水平、不同人的道德层次，是可以逐级提升的，是可以沿着从自然善到功利善、从功利善到义务善、从义务善到自由善、从自由善到正义善、从正义善到目的善逐级上升，并能达到最高善的。这种最高善的达到，既可以由少数人通过自我修养、自省自励实现，同时也是道德教化的用武之地。即是说，人生来本无善恶，但人皆向善，性相近、习相远，通过人的自觉和后天教导，可以扬善抑恶或者扬善防恶。

思考题

1. 传统德育存在什么样的优势？有什么样的弊端？
2. 对育本体应如何理解？
3. 育本体范畴中的德育具有怎样的性质？
4. 育本体范畴下的德育目标应如何确定？

参考书目

1. 檀传宝：《德育原理》，北京师范大学出版社2007年版。
2. 柏拉图：《柏拉图对话集》
3. 亚里士多德：《伦理学》
4. 康德：《实践理性批判》
5. 《大学》
6. 《中庸》

第四讲

德育过程实质与基本道德之境

刚柔交错，天文也；文明以止，人文也。

观乎天文，以察时变；观乎人文，以化成天下。

——《周易》

基本问题：

1. 德育过程为何是低效的？
2. 德育过程的实质是怎样的？
3. 德育过程中基本道德能达到的境界是怎样的？

第四讲
德育过程实质与基本道德之境

在前面三讲中我们探究了道德的实质、道德发生的机制、道德教育范畴和道德教育目标,明确了要让道德教育成为道德的过程,也就是说,无论在具体德育目标界定、德育过程实施和德育结果标准评价上,都要合乎道德的实质、道德发生的规律,否则就不是道德的教育过程。那么,观乎当下的道德教育过程,可谓是低效的、不让人满意的。我们很难说如果除去外在的监管等,当下德育流程出来的人个个是可靠的、可信的。所以,首先在本讲要批判现有的德育过程为何导致低效,然后揭示可靠的德育过程应是怎样的,最后指明在可靠的德育过程中所能达到的基本道德教育之境界。

一 当下德育过程为何存在不可靠性

当下德育过程存在的不可靠性表现在难以做到课堂传授的道德知识与生活中实际的道德行为相统一,也就是说学校与社会、课堂与生活、知识与行为、语言与行动难以合一,造成知行脱节、言行不一、表里不一。如此低效的德育过程是不是归因于教导者的不努力呢?也不是。我们的德育体系非常完备、投入很大。那么,问题出在哪里?

一言以蔽之,问题的根本在于我们的德育过程只是一种心理学的抽象,既没有按照人的存在意义来描述道德发生规律,又没有植根于人的道德生活来养成道德,更没有给人的道德生成提供自由选择、自由成长的时间和空间,最终导致在一个抽象的世界里做着抽象的道德,这样的抽象道德又如何能成为具体的、鲜活的、生动的道德行动呢?

(一)真正的德育过程是引导人从生存意义向存在意义进化的过程

人的本质是意义的存在,无论是相对于自然物还是其他动物而言,皆是如此。即便自然物的意义、其他动物的命名等,也都是人所赋予的。同样,人本身的意义,也是人本身自己所建构的。海德格尔讲"生存先于本质",就是说,作为人的存在,首先是生存意义,在生存意义建构中,人逐步超越生存的种种局限,尤其是超越迷失本真的常人态或者是日常平均状态建构人的本真状态,而人的本真状态就是人之为人的人之所是,即是人的自我本质意义的自我建构。

道德不是人从一出生就有的,而是人在建构自己的意义过程中生成的人之为人的存在意义。而人的存在意义就是人的本质确定性。每个人的个体及其群体都是在追寻和确立自己的本质确定性意义中存在的。马斯洛需要层次理论,把人的自我实现作为人的最高需要层次,确立人的最高存在意义就是自我实现。也只有在自我实现中,人才是满意的;而人之所以是满意的,就是因为自我实现定义了他之所以是他自己而不是别的什么人的本质确定性。所以,没有人不追寻自己的存在意义,只不过每个人所追寻到的存在意义各不相同、层次不一罢了。大体来说,可以把人的存在意义分为生存意义和存在意义两个阶段、两个层次。

在前文中,已经描述了人的道德发生的层级类型包括自然善、功利善、义务善、自由善、正义善、目的善六类。从人的存在意义上看,这六类道德善可以分为生存意义的道德善和存在意义的道德善。

自然善、功利善、义务善可以归入生存意义的道德善。作为自然善的个体生命的自我保存和种族生命的延续自然不必说,一定是生存着的存在。功利善其实是在生命保存和繁衍过程中业已存在的种种本能、欲望、情感、欲求等对象的集中表达,无论是物质财富,还是功名利禄、荣誉地位等,都是功利善的具体表现。所以,功利善基本上源于自然善的满足,决定着生存。只不过通过意识和自我意识的觉醒与指引,功利善便具有了一种自然善所不具有的主观动机意义,所以是有明确意识的善,也即是有明确意向所指的意义善,但是更多地与生存相联系,也便归入生存意义。

义务善作为一种来自社会结构中人的角色安排的善,具有不同于自然善、功利善的社会意识、社会意志等理性形式,更具有一种人的存在意义的内涵。但是,还不能将其归入存在意义。理由有两个。第一,此时的义务善,主要是基于人与人之间的血缘关系纽带而确立的。像对父母的虔敬、对兄弟姐妹的友爱等,像以亲亲为核心,逐步扩大到尊尊、贤贤、朋友等社会角色,以至于"四海之内皆兄弟"的关系义务等的产生,也都是与自然的血亲关系相挂钩的。既然是源于自然的关系,那么,此时的义务善也就围绕着自然善等生命保护和繁衍的生生原则而来,故应属于生存意义。第二,此时的义务善,其实质目的就是通过角色规范的确定来分配相应的功利善,以使每个个体的功利所得和安排具有一种尽管具有上下尊卑贵贱特征但依然是"公平正义"的分配。按照这种分配原则,每个个体的功利所得主要是围绕自己的自然善等生存需要来安排。并且在此安排基础上,每个人享有相应的"尊严""秩序""平等"等意义。所以,这种存在的意义感,其实是来自生存、附属于生存的。其义务常常是以"一荣俱荣、一损俱损"等功利最大化、损失最小化的原则来维持的。所以,基于以上两点,义务善是基于生存的不得不为之的他律善。

但是,除了受到自然自在和社会关系义务的安排,人还具有自由意志。人的自由意志是与生俱来的,但是其强弱程度是由人类的技术、知识、生产力发展水平等所决定的。随着社会生产力发展,知识、技术的普遍获取和应用,人越来越认识到自身的力量,并且越来越能够凭借个体的力量来实现自己的愿望和目的。所以,具有自由意志的人面对自然善、功利善的社会义务安排,可能会产生两种后果:一种是自由选择与义务善一致的原则和方向,自觉服从义务善的安排;另

第四讲
德育过程实质与基本道德之境

一种是与义务善的安排相背离,从而选择任性的、自私的、朝向自然善和功利善本身的冲动的方向。如此,便具有了孟子所说的"由仁义行"还是"行仁义"、康德所说的"出乎义务"还是"合乎义务"的选择。"由仁义行"和"出乎义务"的选择是自由的,从义务本身出发的,是来自理性的;而"行仁义"和"合乎义务"的选择是被动的,从自然他者和功利他者出发的,是非理性的。因此,自由意志的是否自由选择决定了义务善的方向是生存意义的还是存在意义的。

只有从义务善本身出发来做出自由选择,而不是貌似义务但实质为了自然善和功利善,才是存在意义的。

作为存在意义的自由选择是超越了自然善之本能规律,超越了功利善之生存意义,具有自我意义的新的塑造和建构,是自己人之为人之自由性的充分表达。此时的存在意义不是与生存意义对立的关系,反而是更加保护和满足了生存意义之后而又不受生存意义左右的存在意义。不是为生存意义而存在,而是为存在意义而生存。生存,在技术、知识、生产力等条件下,超越了自己本身,而升华为存在意义的附属之物,支撑起了人的自由。

所以,自由善一定是属于存在意义的。自由选择,本来就是存在意义的题中应有之义;同样,也只有在自由选择中,人所确立的意义才是真正属于自己的意义。此时的义务善,因为出于自己的自由选择,没有必要再具有表面合乎义务、实质为了苟活和功利的"伪善",而是实实在在的、名副其实的"真善"。与自由善相关联,确定各种自由善、义务善、功利善、自然善之边界的正义善,其实是一种义务善的普遍化和制度化,是一种国家之善。国家,在所有的群体中是最高的善,其之所以最高,是因为其提供的善是最普遍的善,这种最普遍的善是不出于任何私心的、功利的、具体的、某种善的善,是面向每个个体、每种具体善又不为某种善、某个人所具体左右的善,是最无情但最有情的普遍善。国家之善,一定是而且必须是正义之善,正义之善一定是不徇私情而有普遍情的制度之善。这种正义善有错必究、有罪必罚,但自律自由。只有在正义善的界定和保障之下,每个人的自由选择才会有善的结果,履行义务者才会得其所应得,不履行义务或伪善者才会失其所不应得。

在自由善和正义善的保障之下,人的自由意志面对义务善,就没有必要去违背义务或者虚与委蛇地履行义务,而是充满诚信地履行义务。久而久之,就形成习惯,由习惯形成性格,由性格形成信念、良心、良知、良能,如此,一知道义务,便会自觉履行,成为一种不假思索、下意识的自觉行动,这便是达到了道德善的最高境界,属于目的善、自律善的行为了。这种行为因为精神愉悦而履行义务,因为履行义务而内心舒适,这便具有了在生命、功利之流中,却超越了生命、功利,而具有纯粹美感体验的存在意义。存在意义的最高体验就是超功利性的美感,是一种直觉性的情感体验,是柔润的、融化的、美妙的、无瑕的情感体验。

如此,可以说,自由善、正义善、目的善是引领人性、社会、国家等真正进步的道德善。这样的善来自人的先知先觉的自然觉醒,是荀子所讲的觉醒后的逐渐积累、自觉提升,是生成礼法来教化普通民众。"自诚明,谓之性;自明诚,谓之教。"马克思主义伦理学主张自觉、能动的道德教化，就是如此。所以，人做父母之前，必须进行父母义务之教化。倘若父母义务是以自然善、功利善为主导，其子女就难以走向自由善、正义善，更遑论目的善。因为，在不正义、不自由的父母义务善之下，子女为了自保和生存，不得不选择不被工具化、不被异化的手段。在此境遇中，自我保护、生存下去已很艰难，生存就是最大的意义，又怎么会奢望有其他存在意义呢？其他如官员等，凡是具有一定公共权力和资源者，都需要承担起教化责任，非但如此，更需要身体力行地实施、建构、保障自由善、正义善乃至目的善。

当然，单凭教化难以普遍奏效。更为根本的是发展生产力，提升技术、知识等在人的素养结构中的含量，即是说智慧、富裕等，才是存在意义道德善发生的主观和客观条件。客观上人的生存不那么艰难，生存意义不再是人的第一需要而是附带的事情和可能，则主观上的教化就容易得多；同时，拥有智慧，才能保证善良不被居心叵测之人所算计、所利用、所戕害。可以说，在知识经济、知识社会、人工智能的时代，更有利于我们的德育教化，这样的时代更可以说是从生存意义走向存在意义的时代。

传统的德育过程并未看到生存意义和存在意义的区别及其运动过程，而是将二者混为一谈，并且更多地在生存意义上理解和建构人的存在意义，由此导致该升华的时候却降低了，该从实际出发的时候却机械升华，反而违背了人的存在意义生成与建构的规律。例如，有的德育过程将德育界定为将社会规范要求转化为受教者的行为习惯的过程。这其实就是简单地把义务善让学生接受的过程。这样的义务要求忽视学生自由选择、自我认同的自由善，同时在生活中又不能通过正义善确立各种善的边界，常常让学生的正义善受到各种强制和逼迫。久而久之，学生会为了自保和自身利益最大化而与教导者捉迷藏、虚配合，最终导致实效性低下甚至走向教导目的反面的结果。

（二）人的存在意义是求生、求利、求善、求真、求美的统一

没有人喜欢死亡、危害、邪恶、虚假、丑陋，而是喜欢生命、有利、善良、真诚和美丽，所以，人从本性上是求生、求利、求善、求真、求美的统一。在此向善本性的实现过程中，人生成自己的认知、情感、体验、意志、信念和行为习惯。

有一种德育理论，从心理学出发，将人的品德结构描述为"道德认知、道德情感、道德意志、道德信念、道德行为"相统一的结构，因此在道德教育上就是"培养道德认知、形成道德情感、历练道德意志、生成道德信念、导向道德行为"的过程，在道德教育方法上便是"明晰道德原理、激发道德情感、引导道德行为"的"明理、激情、导行"的教导模式。在这种理论指导下，课堂教学成为道德知识传递、道德情感激发、道德行为引导的主渠道，尽管也配合着、整体建构着家庭、学

校、社会一体化，或者生活、课堂、活动等道德教育模式，但是，这样的德育过程并不成功，因为它是一种心理学抽象，而不是真正的道德生成过程。

道德生成过程，正如我们所描述的六类道德善的纵向递进过程一样，是先在求生的自然善中存在的。对于0~2岁的婴儿或者人类初期的童年时代而言，基于求生本能的生命自我保护和种族繁衍是最大的善，也是最大的自然道德。一句话，活下去，就是至善。伴随着人类自我意识和3~6岁个体意识的生成，也伴随着人与人之间交往关系的发展，人们在与他者相互的交流、摩擦与和谐中，逐步确立了满足生命需求的利益及由此带来的苦乐情感体验。由此，人类确立了最早的"你的""我的""他的"等早期朴素的利益边界以及力求能够相互尊重的契约或者规则。当然，在原始状态下，这些规则并不牢靠，常常会被野蛮打破。在求生本能、求利意识的推动下，部落、群体内部的义务意识发展起来，从而使个体之间的相互关系因为血缘等更加密切，彼此之间的义务善便发展起来。可以说，最早能够意识到关系群体中的角色规范等义务善的群体、部落、种族，是最强大的，而那些松散的自然善、功利善支配的群体、部落、种族反而容易被击破或者被消灭。所以，通过历史、人类学的描述等，我们会看到许多文明古国的长久发展，完全取决于义务善的获取和充分发挥。当然，即便是没有自由善、正义善、目的善的产生，作为种族、部落、家族等群体的生存与发展的义务善，也是最正义的，因为没有群体的善，也就没有个体的善。

由此可以看出，所有有关善的知识、观念、情感、意志、行为等，都是实实在在地在人的群体和个体的求生、求利、求善、求真、求美等行动中产生的，而不是先有了道德认知再有道德情感、道德意志、道德行为。当然，的确会有当一个人知道了什么是对、什么是错的道德观念等是非之心后，对于一些行为如果做错了会有羞耻之心的脸红和手足无措之举，在课堂讲授上也会出现某种怦然心跳等情感体验。但是，如果在实际的道德抉择中，尽管其情感体验是羞耻的、其道德认知是能辨别是非的，其具体行为也可能会选择那不该做的。因为在实际的场景中，人的行为是由具体的生命、功利、社会力量等条件所左右的。只有一个真正的以道德荣誉、良心慰藉为追求的人，才会在"如果撒谎是有用的"情况下，依然选择"诚实"的道德行动。而此时的人，已经升华、超越生存意义很久了。超越生存意义的道德选择，绝不是单纯的课堂教授就可以做到的，而是在前文中所提出的"因得施教"原则下进行的。

（三）人的德性修养是可信、可靠、可爱的统一

作为普通人，也许其存在意义就是生存，就是通过义务的履行来获取相应份额的功利善进而满足自己的自然善的生存需要。余华的作品《活着》或许是对于自然善、功利善之满足不易的经典描述。主人公福贵因为赌博而输掉了家中财产，沦为

穷人，又在历史事件中失去了妻子、儿子、女儿，只剩下一具躯壳而苟且偷生。但是，活着显然不是人生的全部。人只有在自由选择的义务中，通过正义善来履行义务，既不亏待于人，又不亏待于己，方能继续提升自己至美好之境。

王国维先生在评论康德哲学和叔本华哲学的时候讲到，康德哲学是可信而不可爱的，叔本华哲学是可爱而不可信的。康德的哲学论证严密且事实可靠，但是语言晦涩难懂，所以可信而不可爱；叔本华哲学语言华丽而有趣，但是所说的事实及其论证有些武断且非理性，所以可爱而不可信。我们借用王国维这两个判断的概念——可信与可爱，来描述人的德性修养达到的水平和层次。超越于生存意义的道德教育，使人达到的品质修养，不再是逼仄、算计和伪善，而是自由选择下的可信、可靠和可爱。

可信，即是说，人的义务善一旦经由自由选择，人的承诺就不会为自然规律的逼迫、功利大小的诱惑所改变，而是即便千万人撒谎，自己一人也要向着诚实前进。诚实、真诚、真实是道德修养的核心基石，一个人不诚实、不真诚、不真实了，也就无所谓道德与否了。不管动机是否真诚，撒谎、伪装、虚伪等即使有再好的结果，也是不道德的。这是道德的铁律。所以，可以不说话，但说话必然是真话；可以不做事，但做事一定是发自内心的真事、好事。可信，就是说真话、做真事、做好事，这样出来的话语和事情都是真好事。处于生存意义的道德之所以不可信，就是由于其会因各种境遇、诱惑而变动，而这种变动并不是权变，而是多变，所以不可信。

因为可信，人才可靠。可靠，就是在真实可信的基础上，构造出了自己的良心，良心中的良知、良能、良情，作为内心的道德法庭时刻提醒自己判清是非、选择良善、履行良善，从而是一个无论何时、何地都普遍持久地履行道德义务的人。作为父母，其是慈爱的；作为子女，其是孝敬的；作为兄弟姐妹，其是友爱的；作为朋友，其是信诺的；作为夫妻，其是互敬的；作为国人，其是博爱的；作为下属，其是忠信的；作为师长，其是有帮助的。如此，人的义务抉择超越了生存意义的可变性，而把义务作为道德本身的普遍的、必然的选择。这就是可靠之人。这样的人，不会因为某些自然规律而改变，不会因为功利、情感而改变，是因为其所作所为是基于理性原则的。因人可靠而可以托付终身，可以托付权柄，可以托付财富，可以托付名位，等等。古代的仁人志士，大都是可靠之人。曾子曰："可以托六尺之孤，可以寄百里之命，临大节而不可夺也，君子人与？君子人也。"这里的君子就是可靠的有道德修养之人。

可靠的道德修养，是慎独的、自律的。因此在其普遍的、持久的道德生活中，总是表现出一种超越功利、超越生存的道德境界，总是会不由自主、不假思索地闻义能徙，见过则改，自觉修德，传承学问，表现出道德美感和修养境界。举手投足之间既合乎日常生存之道，又能游刃有余地体现道德之美。这便是可爱的道德之境。檀传宝为此而著《德育美学观》，力求道德教育像听一首歌曲、观看一幅画、欣赏一段舞蹈一样美。其实，道德教育过程很难做到美德的熏陶感染，因为自律是个痛苦的过程。倒是自律达到的境界，可以超越功利；而超越功利性，恰恰就是道德境界的直觉性和自律性。摩尔提出道德的直觉性，不通过经验归纳，不通过功利计算，不通过道德概念推理，而是直觉的、不由自主、不假思索、下意识的，其实就是把道德审美化了。爱美之心人皆有之。审美化的道德只能由道德之人来提供，此过程是"君子戒慎乎其所不睹，恐惧乎其所不闻。莫见乎隐，莫显乎微"的与喜怒哀乐等情感及其背后的功利诱惑做斗争的过程，是一个痛苦的超越过程。

所以，当一个人的道德修养达到了可信、可靠、可爱的境界，那才是真正的道德，才是真正存在意义上而不是为了生存的道德。

当下的一些德育过程，则是离开自由善、正义善和目的善，仅仅从一般生活意义上来奠定道德生活的基础，其效果一定不会理想，因为在此境遇下，即便教育者、道德教导者和德育研究者本人也有可能是伪善的而不是真善的。

（四）真正的德育过程是从自然态到被迫态再到自由态的辩证运动过程

人类的童年和个体的童年，以自然善和功利善获取与满足的生存意义为准则，越是早期，越是显得野蛮。只要能够生存，似乎怎样做都是道德的、合理的。因为人类及其个体首先是迫于自然律所带来的生存压力而行动的。自然律，于人类而言，是对饥饿的忍耐，对干渴的忍受，对酷热的耐受，对寒冷的恐惧，对配偶的争夺，等等，皆是自然律的不可遏制的逼迫。但是，在对付自然律的过程中，人类也在发展自己的智力、经验、技术、知识等，等到能够假物为用，能够钻木取火，能够结绳记事，人类便拥有了历史记忆。通过对历史记忆的经验进行加工、保留、传递和优化，人类便日益超越动物界而能够认识并支配动物界，进而从采集、争夺现成的自然资源到驯化、养殖、种植发展，第一次通过智慧劳动解决了食物、衣着、居住、器用等问题。由此，从对自然律的斗争逐步转向人与人之间关系如何调节及资源、食物等如何分配的社会问题。

在解决自然善、功利善的过程中，人类个体便产生不同的心理取向。有的理智些，有的感性些，有的功利些，有的忠厚些，有的行动敏捷些，有的行动迟缓些。不同取向的人类个体也便结合着自己的自然环境、社会关系等条件发展出自己的最早个性：理智型的或者工于算计，或者自律自足，或者操心他者整体；情感型的或者容易冲动，或者直爽诚实，或者充满恻隐怜悯；功利型的或者成为发财致富"领头羊"，或者事事计较算计他人，忠厚老实的则是勤勤恳恳、奉献一生。处于自然态中的人的道德发生，是非常朴素原始的，是极不稳定的，但也是非常纯真可爱的，因为还没有多少利害关系的侵蚀，更没有多少知识、技术的参与，所以是淳朴的。但是，倘若这些自然态倾向的人的行动遭遇了不良结果的对待，他们就可能走向善的对立面，通过不善来补偿自己的损失；倘若这些自然取向的道德善得到良好的回应，那么他们的善的倾向便会得到强化从而会继续行善。

在这个意义上，行为主义的自我强化和观察学习的替代性强化，都是有道理的。其实，人类的初期，就是在这样的自然选择中生成道德的。

等到人类脱离自然态，进入到群体社会利益的获取和分配中时，人类便进入了被迫态的道德。即是说，不同的家庭、家族、群体、部落、种族等，因为生存环境的不同，便结成不同的社会群体乃至国家来获取生存和发展的资源。这样的群体，常常是战斗民族、全民皆兵的军事组织。像中国最早的国家形态，其"国之大事，在祀与戎"；早期的西方国家如古希腊、古罗马等，皆是军事和祭祀为先。在这样的国家里，个体只有服从社会、国家等群体的义务安排，才能获取相应的生存资源；同样，也只有让每个个体服从国家群体的义务角色规范安排，国家、群体才能够有效运转，赢得其他国家，群体所不能有的整体、系统力量，从而获取更大、更多的生存空间和资源，所以，那个时候的战争目的就是获取土地、人口、财富。无论是依靠自己的劳动还是掠夺别人的劳动成果，抑或是半生产半掠夺的民族、国家、群体，都是围绕着生存空间的资源来展开的。比如，中华民族是勤劳勇敢的民族，凭借自己的聪明才智、辛勤劳作而开垦、经营了大片土地，获得了自身丰富的生存资源。中华民族始终守护自己的生存空间资源，内部用礼法、礼乐等制度有效组织民众，形成社会秩序，分配各种资源。

随着生产力的发展，人类的技术、知识发展到足以让个体通过劳动就能够与社会发生交换得到个体生存发展的资源，从而不用依赖家庭、家族、集体等群体力量，也就超越对集体的义务关系而拥有个体选择的自由。在这样的情况下，整个社会中个体和群体的角色关系、义务关系便得以重构。从古代那种施恩-报恩体系转向责任-权利体系，即是说，义务不再是被迫的，而是自由选择的，并且基本权利是履行义务的前提：享有多大权利，就履行多大义务；履行多大义务，就享有多大权利。这样的权利与义务对等的关系被用法律的形式固定下来，便成为自由善、正义善运行的社会框架和保障。如此制度框架下的道德善就成了基于正义善的个体的自由选择的善，就是自由善，因此更加趋向于目的善。这便使道德进入了自由态。自由态的道德是道德的最高标准，只有在自由中，才有真道德；也只有在正义中，才会有真自由；基于自由和正义框架的道德善，最终才会以善本身为善，进而实现纯粹的目的善。

（二）德育具体目标：基本道德和具体道德

根据德育过程的实质，我们可以设想、预测、设计道德教育的具体目标，既能充分发挥人的自然善、功利善等的原始动力，又能在义务善的基础上，引领人的道德层次的螺旋式上升，直至自觉、自愿、自由之境。普通的德育原理是从家庭道德出发，或者从家庭的关怀伦理出发，逐步扩大到学校、社会、职业，乃至于民族和国家。这样的道德教育目标设计有其合理性，也有一定的实效性。因为受具体的家庭环境、社会环境、学校环境、职业环境、政治环境等要素的制约，人的思想、情感、行动、选择等都会因为考虑自然善、功利善的利害大小而趋向于一定的结果的善，但是这种善是有代价的。这种代价就是出于结果利害关系、苦乐体验的善，并不一定就是以善本身为目的的真善，反而是一种伪善。因此，要想得到具体环境下的真善，就得有一个人生阶段生成纯粹的基本道德，让这些基本道德成为目的善，进而凭借基本道德扩展到家庭、社会、学校、职业、国家、政治等具体领域，以使具体的道德成为以真善为基础的道德。

（一）基本道德概说

基本道德是任何阶级、流派、环境下都需要有的道德。除了应用主体的差异外，基本道德都是一样的。例如，忠诚，只要选择了，无论对事还是对人，无论对好人还是坏人，要求都是一样的。再比如，尊重，无论是谁，只要是人，都需要彼此的尊重，即便罪犯和乞丐，也拥有人的尊严。所谓己所不欲，勿施于人，己所甚欲，亦勿施于人，就是指的对于人的意愿和选择自由的尊重。

1. 从基本道德的源头开始

从基本道德的源头开始，依次为自由、责任、良心、诚敬等四个范畴，这四个范畴是最为基本的道德。任何其他基本道德范畴和具体道德，都必须以这四个范畴为基础，离开了这四个范畴，就没有真正的道德善。这四个道德范畴，可以称为根道德，因为其是使人超越动物界的开端和其他所有道德善之根本。

2. 在根道德基础上

在根道德基础上，个人在做人做事的过程中逐步体现出来的道德境界，依次为自律、自治、自足、独立四个范畴。这四个范畴是在具体事务和为人中展现出来的道德善。这种道德善超越了义务善的他律、他治、恩赐、依赖等不足，展示出个体的完满性和独立性，从而为组建良好的社会制度奠定坚实的主体基础，所以叫作主体道德。

3. 在主体道德基础上

在主体道德基础上，每个人都达到了自由善，因此不再是为了自然善、功利善而伪装、交易的善。表现出人与人之间、上下左右关系之间的仁爱之善，同时通过自治的联合实现共治，互相订立契约、制定规则、建立制度等界定彼此仁爱之善的边界，并且有效监督、保护制度实施，保护彼此的边界不受侵犯。在真正的仁爱之善的指引下，在正义制度的规约和保护下，每个人身上开始出现教养的光辉，而不再是功利的伪装。凭借教养，人最终修炼成人，国家修炼为好国家。无论组织还是个体，都会享受人之为人的崇高感、优美感的荣耀，这便是为人的美感，即幸福了。所以，这些道德善是荣耀善，依次为仁爱、正义、教养、幸福。

（二）基本道德生成年限

3～6岁，是基本道德生成的最佳年龄。

也许有人不相信，3岁孩童能够有这么大的能耐？因为他们不相信，即便成人在严格的管理监督和完备的教导之下也难以形成这样的基本道德，更何况小小年纪的幼儿。其实，说这些话的人恰恰不懂什么是基本道德，不懂基本道德的发生来源，他们假定成人的道德一定要比幼儿的道德水平高，所以才有资格"教导"幼儿的道德。其实，这是一种误解。从本质上看，有些成人难以形成自律，并不是说成人难以教化，而是成人在幼儿时期没有很好地被教导，更没有基本道德的养成，所以大了依然是随遇而安、苟活于世的生存本能的行为适应罢了。真正的基本道德是一定要在家庭生活环境、伙伴生活环境中，通过细心教导、引领，才能生成的。3岁就是最好的起点。

3岁的幼儿已经生成了人的自我意识，即是说，幼儿不仅可以对自己8个月时拥有的目的-手段价值行为模式进行审视、做出反应，而且可以对自己的行为在事前、事中和事后进行审视、预测、调整和反思。正因为如此，幼儿会自觉地在家庭生活、伙伴生活中找到自己的角色位置，进而明确自己的行为规范，以使自己的身体和利益不受到伤害，同时保护自己的利益得以正当实现。谁忽视了幼儿的自我意识，谁就容易在道德培养上犯错。试想，如果把道德培养的年龄放到7周岁，那么，等到孩子入小学的时候，一个具有任性、推诿、拖延等行为习惯的孩子怎么能够把学习任务完成，从而取得好成绩呢？倘若在学校通过教导道德知识来推进道德教育，即便课堂上的道德学习再生动、再完满，一旦回到真实的生活环境，家庭和伙伴的一块糖果就会把5天的教化打回原形，因为他们获取实际利益和情感体验的手段、目的并不为道德知识所动。所以，在生活环境中，在初始的3岁自我意识点上，引导孩子在求取自然善、功利善的过程中，能够区分哪些利益该得、哪些利益不该得、哪些情感表达合理、哪些情感表达不合理、哪些行为手段合适、哪些行为手段不合适，等等，可以使之生成相应的观念、情感、信念、意志和行为习惯，久而久之，就会生成相应的基本德性。而这些基本德性一旦在日常生活中生成，就会起作用。等到其进入小学，就会把生成的道德教养迁移到学校。于是，学校的教学任务一旦遇到道德教养良好的孩子，加上他们的智力成熟，他们的学业成绩自然会比较优秀。

如此说来，在3～6岁生成人的自由、责任、良心、诚敬、自律、自治、自足、独立、仁爱、正义、教养、幸福等十二德性是可行的，并且是一定要完成的。错过了这个阶段，就很难拥有纯粹的道德之心了。有了这十二德性的儿童，以后的成长就是一个逐步扩大生活范围，进而承担更大、更多具体职责的道德人，就会在力所能及的范围内，成为可信、可靠、可爱的人。

三、基本道德教育目标（一）：根道德

根道德就是最初的道德，是道德产生的标志，此标志一经产生就使人的存在意义超越单纯的生存意义而具有人之为人的意义。古代人的觉醒能够意识到人区别于禽兽的特征，如孟子之"四心""四端"，却不知道这些特征是人类及其个体后天逐步觉解、生成的结果，只是独断而有点盲目自信地宣布其为天生的。以至于无法解释：既然人天生为善，又怎么会结出恶果呢？

到今天经过反复的历史经验总结，以及个体生存、觉解等实践、经验的提炼，可以看出，一个人的道德并不是天生的，却是与天生的生命本能、欲望情感、功名利禄的获取等密切关联的；是在与社会他者关系的互动与交错中生成，但不是由他者绝对决定的；是由自我意识主导下的意向抉择决定但不是随意而为的。一般来说，道德开始于自我意识的诞生。人的自我意识一旦诞生，原先已经生成的目的-手段方式就成为自觉的目的指向、自觉的手段选择、自觉的行为实施、自觉的体验反思，由此自我意识的觉解性引领的行动就是自由的行动。而行动一旦是自由的，责任便随之产生。责任一旦产生，道德便生成了。所以，自由是道德的前提，责任是道德的最早表征。一个有道德的人，往往是负责任的人；一个负责任的人，往往是有道德的人。如此，除了自由和责任，没有别的人性特征可以连接人的自然、欲望、功利等原始行为，同时又对这些行为进行规约引领。其他的道德，皆是在此基础上生成和得以保证的。

1. 自由与责任

自由与责任互为因果。自由，是每个人都向往的，没有人不渴望自由。但是，自由是有一定代价的。自由的代价就是责任。任何自由都是自我意识下有明确目的的自主选择，经由这一选择，表达为语言，即是承诺；见之于行动，即为后果；体验为情感，即为苦乐；收获于功利，即为利害；升华为意义，即为是非、智愚、善恶、美丑等。为选择负责，就是为语言负责、为行动后果负责、为情感负责、为功利负责、为意义负责。只要负起责任，便会赢得更多更好的自由，无论是内心安定还是外在广阔。所以，责任是有回报的，这个回报就是自由。如此，自由和责任互为因果。

很多人讲自由，例如，伯林将自由作为个人的一项基本权利，该权利既包括可以说不的消极自由，也包括可以说是的积极自由。霍布豪斯则把自由作为一种社会需要，认为社会越是牢固地建立在自由和自愿的基础上，就越能自由地取得成就，在这些成就中，个人是软弱或无能为力的，联合行动则是强有力的。如此，个人自由权利被作为社会制度正义的基础，社会的存在意义就是为了每个个体更多更大的自由而努力。

以上所说的自由是被价值观化和政治制度化的自由权利。而作为道德前提的自由，则仅指个体的选择自由，是指个体在拥有自我意识之后，面对自己的各种生存需要，做出的有目的意向的自主选择的行为状态，这种状态的体验就是自由。这种自由性，不是像受到自然规律决定的石块下落、水往低处流、人的衣食住行等满足欲望本能和情感功利的体验，而是有意识的、有反思能力的理性选择；这种自由性排除了外在力量的逼迫性和强制性，不受束缚地实现自己的意图。一般人可能认为自由就是不受外在束缚的自由，即是消极自由或者外在自由。但是，除了不受外在束缚，还必须不受自身本能欲望等自然律的支配，按照理性原则行事，即是积极自由或者内在自由。拥有外在自由已经不易，拥有内在自由更是不易。人最大的敌人不是别人，而是自己。所以，王阳明说："破山中贼易，破心中贼难。"

因为人对自身目的意向和手段的自由选择和实现，必然要负起责任，所以就有很多人因为惧怕责任而放弃自由，转身逃回到寻求别人庇护的、可靠的、安全的怀抱中。弗洛姆揭示了人们逃避自由的原因和恶果。这不能不令人扼腕叹息。所以，要自由者，必然要负起责任，而敢于担当责任，才是真道德的标志，一个敢于承担责任的人，才是真人的开端。

一个负责任的人一定是明辨是非的人，所以，是非之心是因责任而生的。只有负责任的人，才会清楚哪些话语是对的，哪些话语是错的；才会知道哪些行为是合理的，哪些行为是不合理的；才会明白哪些情感表达是快乐的，哪些情感体验是痛苦的；才会明确什么样的选择是正确的，什么样的选择是鲁莽的。由此，对自己的选择负责、对自己的话语负责、对自己的行动结果负责、对自己的情感体验负责，负责的结果就是是非；是非的明辨，就是行为责任的边界。明确了是非、责任，一旦自己的行为、情感、选择、话语等与这个边界相悖，就会脸红、心跳加速，就会内心不安，这便是良心的形成。良心，就是责任心、是非心的内化与形成，是一种情感化的责任感。而良心一旦形成，人的道德便从行为升华到内心，成为人之为人的根本德性。

2. 良心与诚敬

责任感的观念化、信念化成为坚定的意志力，并且明是非，辨善恶，知美丑；责任履行得好，便会心安；责任履行得不好，便会愧疚、内疚、自责，即是有了羞恶之心。可见，良心是在行动、体验、觉解、内省、反思等主客观交融、理性与非

第四讲
德育过程实质与基本道德之境

理性等要素相互作用中生成的德性，不是与生俱来的，也不是外界强加的，而是自我生成的。

良心最简单的表现就是平等尊重中的将心比心，将心比心就是体谅，就是珍惜。无论是上下辈分之间，还是左右平行辈分之间，只要是彼此按照义务善来行动，并且不是以义务善为手段来控制别人，都需要得到受恩者的尊敬、尊重、理解和珍惜，进而自己也要从施恩者这里领悟到义务善本身的可贵性，进而自由地、本真地履行义务善。良心的形成在4岁左右，是在自我意识基础上，在亲子交往、兄弟姐妹交往、朋友伙伴交往中的一种彼此体谅劳动和彼此珍惜付出的心境。拥有此心境者，既能审视自己的行为、动机、目的、意向等是否合理，也能审视别人的行为、动机、目的、意向等是否合理，进而采取相应的对策。或者以德报德，或者以直报怨，或者以牙还牙，或者以眼还眼，或者适当地以德报怨，让浪子回头。

良心的生成来自自由选择中的平等相待。自由选择，自然地包含着平等。一个自由的人的自由选择，既不是高高在上的傲慢，也不是匍匐在下的卑微。傲慢和卑微都不是自由：傲慢因为放纵自己的欲望、性情而成为本能、功利的奴隶，因而失去内在自由或者积极自由；卑微因为恐惧而屈服于外在权威而受到束缚，成为强权、专制的奴隶，二者都不是自由，都没有平等。只有真正的良心自由才拥有内心自由和外在自由，拥有积极自由和消极自由，才能从本心上感受到来自人间的真、善、美，进而感激、感恩、体谅、珍惜，良心便自然诞生在心间。

良心诞生了，自然带着真诚、诚实。真诚，如赤子般的纯真，毫无瑕疵，包含着一切美好的可能，这是真诚的自然态。天不自欺，更不欺人，赤诚之心，赤诚之子。此份真诚，经由良心的呵护，遇到事和人，尤其是真事和真人，便会忠诚。忠者，忠于其事，忠于其诺，忠于其人。诚者，不加伪饰，不自欺欺人。此便意诚，此便心正，诚意正心，人便觉悟，亦便教化。人觉悟教化，便知一切边界，利益该得与不该得，手段合理与不合理，得到利益如何分享，等等，皆是边界道场。知一切边界，便守一切边界。自觉守边界，便敬畏边界，敬畏，就是对边界的尊重；畏惧边界被打破，害人害己害社会。如此，敬畏生命的呵护，敬畏生命的繁衍，此为敬畏生生之德；敬畏功利的正当边界，敬畏功利获取的手段的正当性，敬畏功利获取后的彼此分享之高尚、美好和喜悦。

良心与诚敬，是在自由和责任之根道德之上的自然演化和定型，是人之为人的德性的生成。由此，人彻底超越动物界而成为人，人的生存一跃而成为人的生活和存在，人由此诞生。由此看来，与自由相对的被迫、被控制和被奴役，与责任相对立的推诿和依赖，与良心相对立的忘恩负义，与诚敬相对立的欺骗和肆无忌惮，是多么不令人愉悦和幸福的动物性冲动和人间地狱。人类天生向往什么呢？除了自然善和功利善的初期不得已的自我保护和算计之外，在自由、正义等的保护和引领下，自然要向善并且能够实现善的生活。由此，便会过上美好的幸福生活。

(四) 基本道德教育目标（二）：主体道德

在生活中，在获取自然善、功利善的过程中，经由自我意识而生成自由、责任、良心、诚敬等根本道德，在后来的生活、学习、交往、工作中实施义务善，从而在做人、做事中生成根道德的具体体现，这就是主体道德。主体道德是主体自由下责任的自觉履行，是良心、诚敬发挥作用的具体表现。这就是自律与自治、自足与完善。

1. 自律与自治

自律不是他律，也不是他律的内在化，而是基于自我责任、自主方法、情绪自我体验和调节方法的体现。自律的起点是良心的是非分明、自我评判，是内心的道德法庭的事前、事中和事后的自觉规约、自觉反思、自觉调整。一旦发现自己所追求的利益不符合良心的要求，就会自觉调整、放弃；一旦发现自己所追求利益的方式是不合理的，就会自觉调整而避免不合理；一旦发现自己享用利益的过程是不合适的，就会自觉调整而避免引起别人的嫉妒和反对。

康德认为，自律就是自由。即是说，自律就是自由地制定自己所遵从的并且也为他者所普遍遵守的法规、制度，是自立法、自守法。自己遵从自己所制定的法律，虽是外在制约，也是属于自己规约自己，所以是自律。这样的自律就是自由。有的人把制度规约与自由对立起来，却不知道制度规约里面就是自由的保障范围，是对不自由的或者相互侵害的行为进行防范，所以是对自由的保护。估计其之所以将自由与制度对立起来，只是表面上将制度的规约性与自由的选择性对立起来，并没有看到自由在制度认同、制定中的参与性以及对自由的保护性。所以，出于自由的制度一定是自由认同和选择的。

自律是人的德性，是自我自觉履行责任而不是等待，是自我寻求方法而不是依赖，是自我调节情绪而不是推诿他人。倘若每个自律的人都拥有了自律美德，在公共事务上就是自治。自治就是自律主体的相互联合，彼此让渡相应的权利构成公共社会权力空间，对此公共社会空间的管理及对其雇员的监督，就是自治主体的民主责任。只有自律主体才会走向自治，也只有自治的公共社会才会带来更加自律的公民，而不是只能等待他律和他治的被动道德。

在他律之下的人，最终不会形成自律的美德；在他治之下的人，也学不会自治。有人会认为人的道德是从他律到自律的，其实这是误解。即便是有他律存在的道德，也一定是伴随着自律道德的，因为道德一定是出于责任尤其是自我责任的，这种自我责任的体验是一种荣誉感、一种自我安适感，之所以有他律的存在，是因为还有超越自律的力量在妨碍自由、妨碍自律，例如欲望的贪婪、情绪的冲动、本能的无序等。所以，他律和自律是同时并存的，各有其功能使命的。倘若一个人始终处在他律中而不必自律，那么他就会始终处在被他者监控、恐惧惩罚或者向往外在奖励利益的意向中，就不会反躬自省，更不会感同身受、恻隐羞恶，就不会有什么道德体验。一旦外在他律放松，这样的人的本能、欲望、情感、功利等就会走向放纵，就会影响社会，非得有更大的利维坦出来维持秩序不可，然后开始另一个他律的循环。

处在他律中的人必然是受他者之治的。他治，就是让人服从外在权威的规约、要求。处处围绕着他者的利益运转，不会出现自治。在他治的规约下，要求自治是不合法的。长此以往，结果就是，他治之下的社会，民众只有服从、顺从的习惯，不可能有自我责任的习惯。这样的社会，收起来就是死的，放开就是乱的。并且民众大多以生存为目标，一旦有机会便以渴望成为治理者为人生目标，幻想有朝一日做人上人。如此，他律和他治是相辅相成的，而自律和自治，则是互为表里的。

人可以选择他律，那他首先是自律的；也可以选择他治，因为首先他是自治的。因为自律而自由，因此可以在某些条件下选择他律，但也仅仅是将他律局限在一定范围中而不能伤害自律。因为自治而共治，因此也可以在一定范围内选择他治，但是并不意味着可以放弃自治。例如，在战争期间，在巨大灾害面前，在公共卫生或安全危机等面前，都得有普遍的、集中的权力来统一协调指挥众人、使用资源共渡难关。这个时候的他治、他律，可以说是自由的民众自觉地选择了他治，是对自由权利的自觉让渡，是自觉自由地选择了他律，总体上也是属于自律与自治的延伸与补充。

教导之所以能够引领人走向自律和自治，好像是他律的教导的内化，其实不然。教导，也是基于教导者本身的自律和自治才是可能的；正是拥有自律和自治的教导者，才能洞察与明白被教导者在通向道德善的路径中蕴藏着的自律与自治的取向、规律和目的，这样，其教导就不是外在的内化，而是从内到外的发现、呵护、引领、成长、壮大。这恰恰是人的道德善生成的必然规律，是自身蕴含着的自我觉解力通过教导的诱发而更好地发挥。"不愤不启，不悱不发"，说的就是教导者的适当教导契机和功能作用。

自律和自治是现代社会的基石。倘若没有自律的普遍美德，没有自治的普遍习惯，那么，要实行民主法治，是不可能的。因为，民主法治的前提是自治基础上的共治、自律基础上的法治。没有自治和自律基础，贸然实施民主选举和公平法治，终会因为自然善和功利善的冲动、放纵等使社会陷入混乱。这从20世纪初辛亥革命后的中国社会混乱，21世纪初中东"颜色革命"后所谓民主制度的混乱看得出来，因为民众长期以来缺乏从他律、他治向自律、自治习惯的训练和转变。这是不能不令人深思的。

2. 自足与独立

一个道德上的自律者，必是能自由履行义务而拥有充足的自然善、功利善的满足者；同样，一个社会上的自治者，必是互相共治而拥有正当且充足的自然善、功利善的分配和供应者。如此，道德上的自律者、社会共治上的自治者，必然是经济上的自足者。

自律自治者，既不贪恋他人财富，而是凭借自己的诚实劳动和特长才华参与社会分工协作，使社会财富的"蛋糕"做大，然后通过正义分配，获取自己相应的份额；也不会让他人觊觎自己的财富，因为财富都是正当所得，且分量适合。他们不去剥削和占有别人的劳动成果，也不会让别人剥削和占有他们的劳动成果。因此，他们的内心是舒适而自足的，外在生活也是舒适而自足的。当初亚里士多德借梭伦之口说出最幸福的人就是自足之人，也就是物质上不匮乏、精神上自由的人。

自足者是完善之人，也就是独立之人。因为其无论是内在修养，还是外在关系，抑或是经济水平，皆是自我实现的。自我实现的内在修养就是自我完善，自我完善的外在表现就是自我实现。所以，自律、自治、自足、完善，是在自由、责任、良心、诚敬等根道德基础上生成的人之为人的主体活动道德。倘若一个人不能够自足，而受到别人恩赐才能过活，那么因为他受制于别人的恩赐，就得报恩，所以自己就会面临失去自由的风险；同样，一个不能够自足者，或者去掠夺和剥削别人，或者被人使唤成为工具，都不会得以自我完善，更不会有自我实现。因其不能有自我完善，处处受制于人或者防范他人，所以就不会有真正的道德善。柏拉图和亚里士多德都为世人描绘了一种真正的自我完善者的生活方式。这种自我完善者，是除了自身善的目的外不为任何其他目的所左右、所安排，是最为自由的善，因此是独立的。其他如享乐生活，却受到自然律的制约；政治生活，却受到服务对象的制约。只有自我完善的理智生活、沉思生活才是符合人之为人的特性的幸福生活。

所以，只有自足、独立者，才能凭借自己的完善而能真正帮助他人，真正奉献于他者、社会，真正引领价值取向和建构正义制度。这便带来人之为人的荣耀善：仁爱与正义，教养与幸福。

（五）基本道德教育目标（三）：荣耀之德

荣耀之德，也许在生存意义上的人们看来是一种虚妄之德，是一种缥缈虚无之事。这恰恰说明，生存意义上的所谓道德才是虚无的。因为，生存意义上的所谓道德只不过是为求生存的权宜之计，为求等价交换的表面交易。真正的荣耀，不是名利需求，不是虚荣之心，不是权宜之计，不是功利交易，而是一种发自内心的，为社会和他人做出贡献、提供帮助而感到自豪。这种荣耀之心，是一种纯粹之心，如阳光送出温暖和光明，如泉水送出清凉和滋润，是只有付出而不需要回报的德性，是真德性。如果说要回报的话，就是自由和同样的尊重。

1. 仁爱与正义

自从孔子用爱人解释仁者，仁爱便成为人间温暖之道。然而，在封建社会，受制于生产力水平较低，经验、技术、知识等匮乏，人们为了生命的自我保护和家族的繁衍，不得不追求功名利禄的最大化。在一些人中间，仁爱走向它的反面——伪善。伪善既不是真善，也消解了仁爱本身，使人不相信还有仁爱。

仁爱当是真爱。只有建立在根道德、主体道德之上的仁爱，才是真爱。因为，具有根道德、主体道德的人，已经是自足者、自我完善者、自我实现者。他根本不用通过伪装来获取功利善，也不必用等价交换来进行道德交易。只要他愿意，说的话必是真话，做的事必是好事，这种真话、好事都是真的。因此，仁爱就是真爱。

仁爱成为真爱的前提是正义。正义之德，就是一种制度，给各种善的界定和满足划定界限，厘定合理手段。倘若没有正义之德，仁爱就会跃出各种具体善的轨道而失去中道，进而伤害他人或者被他人所伤害。所以，只有正义之德，才能更好地规约仁爱，才能更好地保障仁爱。普遍的仁爱就是正义，正义的目的就是让仁爱遍布人间。

人间没有仁爱，便没有温暖；人间没有正义，便没有光明。根道德、主体道德的发展必是仁爱的价值建构内核、正义的制度保障。仁爱与正义都是美德，并且是真正的美德。仁爱与正义的人格再现，就是教养，教养的目的就是幸福。

2. 教养与幸福

人究竟为什么要拥有道德？唯一的回答就是：教养与幸福。

教养，是人类在进化过程中超越自然物的定律决定，超越动物界的本能、欲望等的自然律制约，超越社会义务的被迫性，通过自我意识的辨别、引领等，经由自由选择而逐步在身心沉淀、积淀下来的行为习惯、言行礼仪、谈吐气质等人之为人的修养特性。人活到这一步，才算是活出了人味，才算是到了人之境界。

拥有教养才是道德的最终尺度。一个没有教养的人，总是会伪装的。因为他不是为了教养，而是为了自然善和功利善的最大满足才不得不尽关系义务的。所以，总是在伪装，在撒谎，最终连他自己都分不清是真是假。但是，无论怎么伪装，无论怎么掩饰，最终都会露出真面目。

教养，一定是一个人行仁爱、秉正义的长期行为和内心意志的集中体现。行仁爱、秉正义的根道德是自由、责任、良心、诚敬等，是排除了奴役、推诿、利欲、伪装的；行仁爱、秉正义的主体道德是自律、自治、自足、独立等，是排除了他律、他治、恩赐、依赖的。行仁爱、秉正义，久而久之，就会在自我完善和自我实现的基础上，成为人之为人的精神特质，人则因为拥有这种精神特质而享受自然物、动物所没有的荣耀和自豪。因为拥有这份荣耀和自豪，其精神荣誉感得到空前的高峰体验和无限满足。如此，因为超越一切利欲满足的快感，便会油然而生一种自我欣赏、充满自我敬意的感觉，这就是幸福感。

爱自己，就是让自己成为有教养之人，成为有教养之人，就是幸福之人。除此之外，都是相对的幸福，转瞬即逝。只有教养幸福，才是完整的幸福；只有教养幸福，才是必然的幸福；只有教养幸福，才是绝对的幸福。

因为教养幸福，不必为生活匮乏而担心，它已经是自足的、完善的生活；不必为没有权力而担心，它已经是自律自治的生活，所以，教养幸福是完整的幸福。

因为教养幸福，不再受到义务被迫制约，它已经是自由自觉的义务；不再受到环境条件制约，它已经是履行了责任、拥有了自由的，教养幸福不会受到或然条件的制约，即便遇到困难，也会坦然面对，理智处理，所以，教养幸福是必然的幸福。

教养幸福不再是相对于他者的幸福，不会是暂时的，而是持久的；不会是个别的，而是普遍的；不会是外在赐予的，而是内生的。所以，教养幸福是绝对的幸福。

思考题

1. 试分析德育过程的心理学取向是否合理。
2. 基本道德何以可能？
3. 根道德何以可能？
4. 主体道德何以可能？
5. 荣誉之德何以可能？

参考书目

1. 檀传宝:《德育美学观(增订版)》,教育科学出版社2006年版。
2. 柏拉图:《柏拉图对话集》
3. 亚里士多德:《伦理学》
4. 康德:《实践理性批判》
5. 《大学》
6. 《中庸》
7. 《孟子》
8. 《荀子》

第五讲

道德教育的理论基础分析

基本问题：

1. 道德教育的间接理论基础分析。
2. 道德教育的直接理论基础分析。
3. 道德教育的教育理论基础构想。

因为道德作为人之为人的特性，道德产生的过程，同时也是道德的自发教育和自觉教育产生的过程。无论是生活中的潜移默化，还是教导中的自觉指引，都属于道德教育的范畴。可以说，人类历史有多长，道德和道德教育的历史就有多长。育就是"养子使作善"的过程，其中主要的就是对道德善的期待。《中庸》云："道也者，不可须臾离也，可离非道也。"就是指的道德和道德修养、道德教育的普遍性和必然性。自觉的道德教育，需要科学理论的指导。离开科学的道德理论和道德教育理论，道德教育就会是盲目的、冲动的，甚至是错误的。然而历史上的各种道德理论和道德教育理论之间常常脱节，导致讲道德教育的不太熟悉道德理论，以至于自己的道德教育是属于道德的还是非道德的，不好说清楚，甚至出现用不道德的方法进行道德教育；或者讲道德理论的不熟悉道德教育的特性，使道德的教导和生成陷入机械论、灌输论的僵局。基于此，就有必要对现有的道德教育理论进行批判性分析，并为科学的道德教育理论奠定坚实的基础。

一般而言，道德教育的理论基础可以分为心理学理论、伦理学理论、道德教育理论。心理学理论不直接导向道德教育，只是对道德教育的目的、内容、方法等提出设想，因此我们把该理论称作间接理论基础；道德教育理论直接决定道德教育的原则、方式、方法、评价等，因此我们把该理论称作直接理论基础。

（一）道德教育的间接理论基础分析

道德教育理论主要是指心理学和伦理学对道德教育的目的、内容、方法等的设想。由于心理学家所谈到的道德教育设想已经为很多心理学教材、德育原理教材、教育学原理教材等所分析，并且在前文中也介绍了，在此不再赘述。这里重点分析伦理学的道德教育设想。

道德教育能否培养出真正的道德人，关键在于它是否建立在合理的伦理学根基之上。探讨道德善恶等问题的伦理学为道德教育提供了直接的合理性论证，并决定着道德教育的目标、内容、方式和评价是否具有道德价值，因此，伦理学家在确保认真考虑道德教育所必需的精密性和深刻性上起重要作用。从一定意义上讲，有什么样的伦理学，就会有什么样的道德教育；反之，有什么样的道德教育，也会有什么样的伦理学基础。在这里，我们主要分析道德教育的德性伦理学基础、功利主义伦理学基础、义务论伦理学基础、实用主义伦理学基础、元伦理学基础和马克思主义伦理学基础。

（一）道德教育的德性伦理学基础分析

在伦理学和道德教育的关系史上，德性伦理学对道德教育的影响是最持久、最紧密的，直到今天，德性伦理学的影响依然很大。

德性伦理学，无论是它的古典形式，还是当代形式，都强调道德是由一系列美德构成的，这些美德都属于共同体道德。这个共同体先于个人，是个人人格同一性的背景要素。共同体之所以能称为共同体，是因为能给共同体的成员带来共同享有的利益、幸福和美德。基于这种假设，共同体的成员一方面把有助于实现他们的共同利益的行为看成道德的；另一方面把有损共同利益的行为看成不道德的。在这个意义上，美德就是一种共同体所期望的品质。没有美德，也就没有幸福可言。所以，与功利主义道德把履行道德、追求外在的善的行为当成获取功利的手段相比，德性伦理学把履行道德、追求内在的善当成道德教育目的本身，而只有拥有内在善的人才有资格拥有共同体分配的幸福。同样，只有拥有美德的人，才能维护共同体的长治久安，以享受更美好的幸福。德性伦理学基础上的道德教育就是美德教育或者品格教育。对个人而言，它的目的是使个体形成美德，成为具有道德品质的人，即道德的人或好人；对社会而言，它的目的是使社会成为公平正义的共同体，即美德共同体或好社会。其中，道德的人是由其本身是否具有共同体所设定的各种品德要求决定的；美德共同体或好社会则是由每个个体正当权利所决定的。

德性伦理学首先要求有一系列的核心道德品质：古希腊哲学家所设定的正义、智慧、勇敢、节制等德目以及对具有正义美德的城邦国家之设计；西方中世纪设立的信仰、坦诚和慈爱等德目；富兰克林所提出的节制、缄默、秩序、决心、节俭、勤奋、诚信、正义、中庸、平静、贞洁、谦卑等德目；罗尔斯对作为公平的正义美德的社会构想；中国古代儒家提出的仁、义、礼、智、信、忠、孝、恭、宽、敏、惠等德目，当代社会所要求的"五爱"（爱祖国、爱人民、爱劳动、爱科学、爱社会主义），以及社会主义核心价值观——作为国家美德的富强、民主、文明、和谐，作为社会美德的自由、平等、公正、法治，作为个人美德的爱国、敬业、诚信、友善等德目。共同体内的个人，只有掌握并践行了这些德目，才算具有美德，才有资格成为共同体中的一员，才能分享共同体分配的资源和幸福，同时作为主体建设美好的共同体；共同体本身，只有具备相应的美德才能拥有合法性和合理性根基，也只有在具备公序良俗的共同体中，才有普遍的、真实的好人和美德存在。

在具体的道德教育方法上，像亚里士多德等美德教导者虽然注重相应的行为习惯的养成以及成年人的榜样示范作用，但是美德教育特别强调道德知识的学习，认为只要每个人在认知上知道了某一德目的内涵，就易于做出相应的道德行为。德性伦理学及建立于其上的美德教育或品格教育，在道德教育的历史和现实中都具有很重要的地位。然而，在具体的道德教育实践中，美德教育还有一些不足：第一，美德教育虽然重视内在德性的培养,但是最终还要让个体参与到共同体生活当中,德性难免成为获取幸福的工具,这与功利主义的道德教育有相同之处;第二,由于美德教育崇尚共同体道德,个体没有决定道德的权利,容易忽视个体的自由选择和自由意志;第三,美德教育重视个体的道德认知和道德判断教育而忽视真实的道德情感和道德行为,难免导致道德认知和道德行为脱节。

(二)道德教育的功利主义伦理学基础分析

功利主义伦理学所强调的"功利",是在利益、方便、优势、有利、实惠、好处、幸福的意义上使用的。功利主义主张,最终的好处是个人的好处,是个人的幸福和福利,其他事物之所以有价值,只是因为它们促进了个体的好处和福利。边沁在提出他的功利原则时认为,对任何一种行为予以赞成或不赞成的时候,看的是这一行为是增多还是减少当事人的幸福。而密尔则认为:"承认'功利'或'最大幸福原理'为各种道德生活的根本,这个信条主张:行为之正当,以其增进幸福的倾向为比例;行为之不正当,以其产生不幸福的倾向为比例;幸福,是指快乐和痛苦的免除;不幸福,是指快乐和痛苦的丧失。"[①] 按照这种逻辑,使功利最大化也就成了道德生活的首要目的而不是派生目的,人们之所以道德地待人仅仅是因为道德地待人是实现价值最大化的途径。罗尔斯将这种观点称为"目的论",也就是功利目的论(行为结果论),意思是说,正当行为的标志是行为结果的利益最大化而不是平等待人。

功利主义伦理学认为,道德是实现功利和幸福的工具。在道德教育方法上,功利主义伦理学所提倡的方法一般是行为主义的奖励和惩罚。根据道德就是获取功利的手段原理,如果个人做了有益的好事,就得到奖励;如果做了坏事,就受到惩罚。这样个人为了得到奖励就会努力做好事,为了避免受到惩罚就不会去做坏事。同时,榜样的力量也能促使功利目的的实现。

功利主义伦理学既影响了行为主义道德教育方法,重视对行为结果的奖励和惩罚以促进善行或遏制恶行,同时也是日常生活意义上人们较为普遍的道德意识和道德选择。在功利主义伦理学的影响下,人们潜意识里就认为,无论对错,只要行为结果有利就是好的,而一旦善行不能带来好的结果,那么这种善行也是不值得的。所以,基于功利主义目的的行善只是以结果是否对自己有利来判断。根据班杜拉的社会学习理论,当人们发现恶行能带来好结果时,便会有人选择恶行;而当善行带来不好的结果时,有人就会放弃善行。

所以,尽管趋乐避苦的功利最大化能够促进某些善行,但是,功利主义伦理学所主导的道德教育具有很大的局限性:第一,它强调多数人的利益,往往忽视那些

---

① 周辅成:《西方伦理学名著选辑(下卷)》,商务印书馆1987年版。

做出牺牲的少数人的利益,这不公平;第二,它只强调行为结果是否带来好处,而忽视行为者本身的动机是否合乎道德,降低了行为本身的道德价值;第三,它依靠利益导向,不免使人的道德行为沦为追求功利的工具而失去真正的伦理精神。

(三) 道德教育的义务论伦理学基础分析

义务论伦理学的初衷是既要避免因为共同体的外在强迫而使人失去自由,又要避免道德沦为获取功利的工具而使人失去做人的尊严。基于义务论伦理学的道德教育可以称为"责任教育"。这种道德教育虽然强调个体的道德义务或者道德责任,但并不是由外在的力量强迫的,也不是由行为的功利结果诱导的,而是个体基于自由和普遍规则做出的选择。每个人的行为动机只有是出于道德义务而不是表面上符合道德义务的,这种行为才是具有道德价值的。

基于义务论的道德教育,其核心概念是义务、权利、责任、服从等。道德教育就是要培养年轻人的义务感和责任感,特别是社会责任感,强调严格的纪律以及在教育教学过程中对原则的服从。但是,这里的服从是由主体理性为自我的立法,服从貌似外在的法则其实就是服从自我的选择。因为这里的法则是以每个个体的理性为目的、经由每个个体的理性所认同和选择的法则,是人的目的本身,不是约束个人的外在工具。服从普遍法则就是服从自我的自由意志。

责任教育不是为了行为的结果,而是强调任何行为结果的获得或者行为过程都是在自律指导下的行为。同时,责任教育不但是一种认知,更是一种内心信念,一种善良意志。只有基于这样的责任动机行事,才具有最高的道德价值。所以,对于义务论伦理学的道德教育理论而言,只有履行了道德义务或者道德责任,人才具有人的尊严。

在具体道德教育模式上,皮亚杰和科尔伯格的认知发展道德教育模式受义务论伦理学的影响最大。认知发展道德教育模式认为,道德的成熟在于道德认知发展达到抽象的观念或原则水平,在这一原则水平上,道德将不会受到情感、权威、利益的影响,而是绝对的规则。皮亚杰的道德发展理论认为,人的道德是从他律走向自律的,在5~9岁服从权威,在9~10岁达到自律性的互惠互利,在10~12岁达到公正的观念阶段。只有到公正的观念阶段,儿童才不仅考虑规则本身,还会考虑一些特殊情况。

科尔伯格在皮亚杰的基础上,提出了自己的道德认知发展阶段理论。他将人的道德发展分为前习俗水平、习俗水平和后习俗水平三个水平,同时又将每个道德发展水平分为两个阶段,这样道德发展就呈现为六个阶段:第一阶段是惩罚与服从阶段,个体关注行为的直接后果与自身的利害关系;第二阶段是工具性目的取向阶段,个体持"对我有何益处"的立场,将正确的行为定义为对自己最有利的行为;第三阶段是好孩子取向阶段,取悦别人就是好的,个体关注其他人赞成或反对的态度,

第五讲
道德教育的理论基础分析

保持与周围社会角色的和谐关系；第四阶段是维持社会秩序取向阶段，认为尽职尽责就是好的；第五阶段是社会契约取向阶段，以社会价值和个人权利作为是非标准；第六阶段是普遍的伦理原则取向阶段，认为个人应当依照普遍原则和良心行动，践行康德所说的义务伦理。

侧重于道德认知发展的道德教育模式最突出的优点在于强调认知因素、道德判断力在道德发展中的核心地位和作用，有助于矫正其他道德教育模式强调习惯训练、榜样示范、结果奖惩等的不足和弊端。但是，如果把道德的成熟完全归于道德认知的发展，那就是以偏概全，忽视了道德情感、意志和行为训练的作用。同时，过于强调道德认知和道德判断在道德教育中的作用，还会导致道德生活中的知行脱节问题。这些都是需要教导者加以警惕的。

（四）道德教育的实用主义伦理学基础分析

实用主义伦理学作为实用主义哲学基本观点在伦理领域中的具体应用，也影响着其道德教育观。建立在实用主义伦理学基础上的道德教育观以杜威的道德教育观为代表。杜威的道德教育观主要体现在以下三个方面。

1. 学校中道德教育最重要的问题是关于知识和行为的关系[①]

由于实用主义伦理学认为道德就是有实际效果的善的行为，因此把知识是否与日常的行为动机和人生观融为一体看作道德教育最重要的目的。这里的知识，一方面是指书本知识，另一方面是指从经验中得来的知识。道德知识属于从经验中得来的知识，是在一个有目的而且需要和别人合作的作业中所学到的和应用的知识。杜威轻视只是为了提名时用来背诵的书本知识，这种知识仅能满足听别人话的要求，而不会对校外生活产生影响。而道德知识则能养成社会兴趣并且授予必需的智慧，使这种兴趣在实践中生效。[②]

2. 道德教育的目标在于发展学生有效地参与社会生活的能力

杜威认为，教育的目的和道德的目的是统一的，教育上合乎需要的一切目的和价值，其自身就是合乎道德的。因此，纪律、文化修养、社会效率、个人优雅、性格改善，都是高尚地参与社会生活平衡经验的能力发展的几个方面，而维持这种教

---

① 约翰·杜威：《民主主义与教育》，王承绪译，人民教育出版社2001年版。
② 约翰·杜威：《民主主义与教育》，王承绪译，人民教育出版社2001年版。

育的能力，就是道德的精髓。① 学校道德教育的责任是对于社会而言的，除了参与到社会生活中去，学校没有其他道德教育目的。学校道德教育具有在服务于社会利益和目标的过程中起作用的社会才智、社会能力和社会利益的三位一体功能。②

3. 主张间接的道德教育方法

为了实现发展学生有效地参与社会生活的能力的道德教育目标，杜威并不主张直接传授道德知识的教学方法，因为这种方法对社会的影响作用有限，且适用范围很狭窄，只有在少数统治多数的社会群体中才有效果。③ 而在民主主义社会中，他主张"借助所有的机构、部门和学校生活素材而进行的品质培养"④ 的间接道德教育。间接道德教育可以利用三种资源：自身作为社会性机构的学校生活；学习和做事情的方法；学校的学科和课程。要把校内学习与校外学习连接起来，把学校作为社会的雏形，让学生在交往、交流和合作中共同参与学校生活而获得成长；在学习过程中发展虚心、专心、诚恳、见识广阔、担当等道德特性和积极能动的建设性能力；在学科和课程中获得知识材料并能有意识地对其进行选择、加工和组织，从而最终对社会有用。

实用主义伦理学基础上的道德教育观所强调的行为效果、参与社会生活的能力、间接道德教育方法，对于克服知行脱节、学校与社会脱节、极端个人主义的学校道德教育弊端具有积极的借鉴意义。虽然实用主义伦理学在道德教育上有一定的实践效果，但是由于它崇尚相对主义道德，把经验与道德经验、知识与道德知识混为一谈，不能坚持普遍的、稳定的道德原则，并且没有找到道德产生的真正根源和基础，也就不可能培养出真正道德的人。

（五）道德教育的元伦理学基础分析

元伦理学认为，在哲学领域，对善与恶、正确与错误等概念的使用本身就是混乱的，以致影响到对道德本质的理解及其与道德教育关系的讨论。所以，当代道德哲学的任务不仅要描述、阐明各种道德理论，而且要分析、澄清某些一般性道德语言的特性，用人们共通的语言说明一些主要道德概念的作用方式。在这方面，当代分析道德哲学家，特别是语言分析哲学家的贡献最为人们所称道。

---

① 约翰·杜威：《民主主义与教育》，王承绪译，人民教育出版社2001年版。
② 约翰·杜威：《杜威全集（中期著作·第四卷）》，陈亚军、姬志闯译，华东师范大学出版社2012年版。
③ 约翰·杜威：《民主主义与教育》，王承绪译，人民教育出版社2001年版。
④ 约翰·杜威：《杜威全集（中期著作·第四卷）》，陈亚军、姬志闯译，华东师范大学出版社2012年版。

他们认为,首先,当人们使用善、恶这些概念时,不只是从描述性意义上使用的,也是对某种现象的一种评价与反应;其次,诸如善、恶等概念不只是对现象本身的语言反应或评价,也包括对某种特殊现象的反应和评价。也就是说,我们用善、恶指称某些现象并表示我们对这些现象的拥护、选择或反对,这些态度情感价值观倾向对道德行为有一定的引领作用。

在道德教育领域,分析教育哲学家的代表彼得斯、赫斯特、谢弗勒等人致力于对道德语言的分析,期望通过这项工作来指导道德教育的实践。这里以彼得斯对"美德"与"习惯"概念的分析为例加以说明。彼得斯认为,美德有以下四种类型。

(1)十分特殊的美德。如守时、整齐、诚实等,它们与特殊的行为类型相联系,缺乏内在的理由和动机。

(2)美德。如同情心,包含着明确的行为动机。

(3)更加人为的美德。如正义和忍耐,其中包含了与权利和制度更相关的理由。

(4)更高层次的美德。如勇敢、正直、坚持不懈等,它们必须在面临相反倾向时经由主体的意志而做出选择。

彼得斯还分析了"习惯"这个概念,指出"习惯"的三种用法:一是描述性的用法,指一个人惯常做的事情;二是解释性的用法,说明某种行为的原因,如"出于习惯";三是指一种广泛的、反复练习的学习方式,即"习惯化"。① 通过这些分析,彼得斯认为,尽管确实需要重视自亚里士多德以来就认可的习惯在青少年早期道德形成中的作用,但习惯与美德不能画等号,用习惯化来解释十分特殊的美德、更加人为的美德、更高层次的美德等道德的形成,更是不充分的。建立在更加复杂的动机、理由以及普遍原则指导下的道德行为不可能是习惯性行为,必须体现道德判断和道德激情的综合作用。彼得斯的观点为深入理解道德习惯、道德判断、道德情感等在道德行为中的作用及其对德育的意义提供了新的视角。

因此,元伦理学对道德概念等道德语言的具体、深入分析有助于澄清道德实践和道德教育中的诸多问题,帮助人们摆脱由于道德语言模糊或混乱而带来的困扰;同时,相关理论分析也表明作为语言的道德概念、道德知识等具有明显的态度情感价值观的倾向性,因此在人的理性层面、是非观念、道德判断等方面具有明显的指引作用,在知行一致的前提下,对道德行为具有明显的引领作用。但是,这些理论分析把是非善恶的道德问题简化为语言问题,希望从解决语言问题入手来解决道德问题,这无论在理论上还是在实践上都是不现实的。真正的道德问题有其深刻的社会根源,道德教育不能无视这种社会根源而成为语言的游戏。否则,不仅无助于诸多道德问题的解决和学生道德品格的培养,反而会加大学生道德认知与道德行动之间的距离。

---

① R. S. 彼得斯:《道德发展与道德教育》,邬冬星译,浙江教育出版社 2000 年版。

（六）道德教育的马克思主义伦理学基础分析

马克思主义伦理学是建立在辩证唯物主义和唯物史观基础上的，因此拥有辩证的、历史的、生成的、唯物的道德观。建立在马克思主义伦理学基础上的道德教育观也必定是克服了历史上的德性伦理学、功利主义伦理学、义务论伦理学和实用主义伦理学及其道德教育观的不足，同时吸收了它们各自的优点，又在新时代有新创造的道德教育观。马克思主义经典作家并没有直接研究道德教育问题，但是从马克思主义伦理学的基本道德观出发，我们可以推导出基于马克思主义伦理学的道德教育的以下四个特点。

1. 自觉的、能动的道德教育

马克思主义认为，经济基础决定上层建筑，社会存在决定社会意识，一定的文化取决于政治经济关系，又反作用于政治经济关系。道德、道德教育，作为上层建筑、社会意识和文化的一部分，既受到客观的政治经济关系、利益关系的制约，反过来又影响这些关系。由此基本原理出发，列宁指出，工人本来也不可能有社会民主主义的意识。这种意识只能从外面灌输进去。[①] 工人的社会主义意识要从自发到自觉，而自发的意识仅仅是自觉的萌芽阶段罢了。尽管在当代社会灌输论具有一定的机械性和强制性，但是其中包含的能动性和自觉性却是积极的。这对于共产主义道德教育也是适用的。因为，道德不仅反映着并受到政治经济关系、利益关系的制约，而且不能直接由政治经济关系、利益关系机械地决定，反而要走到经济利益关系前面去，界定利益、规约利益、引导利益到正义、美德、智慧、境界等正确轨道上去，以避免机械的、庸俗的唯物论。只有坚持自觉的、能动的道德教育，在家庭、学校、社会等领域主动地、积极地进行道德教育，全心全意为人民服务的共产主义道德才能建立起来。

2. 符合道德本身的道德教育

任何人及其任何行动，之所以具有道德价值，成为道德的人和道德的行为，就在于其动机是以道德本身为目的的，并且具有相应的道德行为效果。如此的道德动机和行为效果的统一，就是马克思主义伦理学对于功利主义道德和实用主义道德之盲目、义务论道德之先验唯心性、德性论道德之空洞性等弊端的超越，同时又吸取了功利主义道德和实用主义道德行为的客观有效性、义务论道德动机的原则性、德

[①] 列宁：《列宁全集（第六卷）》，人民出版社1986年版。

性论道德的修养目的性，使人及其动机、行为出乎道德而不是符合道德。对于道德教育而言，就是进行道德教育的目的、方法等不是单纯以利益最大化为目的，而是要以道德本身为目的，要获取应该获取的正当利益，并且要用正当手段获取利益，拥有利益之后要善于与人分享等，使道德教育成为真正道德的事业。

3. 以多元道德层次为格局，允许个人道德层次螺旋式上升，以培养纯粹的道德人为最终目的的道德教育

马克思主义道德观以人民群众的最大利益即集体利益为原则，是革命的功利主义。由于人民群众的差异性，现实经济利益关系的多样性和多层次性，在道德层次上就不可能全部都是毫不利己、专门利人的纯粹的人、道德的人、脱离了低级趣味的人、有益于人民的人。在避免自私的极端个人主义、利己主义和无政府主义的基础上，既要允许人们先人后己的礼让仁爱道德层次，也要允许人们无害于他人也无害于自己的正当道德层次，同时在正当、高尚道德层次上向无私奉献的伟大道德层次发展提升。最终目的是培育出不受具体物质利益所左右、不受阶级关系和利益关系所异化的真正道德的人，也就是纯粹的道德人。在这个过程中，具有自由的、全面的个性发展的人是所有道德教育的总目标，而真正的、纯粹的道德人则是教育的最高目标。

4. 为共产主义道德的自然长成提供充分的物质基础

建立在马克思主义伦理学基础上的道德教育不同于其他任何类型的道德教育，它的优点在于，马克思主义的道德教育不是空洞的说教，不是唯心的强制，也不是伪善的功利与效果，而是通过改变经济基础、利益关系等来建立充分的物质基础、正义的分配制度、惩恶扬善的法律制度等，为共产主义道德的产生、形成和发展保驾护航，让共产主义道德自由、充分地生成与成长。通过社会主义公有制和按劳分配原则免除异化的制度关系，为人们形成诚信、友善、敬业、奉献等美德提供制度基础，让人们不必因生存而需要伪装道德，而是因道德生活而需要生存；通过社会主义福利制度和基本保障制度，让人们免于物质匮乏的窘困，不会产生为了面包而降志辱身的极端行为；通过让人们体验充足而丰厚的物质生活而自然修养礼节、自觉觉知荣辱，不会因功利诱惑铤而走险；通过建立抑恶扬善的法律制度及敬畏生命、尊重人格的平等社会关系，使人们不会为了体面、尊严而过失伤人害人。倘若没有充分的物质基础，人们依然会面临物质匮乏和资源稀缺而重新开始争夺必需品的斗争。

建立在马克思主义伦理学基础上的道德教育不仅重视课堂上的知情意行教导和引领，更重要的是建立校内校外、学校社会相统一的生活环境、制度环境、关系环境、物质基础，从而使共产主义道德自然地长成。

总体而言，建立在马克思主义伦理学基础上的道德教育，吸取了世界上各种道德教育观的优点，是人类文明新形态下的道德教育，因此具有无限的开放性、发展性和生命力。

二 道德教育的直接理论基础分析

20世纪80至90年代，伴随着中国思想界的拨乱反正和思想解放，伴随着中国经济、政治、文化、教育、科技等领域的全面改革和开放的成功，伴随着中国德育理论学术的恢复和重建，在鲁洁、王逢贤、班华、陆有铨等德育学术前辈们对中国式现代德育理论的拓荒耕耘和辛勤教导下，中国的道德教育理论界才俊雄起，理论成果异彩纷呈。涌现出了生活德育论、情感德育论、活动德育论、德育美学观、制度德育论等具有鲜明中国特色而又扎根于世界普遍道德教育传统的道德教育理论成果。这些成果的出现，既丰富了中国道德教育理论的学术思想宝库，又对中国的道德教育实践、中小学德育课程建设、一体化德育体系构建等产生了普遍而深远的影响。至今，德育实践仍受益于这些理论成果。对这些直接的道德教育理论进行分析，可为中国式教育现代化提供道德知识资源，又可为进一步丰富和发展中国式现代道德教育理论提供新的驱动力。

（一）生活道德教育理论分析

生活道德教育理论（简称"生活德育论"）是当代中国直接道德教育理论影响较广泛且较有实践效果的道德教育理论，其优势与不足，都在德育实践和理论分析批判中展现得较为完整、清晰。

生活德育论的提出发端于人们的现实生活，理论基础来源于胡塞尔的生活世界理论。生活德育论首先由高德胜和唐汉卫提出，二人几乎同时于2005年出版自己的相关专著，高德胜的专著是《生活德育论》，唐汉卫的专著是《生活道德教育论》。其间由鲁洁提供理论支撑和论证，使得生活德育论基础完备，并且在小学德育教材编写、教学实践中形成直接的道德教育理论基础。

唐汉卫于2003年完成其博士论文《生活：道德教育的基础》，指出生活是道德的基础同时也是道德教育的基础；生活是道德教育的目的，道德教育就是要让人过上美好的道德生活或者让人的生活变得更美好；生活是道德教育的途径。概而言之，生活德育论是"以生活为本的、为了生活的、通过生活而进行的道德教育"。强调道德源于生活、服务生活，为批判脱离生活的道德教育提供了理论基础。其基本观点如下。

第五讲
道德教育的理论基础分析

（1）在道德存在观上，从知识形态道德转向生活形态道德。新德育课程认为，道德是人所选择的生活方式，生活是它存在的基本形态，"人应当如何生活？"是道德的基本提问。德育课程的根本目的是引导人们建构有道德的生活。

（2）在课程观上，从唯知识论转向生活经验论。新德育课程认为，道德学习的过程是学生们不断丰富、提升、反思他们的生活经验的过程。德育课程就其本质而言不是传授知识的课程，而是经验课程。

（3）在学习观上，从单向认知转向多向互动。新德育课程倡导在互动中进行学习，课程中的互动主要表现为：师生间、生生间的交往，学习者与教材等的对话，学习者自我经验的反思。

高德胜从2002年起就从批判"知性德育"的角度发表文章，批判当下道德教育的政治化、科学化和功利化，批判知识德育、思维德育、知化德育。他出版专著，提出生活德育论。他的生活德育论重在以生活为基础、以对道德的生活为途径和手段培养学生的道德。并且把生活德育论的思想应用在中小学尤其是小学品德教育教材的编写、教学实践中。以至于低年级学段的小学品德教材直接取名为《品德与生活》，中高年级的则为《品德与社会》，到2021年又改为《道德与法治》。即便如此，可以看出，生活德育论的确起到了直接的道德理论指导德育实践的现实作用。

生活德育论也受到一些理论分析和讨论。最为恳切的分析当属杜时忠的观点。他指出生活德育论的理论贡献和实践贡献在于"强调道德源于生活、服务生活，……为批判脱离生活的道德教育提供了理论基础"。但是，生活德育论最大的不足有两点。第一，容易导致对道德的工具主义理解，消解道德的神圣与庄严。因为"生活"和"生活世界"是很模糊的概念，可能会被庸俗的、低级的苟活于世、功利主义等生活追求所利用，甚至不择手段地运用"伪善"等追求自然善和功利善的最大化。第二，在道德本身的来源和起源上，生活德育论遗漏了两个重要的道德现象，或者说无法解释两种道德行为的产生。在生活中，有的人之所以做出道德行为，仅仅是出于同情或怜悯，比如孟子所说的恻隐之心，休谟所说的同情（情感论道德）；有的人是从信仰出发，并没有功利得失的算计，比如一些宗教信徒舍生取义的壮举（直觉主义道德）。①

应当说，生活德育论回归生活基础、回归生活世界以找寻道德产生的基础、道德教育的基础、道德教育的目的、道德教育的途径、道德教育的手段，都是正确的并且是合理的。因为一切理论都来源于生活，更何况是关于人之为人特性的道德之生成的道德教育理论。但是，仅仅看到和拥有这些是不够的。道德不但来源于人的生命活动和生活基础、生活世界，而且作为人之为人的特性引领、提升、规约人的现实生活和生活世界，是高于一般性或者日常性生活的。正因为日常生活的模糊不清、良莠不齐，才需要道德引导生活，才需要道德教育引领人性，而

---

① 杜时忠：《论德育走向》，载《教育研究》2012年2期，第60—64页；杜时忠：《生活德育论的贡献与局限》，载《教育研究与实验》2012年3期，第1—4页。

此时道德不是手段而是目的本身，是人之为人进德修业的目标和方向，是谦谦君子、仁人志士之自身修养、振民育德的目的和方向。生活德育论在扎根于日常生活和一般生活世界的基础上，又能够走出日常生活、一般生活世界，生成道德人，创造道德生活世界，那么，生活德育论才获得了其完善的目的。

（二）活动道德教育论分析

活动道德教育论由戚万学所创立。戚万学于 1994 年出版《活动道德教育论》，标志着活动道德教育论的诞生。活动道德教育论不仅在理论上建构活动道德教育模式，而且作为一种直接道德教育理论影响了后来的德育活动课程亦即整体德育课程的设计与建构模式。同时，活动道德教育论还作为一种方法论影响了道德教育理论的研究进展。

活动道德教育就是"在活动中通过活动而且为了活动的道德教育"。活动道德教育论强调：活动，即个体的自主活动不仅是道德教育的手段，而且是道德教育的目的。它提出，活动是个体道德形成、发展的根源和动力，是学生自我教育的真正基础，是实现道德之个体意义的根本途径。

活动道德教育论影响和决定了道德教育过程理论。在普通教育学教科书的德育部分，我们会看到德育过程的本质被表述为"活动是道德产生和发展的基础，活动是道德教育的基础，也是道德教育的手段和目标"。活动道德教育论还注重道德教育和学生自我教育的统一性。

活动道德教育论影响了生活德育理论的语言范式和基本观念。活动道德教育被表述为"在活动中通过活动而且为了活动的道德教育"。受此影响，生活德育论被表述为"以生活为本的、为了生活的、通过生活而进行的道德教育"。活动的日常形式就是生活，所以，生活德育论无论在理论还是实践上都受到活动道德教育论的影响。

活动道德教育论无论在理论还是实践上都对以往的道德教育理论的弊端进行了深刻的批判。活动道德教育论认为，当时主知主义道德教育的弊端在于：① 学生道德知行脱节；② 学校德育与生活脱节；③ 学校德育实效性较低。因此，为了矫正这些弊端，活动道德教育论努力通过活动来填平道德知识和道德行为、道德认知和道德实践、道德判断和道德行动之间的鸿沟，使得道德知行合一、言行一致、表里如一，学校德育对生活起到引领作用，生活对学校德育起到实践拓展作用。

（三）情感道德教育论分析

情感道德教育论由朱小蔓创立。朱小蔓于 1993 年出版《情感教育论纲》，标志着情感道德教育论的诞生。

情感道德教育论是针对现实中的德育模式注重认知、忽视情感等非智力因素的动力作用，为了提高德育实效性而建构的德育模式。其基本观点如下。

（1）道德教育若要真正成为一种抵达心灵、发育精神的教育，一定要诉诸情感。如果不诉诸情感、改善情感，就不可能变成精神发育的活动、生命内在的精神活动。

（2）情感对人的道德行为的引发和调节作用可通过以下形式实现：第一，情感使人的道德认识处于动力状态，从而在一定程度上保证道德认识和道德行为的统一；第二，情感本身构成特殊的道德认识，即以道德感觉的方式引发或调节行为；第三，由情感的状态水平所构成的稳定道德心境是人的道德行为的恒常心理背景。

（3）情感教育是一个与认知教育相对的概念。它指的是把情感作为人的发展的重要领域之一，对其施以教育的力量，使人的情感层面不断走向新质，走向新的高度。

情感道德教育论继承了伦理学历史上把情感作为道德观点生成的动力和基础的道德原理，发挥了情感主义对道德的基本观点，注重情感对于道德认知向道德行为转化的动力机制作用，甚至是直接作为道德价值取向选择的行为动力。这是它的优势所在。但是，历史上情感主义道德的缺点在情感道德教育论身上依然存在。也就是说，固然道德在一定程度上依赖于道德情感，但是情感的产生基础、道德情感的产生基础等，并不完全在于情感本身，还有引起情感本身的更深刻的根源，例如是非观念、道德认知水平，尤其是利害关系、欲望的满足与否等，都会引起情感苦乐体验等。由此情感苦乐体验来说明道德观念的起源正是情感道德教育论的主张，但是其因为忽视了道德情感产生的原因而显得表浅与不稳定。

（四）德育美学观分析

德育美学观由檀传宝所创立。檀传宝于1996年出版《德育美学观》，标志着德育美学观的诞生。

德育美学观的基本观点如下。

（1）道德教育的内容与形式如果可以处理成一幅美丽的画、一曲动听的歌，那么与这幅画、这首歌相遇的人就会在"欣赏"中自由地接纳这幅画、这首歌及其内涵。道德教育的价值引导与道德主体的自主建构两个方面就可以在"欣赏"过程中得以统一。

（2）价值引导只是真实有效的德育的条件，而非德育过程发生变革的本质。德育过程的本质是道德学习主体在教育工作者创设的特定价值情境中不断主动改造自己的品德心理图式，不断实现道德人格的提升。

德育美学观努力让德育过程成为一种"审美"过程，其实这是一种相当高的德育理想，一种最高的道德境界。所谓最高的道德境界，就是此时的道德体验，已经不必进行道德功利计算，不必进行道德推理做出道德判断，不必顾及环境等因素，而是不由自主的、下意识的、不假思索的道德行动、道德同情，是无论何种条件下都会进行的见义勇为、"过则勿惮改"，是一种自动化的道德自律。这类似于元伦理学所讲的道德直觉主义。在这种道德观念下，道德直觉就是一种道德境界。按照彼得斯在《伦理学与教育》中的说法，直觉主义最大的优势就是对道德自律的强调。德育美学观的道德表现就是一种高度自律，以至于不需要任何的道德条件，就是直达道德本身，是超功利主义的道德审美。

严格来说，德育美学观要能实现，不是简单地听着音乐、看着绘画、体验着舞蹈等进行德育，而是在自由善、正义善、目的善等充分实现基础上的高度自觉，是终极的道德目的因。

所以，德育美学观说起来很美，做起来却很难。

（五）制度德育论分析

制度德育论是由杜时忠首创，由刘超良、冯永刚等参与，共同形成的一种道德教育模式。制度德育论的基本观点如下。

（1）要解决社会道德、社会风气问题，根本的出路在于制度的完善。

（2）对于学校德育来说，不能回避制度德性。他们主张学校德育应该正视并弥补制度的缺陷，应该倡导通过道德的制度来教育人，鼓舞人，探索通过制度德性培养个人德性的学校德育新模式。

具体而言，制度德育论有三个理论来源，即历史唯物主义、新制度主义和有限的制度决定论。"制度意识"有四个要素：第一，坚持制度和道德的整体性特点，道德与制度不只是静态的行为规范或单一规则，而是由多要素、多层次、多维度、多环节所构成的复杂体系；第二，坚持从多学科的视角来理解和透视制度和道德；第三，强调制度的情境性特点，制度可以通过制度情境来影响个体品德；第四，肯定制度和道德的长期性、动态性、生成性特点，并承认制度有其内在的缺陷和不足，因此制度决定论是有限的制度决定论，并非制度决定一切。

制度之所以能够育德，有多学科的实证依据：① 人类学的研究表明，制度有自己的"心智"，制度具有思维，能够替我们做出重大决定，包括道德决定；② 政治学的研究表明，制度决定国民的思维习惯和行为习惯；③ 心理实验和人类实践表明，恶制度能使好人变坏，好制度能使坏人变好；④ 制度以制度情境为中介影响或决定个人行为。以上人类学、政治学、心理学等多学科实证研究的最新成果，以及人类长期的制度实践的实际成就，证明了制度对个人所具有的决定性影响作用。

制度德育论回答了学校教育以什么样的制度来育德、以什么样的方式来育德。前者是学校德育的制度选择，后者是学校德育的制度实践。制度德育论认为，以公正团体法把学校建成民主社区来培养学生的道德民主能力（隐性德育），以道德两难故事讨论法来提高学生的道德判断和推理能力（直接德育），以民主主义的理智方法来开展课堂教学（间接德育）。

应当说，制度德育论看到了人的主观意志、道德情感、知识认知等要素对于道德教育的优先性所在，力主用严格的制度来规约人的言行，使道德不再是个别人的个别仁爱行为，而是一种普遍的道德行动，这凸显了道德原则的普遍性和必然性的方面；同时也凸显了正义善对于自由善、义务善、仁爱等道德善边界的界定、保障、保护功能，从而通过限制、预防道德善跃出应有的边界而成为恶的可能性，来最大限度地保护善、发扬善。这是相当有见地的德育理论。

但是，制度，谁来建立？尤其是良法，谁来设计、建构？又由谁来实施？又回到了问题的起点。倘若解决了制度之建构和实施的良好机制问题，制度德育论将是较为完善的德育理论。

三 道德教育的教育理论基础构想

综上所述的道德教育理论基础，无论是间接的伦理学理论基础，还是直接的道德教育理论基础，都在不同程度上解释了道德，解释了道德教育，解释了道德教育应有的目的、目标、内容、方式、方法、评价等要素，几从理论上推进了道德教育，又从实践上推进了道德建设。但是，由于道德教育理论基础的先天不足，导致现实的道德教育有着比较明显的缺陷。

第一，在基本原理上缺乏伦理学、政治学基本原理支撑，所以学理不够深入，尤其是在道德的本质、道德的起源、道德的发生、道德的结构、道德的目的等基本问题原理上面，不仅国内的伦理学自身缺少根本性、独创性的建构，而且在对道德教育理论建构上面，也不能说清楚以上基本问题。这就导致课程教材成了技术性、工具性的东西，导致不道德甚至非道德的学校道德教育方式方法的存在。就现有的道德教育理论而言，除了生活德育论还有现象学的生活世界还原背景，制度德育论的政治学、法学等制度背景下的道德教育理论建构，其他均缺少"大哲学""大科学"的支撑，所以显得基础薄弱。

第二，在具体道德教育目标、内容、方式方法的界定和选择上，只是凸显了心理学的知情意行品德框架，并且在课堂上只能完成培养道德认知和道德判断能力的道德知识传递，并不能决定学生道德的言行一致、校内外的行为一致等道德的必然性和普遍性问题，致使道德教育效果低下。从直接道德教育理论本身来看，其是较好的道德教育模式及设想。无论是活动道德教育论，还是情感道德教育论，还是德育美学观，都是在批判道德认知主义等基础上展开的，或者凸显道德行为的活动建构，或者凸显道德情感的动力建构，或者凸显道德目的的审美建构，或者凸显道德的生活基础及其手段的综合建构，都是离不开品德结构的心理学解释——知、情、意、行。这些建构并没有突破心理学框架，以至于难以触及引起道德认知、道德情感、道德意志和道德行为的更深刻基础。虽然生活德育论看到了生活基础，但是因为生活概念太模糊、不清晰，也难以找到生成、推进道德认知、道德情感、道德意志、道德行为的更深刻的经济关系和利益根源。这就需要以马克思主义伦理学基本原理和马克思主义伦理学基础上的道德教育原则为指导，科学地建立决定心理学动因的新的道德教育理论基础。

道德教育理论基础构想，要遵循以下原则。

（1）打通教育学和伦理学、政治学的内在联系。把道德教育建立在伦理学和政治学对道德善恶、正义等德目研究的原理基础之上，使其具有深刻的学理素养，同时也让伦理学、政治学的德目要求有科学的教育原理。

（2）走出心理学对品德的知、情、意、行的线性和抽象框架设定，将德育原理按照马克思主义伦理学的基本原理重新扎根在人性、社会性的根本现实基础之上，纳入道德"质料因、动力因、形式因、目的因"框架之内，按照"自然善、功利善、义务善、自由善、正义善、目的善"六类道德善来建构新的道德教育原理。

本教材致力于人类的基本道德研究和基本道德教育，就是为青少年树立远大的共产主义理想和中国特色社会主义现实理想奠定基本道德元素，使他们无论追求什么样的思想道德、政治道德、美好生活等，都会拥有一个有基本道德素养的诚实的、完善的人性基础。

本教材该根据人的生活道德、家庭道德、学校道德等的发生、发展特点量身打造学生的基本生活德性、家庭伦理德性、学习德性等具体德目，以充分发挥学生所处具体场域的利益关系对道德的发动和影响作用，使得道德教育更接地气，扎得更深，行稳致远。

本教材对课堂教学提供"对话-反诘-引领-生成"的教学方式支撑，每一主题都分解为相对独立且循环上升的系统性问题，由一个个问题的解决生成相应的观念、概念、信念，进而影响学生的道德行为，从而生成道德素养。

思考题

1. 请对道德教育的间接理论基础进行评述。
2. 请对道德教育的直接理论基础进行评述。
3. 你觉得道德教育的理论基础如何？请发表自己的观点。
4. 根据自己的领会和理解尝试在批判现有道德教育理论基础上，提出自己的道德教育理论构想。

参考书目

1. 《教育哲学》编写组：《教育哲学》，高等教育出版社2019年版。
2. 戚万学：《活动道德教育论》，南开大学出版社1994年版。
3. 朱小蔓：《情感教育论纲》，南京出版社1993年版。
4. 檀传宝：《德育美学观（增订版）》，教育科学出版社2006年版。
5. 唐汉卫：《生活道德教育论》，教育科学出版社2005年版。
6. 高德胜：《生活德育论》，人民出版社2005年版。
7. 高德胜：《知性德育及其超越——现代德育困境研究》，教育科学出版社2003年版。
8. 杜时忠：《制度德育论》，福建教育出版社2023年版。

第六讲

道德教育原则和实务

基本问题：

1. 根据道德教育而生发出的道德教育原则是怎样的？
2. 各个年龄阶段的道德教育实务如何？

第六讲 道德教育原则和实务

道德教育的过程就是道德素养的自发或自觉生成过程，而道德素养的生成过程表现为一个有序的发展过程。所以，遵循道德教育原则，就是遵循道德发展的原理。大体来说，道德发展的原理有真实性、整体性、道德性、主体性、历史性等。这些发展原理在道德教育中主要表现为道德教育原则。

一 道德教育的基本原则

（一）坚持道德发展的真实性原则

尽管道德通常被定义为一种社会意识形态和社会行为规范，但是，任何道德规范的存在和功能，都必须通过个体的自我认同、自我选择和自我履行，以及个人的生活行为表现出来。也就是说，道德总是通过个人的道德素养而展示自身。而个人的道德素养必须在真实的生活境域中才能生成和存在，任何道德理想和目标超越于学生真实生活境域和能力范围之外都不会实现。所以，道德教育的发展性功能也必须植根于学生真实的生活境域才能够充分发挥。

传统的制约性学校道德教育基本上按照抽象的道德认知、道德情感、道德意志和道德行为的道德结构理论假设，在课堂上以晓之以理、动之以情、导之以行的模式进行，力求通过完善的课堂道德教学将社会规范有效地转化为学生自觉的道德素养。尽管学生在课堂教学中能够获得一定的道德知识、高峰道德体验和准备行动的道德意识，但是，其一旦面临复杂的现实生活境域就会把课堂上的教诲抛诸脑后。比如，一个学生在课堂上可能会学到诚实的观念，但是在家庭生活中则可能会撒谎；在课堂上可能会循规蹈矩，但在过马路时可能会闯红灯。一个德育课考100分的学生，在实际生活境域中并不一定就是有道德的人。造成道德知行脱节的原因并不是学校道德教育不应该存在，而是它所遵循的原理和做法脱离了人的道德发展的真实性规律。

道德规范并不是作为外在于人的生活境域的客观存在，只需人们照办就行了，而是伴随着人们的日常生活的一种生活方式。"发展性德育并不是从教导者的设计和控制开始，以自己权威者的身份来对所谓受教导者进行教育，而是首先从人本身起始，相信人本身就有道德发展的丰富资源。"① 而人本身就是指的人的现实的、个体的日常生活境域。有道德的生活方式是具有生活智慧的生活方式，也是人们自由、

---

① 朱小蔓：《教育的问题与挑战——思想的回应》，南京师范大学出版社2000年版。

快乐、幸福的根本源泉。人们的日常生活主要是发端于本能、欲望的需求对于需求对象构成的利益的追求和使用的生存活动。人们的利益可以分为物质利益和精神利益。物质利益就是普通意义上的利,精神利益就是普通意义上的名。对于名利的追求和使用是人生存的原始动力和具体行动。只不过在界定利益、追求利益和使用利益的过程中,必然发生各种各样的关系,如个人和他人、自然、社会以及自身的关系。在关系中,利益发生纠缠、冲突甚至争斗,这就产生了如何使利益追求和使用不至于损害他人、社会、自然和自身的要求,这就是道德产生的机制。如果一个人做到了追求和使用利益过程中对他人、社会、自然、自己本身无害甚至有利,那他就是有道德的人;如果他是以损害他人、社会、自然的方式获取和使用自己的利益,那他就是不道德的人。

　　基于此,人们的道德层次可以分为四个层次:自私、正当、高尚和伟大。自私,就是在追求利益的过程中,以自我利益为核心,不惜损害别人的利益来满足自己的利益;正当,就是在不损害别人利益的前提下获得自己的利益,享用自己的正当利益;高尚,就是先满足别人的利益,再满足自己的利益,适当转让自己的部分利益;伟大,就是在满足自己基本需要的基础上,将多余的利益无偿地捐献给社会,或者投身于人类的创造性事业当中,为人类增添新的利益而奋斗。无论何种道德境界都是基于人的真实生活境域生成的,因此是生成它的个人所必然遵循和实践的。"离开了人的生存和社会的需要,就无法理解'道德',乃至文明世界的一切。学校道德教育实践是人类实践活动。学校道德教育同样要从活动对象的特征出发,而不仅仅依靠教导者主观能动性的发挥……最有效的道德教育资源就是学生生活本身。"①

　　如果脱离人的真实生活境域进行道德教育,那么人的道德素养就会成为无源之水、无本之木,即使强制进行,除了白白浪费人力、物力、财力外,极难有具有道德智慧的人产生。如果说碰巧制约性的学校道德教育有些效果,某些个人受到了启示和改变,那也是道德教育恰好适应了其生活中产生的道德困惑和解答了其具体生活境域所提出的道德问题而已,除此之外,现有的抽象的、脱离学生真实生活境域的、制约性的道德教育只能呈现出道德实效性低下的现象,已是不争的事实。"道德教育的根本作为就是引导生活的建构,它所指向的是更有利于人之生成和发展的好生活。"② 而引导美好生活的建构除了在真实的生活境域中进行,难有其他真空地带。

　　所以,表现为教科书上、社会舆论中的道德规范,并不是人们去转化的道德对象,而是现实的人们需要在利益追求和使用的过程中生成和发展的目标。在真实的生活境域中引领人们尤其是学生生成这样的道德素养,就是道德教育的发展性使命。

---

　　① 陆有铨:《用"道德"的方法养成道德》,载《当代青年研究》2008 年第 8 期,第 1—4 页。
　　② 鲁洁:《道德教育的根本作为:引导生活的建构》,载《教育研究》2010 年第 6 期,第 3—8 页,第 29 页。

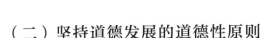

（二）坚持道德发展的道德性原则

道德发展的道德性是指必须首先确认学生发展的对象是道德，而不是非道德。道德现象和非道德现象的区别是进行道德教育的首要前提。

人的行为要成为道德行为，必须同时具备以下特征。第一，有明确自我意识指导下的行为。比如婴幼儿和精神病人的行为，虽然也能产生一定的社会效果，但是他们没有明确的自我意识，所以不具有道德意义，也就不能成为道德行为，不能用好坏、对错、善恶进行评价。第二，在自由状态下的自觉自愿的行为。如果是在诱骗、不可抗力、外在压力下做出的行为，虽然具有某种社会效果，但由于不是自觉自愿的行为，也不属于道德行为。但其可以是经济行为、政治行为、法律行为等。第三，必须主观上具有有害、无害或者是有利于他人、社会、自然、自己目的的行为。如果是主观有害的行为，就是不道德的行为；如果是主观无害或者有利的行为，就是道德的行为。同样，在客观上如果有道德的人和不道德的人都处在禁忌、约束之中，有德之人和无德之人享有同样的自由的话，也不符合道德要求，有德者必有自由，无德者必受约束和强制。以上三点必须同时具备，方能是道德行为，缺少任何一个条件，都不是道德行为。

比如，明星捐款如果是为了获取好名声、政治资本，就不是道德行为。官员赈灾如果是为了求名、升迁，也不是尽职尽责的道德行为。某些商人基于社会舆论的压力而不得不让利于民、改进产品质量，也不是道德行为。学生为了获得德育加分而学雷锋、做好事，也不是道德行为。某人害怕受到惩罚和谴责而被迫捐款捐物，也不是道德行为。

根据以上标准，可以看出，一个正常人的道德教育应该始于3岁左右，因为在这个时期儿童开始有了自我意识，开始在自我意识指挥下对自己的行为进行调节，同时展开与父母、环境及其他小朋友的利益获取和使用的活动。在此时，引领儿童在利益的获取和使用需求、具体方式的合理性、效果体验之间建立联系，就能很好地发展儿童的道德素养。

发展学生道德的内容、途径、方式、方法必须是合乎道德的，而不是非道德的。任何道德行为的道德意义必须是具有自我意识和自由意志的人，主观上对于有害和无害及其以上的有利于他人、社会、自然、自己目的的自由行为选择。履行道德义务需要自觉自愿，但是履行完道德义务之后必须享有相应的道德权利。这里的道德权利不是某种利益，而是选择自己生活方式的权利和自由。因为道德责任而自由，因为自由人才会快乐和幸福。

比如，"道德"的倡导者或教导者，往往会把"道德"同"付出""奉献""牺牲"联系起来，甚至还会把后者误解为前者的条件或前提。在学校道德教育的活动中，常常会出现倡导"牺牲的道德"或"为道德而牺牲"的情况。受教导者，往往会产生对道德的消极情绪，似乎道德就是某种外在的约束或规范。与此同时，教导者为了使这些约束或规范有效，往往会辅之以奖励或惩罚。在这种情况下，即使受教导者接受了它，其行为充其量也只是为道德而道德。道德成了学生生活以外的外力附加的东西，有效性从根本上被动摇，因为学生所发出的行为并不是为了道德目的本身，而是那些奖励和惩罚的刺激物。当然，教导者可以应用一些物质刺激和精神刺激手段引领学生道德行为，但是必须使学生的道德体验朝向道德目的本身，而不是那些刺激物。到适当的时候，刺激物就会消失，而让学生注目于道德目的本身。

再如，我国习惯上把德育的内容包括政治教育、思想教育、心理教育、法制教育、道德教育；总体上是以政治意识形态的标准来界定道德教科书和道德教育标准，并且通过书面考试的方式让学生获得道德评价。道德教育要求"让学校德育真正成为道德的事业"，要求学校德育的内容选择应该以道德为核心价值和基本尺度；学校德育的方式方法应该合乎道德标准，不能是非道德甚至反道德的灌输与压制；学校德育所追求的应该是一种道德境界，即达到信念（自觉和自愿）境界。[①]

马克思说过，个人怎样表现自己的生活，他们自己就是怎样的。个人如果能够在道德的生活中以道德的方式来表现自己，那么他们就会成为有道德的人；反之，如果处在非道德生活中以非道德的方式表现自己，那么他们就会成为非道德的人。

（三）坚持道德发展的主体性原则

道德发展的主体性就是学生自身道德发展的自觉性、主动性和创造性。道德发展的主体性既是道德教育的目标追求，又是道德教育的凭借和依靠。坚持道德发展的主体性原则就是善于发现、利用、引导学生的主体性活动中的有利、积极的方面并使其稳固、成长、壮大。

人类个体从 3 岁左右开始具有自我意识，这样就使原先完全为本我所控制的行为具有一定的自觉性和主动性，幼儿可以凭借这种自觉性和主动性去认识自己的行为结果和环境（由父母、成人、同龄人、自然、人文等构成）反应之间的联系，并在这种联系下产生体验，进而成自己的社会性观念。如果孩子在任性和愿望实现之间建立了联系，获得了快乐体验，那么以后孩子就会继续通过任性迫使成人或环境屈服从而满足自己的愿望；如果孩子在任性和愿望之间的联系带来不愉快体验，反而是听话带来欲望的满足，孩子以后就不会再选择通过任性来满足自己愿望的社会观念。同样，如果儿童在利他的行为活动中获得愉快的情感体验，那么以后就会倾

[①] 杜时忠：《让学校德育成为真正道德的事业》，载《现代教育论丛》1992 年第 2 期，第 6—9 页。

向于利他行为；如果儿童的利他行为受到成人的呵斥产生不愉快体验，那么以后就会倾向于利己行为的选择。道德教育就是要充分发现、挖掘、使用学生的天然的主体性道德选择，尽管是那么初级、弱小甚至不值一提，但是，往往这个时候不经意间的一个肯定、一个支持、一个微笑、一句好话，都会使孩子在空洞的自我意识里面建立一个无害的、利他的道德观念，更何况更加自觉地去发现、挖掘、因势利导。经过无数次强化和积累，无论是亲社会、利他的道德主体，还是利己、反社会的道德主体，都可以积渐而成。所以，人的道德主体性既不是天生就完善的，也不是完全从外部塑造和训练的结果，而是个人在本我的基础上，经由自我意识的自觉检验和选择，超越自己的本我而构造的超我结构，是主体和客体相互作用的必然结果。无论是善的主体性还是恶的主体性，都是如此。

教导者和社会总希望儿童具有良好的主体性，也就是在利他、亲社会行为方面的自觉性、主动性和创造性选择。在具体的道德教育中采取从外部灌输和塑造的方法，这其实是一种反学生主体性的所谓"主体性发展德育"。而真正的主体性发展是凭借学生自身的主体性在老师和环境的帮助下经过自我选择而不断成长壮大的。

请看来自常熟市报慈幼儿园黄燕老师的教育叙事：

> 我每天都面对一双双明亮的眼睛，我试图透过这些眼睛看到一个个不同的世界，我努力地读懂他们的语言。请看——孩子的目光。那天，我和孩子们开展语言活动《猜猜我有多爱你》，孩子们都在把对爸爸妈妈的爱用语言、用动作表现出来，一双双小手高高举起，在其中我看到了这样的目光——流露出也想说的神情，始终注视着我，仿佛在说："我也爱妈妈，让我也说说好吗？"是小辰辰，这个平时调皮捣蛋的小家伙，一副严肃的表情。我轻轻地摸了一下他的头，那一刻，我看到了他的微笑的眼睛，多么快乐，多么骄傲。
>
> 苏霍姆林斯基说过："教育人就是教育他对未来的希望。"而我们给孩子希望的一个最重要的方式就是不断地夸他们，找出孩子身上的优点，多多鼓励他们——好孩子是夸出来。凡凡是我们班出了名的"调皮大王"，经常在班上制造一些麻烦。这不，我刚迈进教室，孩子们便接二连三地说凡凡的种种不是。这个说凡凡刚才抢他的玩具，那个说凡凡刚才打他。再瞧瞧，凡凡正满不在乎地冲着大伙嚷嚷。我让大家安静下来后说："老师和小朋友一样讨厌凡凡身上的缺点，我想凡凡也应该知道自己错了，大家能不能想想他有没有什么优点呢？"一阵沉寂过后，大家争先恐后地说起凡凡的优点来。"他经常帮老师搬桌子。""他会帮阿姨整理玩具。""他睡觉总是很早睡着。"……总之，微小的细节都让孩子们给发现了。最后，我当着全班小朋友的面对凡凡说："老师希望凡凡身上的优点越来越多，缺点越来越少。凡凡，你说好吗？"凡凡低着头说："好！"一阵热烈的掌声顿时回荡在教室里。老师和家长都应善于发现孩子的优点，让孩子在自信中成长。面

对"坏"孩子，更需要竭力去找他们的闪光点，哪怕是沙里淘金，哪怕是微不足道，都需要出自真心地去赞扬、鼓励和引导。

（黄燕．走进我的教育理念［EB/OL］．http：//blog.jscsedu.com/xjy/index.php？op＝Default＆blogId＝66＆page＝16.）

从这里可以看出，在学生的日常生活、学习活动里，时刻充满各种真善美的行为和情感体验，只不过需要的是父母和教师敏锐的、能够捕捉和发现这些闪光的行为和情感体验的眼睛而已。

（四）坚持道德发展的整体性原则

学生道德发展的整体性是指作为内部的品德的各个要素之间是一个统一的整体，并不是孤立存在的，是心理要素和引起心理反应的要素及理性和非理性的统一整体；作为外部影响的环境是一个统一的整体，是家庭、学校、社会的统一体，主体和客体的统一整体。如果片面地把整体分割开来进行道德教育，那就破坏了整体性原则，从而在内部使学生品性畸形和片面发展，导致知行不一、理论和实践脱节的局面；在外部则使学校与社会、课堂与生活、主观与客观脱节，以至于不能形成合力，导致教育资源的较大浪费。坚持道德发展的整体性原则，就是要把学生自身放在道德发展的首位，引领其在具体的、感性的、真实的生活境域中通过完整的道德行为过程和结果体验来不断完善自己的道德生活。

坚持道德发展的整体性原则就是坚持学生道德主体性里面的责任感的培养和生成。传统的德育是把人的道德整体分裂开来，分别培养道德认识、道德情感、道德意志、道德信念、道德行为，其中所谓的道德行为，仅仅是话语上的道德行为和试卷上的道德行为，根本缺乏在学生真实的生活境域中凭借学生自身的真实道德实践的体验同时提升道德观念、完善道德行为、坚定道德信念的道德引领。这样的结果是把学生的道德观念悬在真空里，忽视学生整体道德发展的真实道德实践。另外，在外部环境上只重视课堂和学校的道德引领，忽视整个社会、家庭的道德建设责任，致使真实的道德行为和学习到的道德观念发生严重脱节和冲突，最终导致道德教育失败。而真正能够把人的内在品德与外在环境、主体与客体、理性与非理性、知情意行统一起来的是人的道德责任。道德责任是把外在的社会道德规范构成的道德义务认同为自己应该做到的内心信念，并通过自由选择自觉在现实中履行自己的道德责任；在具有道德责任的同时还具有良心，如果履行了道德责任，那么良心就会审视结果给予肯定和宽慰的自足感；如果没有履行道德责任或者履行得不好，良心就会审视结果并给予否定、谴责，从而产生良心的不安。所以，一个把道德规范自我责任化的人是一个有着成熟的道德信念的人，在道德责任的制导下，他的行为是合乎道德的行为，他的生活充满道德智慧，由于良心的自足和安适，他会感到自己是幸福快乐的人。

道德教育的支柱是道德感的形成，道德感的核心是责任感。① 责任感是在一定情境下做什么和不做什么的内心感受，是应该如何行为的压力感受。它是基于对他人或公共需要的感受而产生的对于个人责任和义务的认同，这种压力感受是积极的责任感，有别于东西方道德教育中消极的"羞耻感""耻辱感""犯罪感"，其基础是个人对自我及他人和群体的认识和理解，其形成与发展以个人的需要、利益为前提。

道德行为是自足的。② 道德出于人的自觉、自愿。所谓"自足"，它的发生和维持不需外在的控制力量（奖励或惩罚），它就是它发生和维持的力量，它就是它的理由，它就是它的强化物。把控制作为实现道德教育"有效性"的手段，可能会适得其反。只有出于个人意志、符合个人的意愿和行为的才是道德的。道德教育中对于功能作用等控制措施要极其谨慎，道德不需外在力量，符合自己意愿所想的才是道德。无论是道德行为奖励或者惩罚，都不是道德教育手段。尤其是奖励，它作为人为的强化物，往往在学校的道德教育活动中能被巧妙地加以使用，并被认为是一种有效的方法，而忽略了它对于道德的销蚀作用。不慎用奖励，不但不能使学生有道德，还可能会助长不道德，因为它可能演变为"需要"，或成为某种交换物。为了得到老师的表扬，或为了表现自己不落后，小学生在捡不到钱的情况下，拿出自己的钱作为捡到的失物交给老师或警察；做了一件好事，唯恐别人不知道，采用种种"巧妙"的手段扩大其影响，恐怕并不是"孤证"。做权力的奴隶、做金钱的奴隶是不好的，同样，做外在赋予的荣誉的奴隶也没什么可称道的。

所谓道德的自足感，究其根本就是道德责任的实现和道德良心的满足感。一个具有道德责任的人会拥有主观上健全的道德认知、道德情感、道德意志及客观上的道德行为，并通过健全的道德行为建构道德生活，从而享受道德自由带来的幸福和快乐。所以，学生的道德智慧、道德生活和道德体验是密不可分的一个整体，其中的核心要素就是道德责任。一个具有道德责任的人就是拥有道德智慧的人。虽然从眼前和局部来看，履行道德责任可能会吃些"亏"，但是从长远和全局来看，一个履行道德责任的人不仅自己是人格完善的自足之人，而且因为能够无害、有利于他人、社会、环境而拥有更多的人的肯定和赞赏，从而能够为社会所悦纳。而那些没有道德责任或者不履行道德责任的人，虽然暂时在眼前满足局部利益，但是因为其自私和有害于他人、社会、自然，最终将会为社会所抛弃。

（五）学生道德发展的历史性原则

发展性德育主张人的道德发展是一个动态的历史过程，坚持人的道德素养的历

---

① 陆有铨：《用"道德"的方法养成道德》，载《当代青年研究》2008年第8期，第1—4页。

② 陆有铨：《用"道德"的方法养成道德》，载《当代青年研究》2008年第8期，第1—4页。

史生成性,是在个人的和社会道德生活历史效果下的新的道德生活方式的生成和建构。因此,学生的道德发展既不是孟子、柏拉图、卢梭式的扩充和内展,也不是荀子、洛克式的外铄和塑造,而是基于人的真实的生活境域的道德素养的生成过程。所以,学生道德发展的历史性原则首先就是道德素养的生成性原则。所谓道德素养的生成性,就是学生基于已有的自我意识、利益追求和道德体验,在新的生活境域中进行利益追求、道德体验和自我意识评判而生成新的道德智慧的过程。

例如,某人对一名儿童进行了个体发生学研究,发现了好多有趣的故事。他的研究说明人们过去对德育的一些认识是有问题的。3岁的小朋友一进幼儿园就被规定要遵守30条规则,小朋友十分紧张和恐惧。请问这是对他们进行德育还是反德育?对3岁的小朋友提出要培养道德责任感,这种成人世界的标准到底适不适合儿童?这种过早、过高的道德要求,到底是德育还是反德育?这是值得思考的。不宜把成人世界的标准强加在有差异的儿童身上。①

以上例子说明,第一,儿童或学生的道德素养并不是机械地接受成人世界业已形成的、完善的道德规范和道德规则,反之,这些道德规范和道德规则有待儿童或学生经过无数次生活实践而逐步接受、消化和吸收。作为道德素养起点的绝不是成人世界已有的道德规范和道德规则,而是儿童和学生现实的道德生活。第二,在儿童道德素养生成过程中,儿童的道德智慧呈现出明显的阶段性和顺序性。弗洛伊德精神分析说认为,人的性心理发展具有口唇器、肛门期、生殖器期、潜伏期和生殖期五个阶段。皮亚杰认为人的道德发展呈现为他律约束和智力原则水平两个阶段,而作为其认知基础的人的认知发展水平则表现为动作感知阶段、前运演阶段、具体运演阶段和形式运演阶段。科尔伯格将人的道德认知发展阶段分为前习俗水平、习俗水平和原则水平,每种水平下又包括两个阶段。这些阶段相对独立,不能相互替代;同时,这些阶段呈现为从低到高、从简单到复杂的发展顺序,不能前后倒置。所以,道德发展的历史性原则就是学生道德发展的生成性、阶段性和顺序性原则。遵循道德发展的历史性原则,就是坚持道德教育的发展性原则。

总体来看,要完成道德教育的发展性使命,就必须遵循真实性原则、整体性原则、主体性原则、道德性原则、历史性原则,把学生的道德发展置于其真实的生活境域里面,按照学生具体的生活过程和生命发展阶段完成各个阶段应有的、能够完成的道德发展任务,从而最终生成具有完善的道德智慧、美好的道德生活及享受自由、快乐、幸福人生的健全的人。由于从制约性道德教育向发展性道德教育的转化刚刚开始,发展性道德教育的操作大多还停留在理念规划和设想阶段,所以本教材的探讨只能在领会、理解现有发展性道德教育理论的基础上,综合大量家庭、学校、社会、个体的道德教育成功经验,把道德教育发展性使命的实施划分为五个阶段:幼儿道德教育的发展性使命、小学道德教育的发展性使命、中学道德教育的发展性

---

① 朱小蔓:《教育的问题与挑战——思想的回应》,南京师范大学出版社2000年版。

使命、大学道德教育的发展性使命和成人道德教育的发展性使命。每个阶段的发展性使命都以道德责任为核心，横向展开为道德智慧生成、道德生活建构和道德享受3个维度，前后相续，逐步提升和丰富，最终成就成熟的道德素养。

人的道德素养的生成是由一个个完整的道德行为构成的，每个道德行为都是一个完整的道德判断、道德选择、道德体验的整体。应该说，3周的时间可以生成一个道德行为，3月的时间会生成一种道德习惯，3年的时间则会形成一个人的道德性格。这主要是对于3~6岁的儿童而言的，12岁之前的儿童大体可以适用。对于儿童的整个生活世界而言，成人社会的道德规范构成儿童道德生活视域的前见，但是，儿童对成人道德生活视域的前见的领会取决于自己的全部生活经验和道德生活视域，所以，相对于成人道德生活视域而言，儿童的道德生活视域是理解、领会、选择成人道德生活视域的前见。儿童在自己的道德生活视域下对成人道德生活视域进行理解、领会和选择，发生视域融合，同时在道德行动中结合自己的道德体验生成自己新的道德生活视域。也就是说，儿童的道德素养既不是对成人道德生活规范的简单复制和机械接受，更不是儿童自我放纵、放任不管的结果，而是自己原有的道德生活视域和具体道德生活行动中提供的视域的融合过程，是一个循序渐进的理解、领会、生成的过程。每一个教导者必须充分理解自己的道德生活视域，同时也要充分理解和尊重儿童的道德生活视域，根据儿童道德生活视域的生成规律引领儿童道德的生成和发展。

二、道德教育实务

（一）幼儿教育的道德发展任务

根据道德发展的道德性原则，幼儿的道德教育始于自我的意识形成时间。每个幼儿自我意识的生成时间有所差异，整体上在3岁左右。此时，因为幼儿具有了自我选择的意识和对自我的行为进行反思的意识，父母和幼儿园教师都要重视幼儿这个阶段的道德发展。

皮亚杰把这个阶段称为幼儿的自我中心阶段，只是就儿童的认知特点而言的。但是，从儿童的道德素养的发展来看，恰恰儿童关注自我中心，使其在与父母构成的环境打交道的过程中，能把环境提供的反应、刺激产生的体验纳入自我意识当中予以考虑，并且在考虑中生成自己前所未有的生活视域、生活观念和理解视域。由于是开端，这个时候所形成的视域具有先入为主的功效，对人以后的选择起到一种借鉴作用。因此，古今中外的哲学家和教育家都非常重视幼儿阶段的教育。孔子云："弟子入则孝，出则弟，谨而信，泛爱众而亲仁。行有余力，则以学文。"讲的就是年少者的道德教育要早于和优先于一切文化知识教育，此时的道德教育事半功倍，并且决定人的一生。柏拉图认为，开端最重要，特别是当你培育幼小娇嫩的东西时更是如此。这正是形成性格的时期，并且很容易被打上任何人所希望打的烙印。因此，一个人开始所受的教育方向将决定其未来的生活。① 平时人们常说"性格决定命运"，讲的就是人的道德素养的生成决定一个人的性格和一生的基础。

根据前面所讲的植根于学生真实的生活境域的德育原则，幼儿阶段的幼儿真实的生活境域包括：自己的生活空间，由床、被褥、衣服、吃饭、穿衣、如厕、洗漱等具体事物和行为构成的生活事件；自己的父母和爷爷奶奶、姥姥姥爷；幼儿园的同龄小朋友和幼儿教师；能够接触到的自然环境，等等。所以，幼儿真实的生活境域就是由自己的生活空间、家庭生活空间和幼儿园生活空间构成的，幼儿在凭借自己的本能需要和欲望需要在自我意识下和这些生活空间发生的联系就成为其道德发生的源泉。

一般幼儿在这一阶段的道德发展主要集中在自己对生活空间的责任、能力和相应的情感体验方面，所以这一阶段的道德发展任务就是自我生活责任、自主生活方法和自主生活体验的生成过程。

在3岁左右，幼儿开始具有自我意识支配下的自由意志，在自我意识和自由意志支配下，这个时候幼儿开始对大人的话语和指示有明显的"反抗"。此时，幼儿是完全以自我为中心的。但是，由于幼儿对于具体的生活事务还没有更多涉及，因此，其自我中心基本是空洞的。此时，引导幼儿开始具有自己的生活责任观念、自主完成一些力所能及的生活事务，有助于让幼儿养成以自我责任观念、自主生活方法为核心的良好性格。但是，如果父母放弃自己的引导责任，则容易让孩子的自我意识、自由意志向着任性、执拗、自私等不良性格发展。此时，幼儿园的职责就是与家庭一起在日常生活中培养幼儿的良好性格，矫正其不良性格。

无论孩子承担什么事情，只要是应该做的一切力所能及的事情，都必须按时保质保量完成。不为奖励，不为躲避惩罚，视"自己的事情必须自己做"为自我责任，孩子因为独立完成自己的事情而感到自豪，因为完不成而感到羞愧，进而再去做完。同时，在做事的过程中，要让孩子学会自己寻找方法，学会思考，也就是用自主的方法去解决问题。对于解决好的，予以鼓励；对于解决不好的，予以引导或启发，但不能直接给予孩子方法或轻易否定或越俎代庖，这是家长、教师容易犯错误的地方。在孩子幼小的心灵中必须建构起自我责任、自主方法的观念，而不能形成其他如依赖、寻客观原因推卸责任的观念。

自我责任、自主方法是一个人做好包括后来的文化学习以及其他人生事业在内的任何事情的原动力。一旦一个人有了很强的自我责任和自主方法，他无论接触到什么事情，只要是力所能及的，都会视为自己应该做的并且努力去做好；无论在学

---

① 柏拉图：《柏拉图全集（第二卷）》，王晓朝译，人民出版社2003年版。

校、社会中接触到什么品德的、知识的、技能的、情感的、个性的要求，只要进入儿童的自我责任系统，他都会认真对待，严谨、细致地要求自己；即使做事情所需要的严谨、细致、认真等非智力因素，只要孩子认识到了，他的自我责任系统也会要求他去努力养成，因为这是一种责任。一个人具备了这样的性格核心，则可以说其所受的教育比较成功。老师教着这样的学生可以说是一种享受而不是负担，家长培养出这样的孩子可以说是功德无量。正如子夏所说："弟子事父母能竭其力，事君能致其身，与朋友交言而有信。虽曰未学，吾必谓之学矣。"所以，培养以自我责任、自主方法为核心的性格是教育的核心，是减轻中小学教师负担的最佳方法。

具体而言，幼儿阶段应该生成的道德智慧、道德生活和道德体验主要体现在以下几个方面。

1. 明确自己的生活责任，通过自主生活能力，朝向事情本身

1）自己的事情自己做

案例1：上幼儿园是自己的事情

（以下案例大都是笔者根据自身道德教育体验所写，有的是根据看到的别人的经验综合而成。）

　　第一次上幼儿园，儿子割舍不了对家庭的依恋，哇哇大哭。打又打不得，凶又凶不得。只好慢慢做工作。有的孩子被父母关在家里痛打了一顿，乖乖地去了。但是给孩子留下了恐惧的阴影。我们是教导者，不能打孩子，只能做说服工作。问儿子："爸爸妈妈每天都做什么？"儿子回答："上班赚钱。"问："上班赚钱干什么？"答："给宝宝买好东西。"问："如果爸爸妈妈不上班在家里看宝宝，还能不能赚钱呢？"答："不能。"问："没有钱会怎么样呢？还能不能给宝宝买好东西呢？"答："不能。"问："那该怎么办呢？"答："上幼儿园。"表扬："好儿子，你上幼儿园，自己的事情自己做；爸爸妈妈去上班，也是自己的事情自己做。不过爸爸妈妈赚好多好多钱，给宝宝买好东西。"

其实，幼儿并不是一开始就能真正从道理上明白自己的事情是什么，只是在考虑行为后果的时候才接触到事情本身，所以，父母和幼儿教师的教育也要辅之以孩子喜欢的有形物来让幼儿通过有形物媒介建立事情本身和道德责任之间的联系，逐步引领孩子形成关于自己事情责任的道德观念。

案例2：自己的事情自己做

　　从幼儿园接儿子回来，儿子边走边唱："爸爸妈妈去上班，我上幼儿

园。爸爸妈妈回到家，倒上一杯茶！"上楼，爸爸说："儿子，我背着你吧。""不用，我长大了。自己的事情自己做。"儿子倔强地说。爸爸赶紧说："儿子真的长大了，真棒！"晚上吃完晚饭，"小伙子"把碗拿到厨房里竟迟迟不出来，爸爸在外面喊道："儿子，你在做什么？""我在洗碗。老师说了，要自己的事情自己做。"爸爸妈妈一看，可不是，把衣袖都搞湿了。尽管如此，赶紧表扬为是。

幼儿明确了自己的责任和父母责任的区别，能够力所能及地自觉做好自己的事情，就是对父母最大的孝顺了，父母并不希望孩子小小年纪能做许多事情来表现孝顺。

2）不合理的事情不能做

幼儿阶段很容易受到环境的诱惑，而环境的诱惑莫过于好玩的、好吃的。所以，父母和幼儿教师要明白其中的道理，适当引导和阻止。

案例3：不能满足

从幼儿园接出儿子来，见园门口有很多小朋友在地摊边买东西。儿子见了也想要，要好吃的。爸爸说："家里还有呢！回家吃完了再买。"儿子不同意，大哭。爸爸用自行车推着他。在车子上，仍然大哭不止。路人见了为之侧目。爸爸疼在心里，但嘴上说："先回家吃完家里的，爸爸再给你买新的。要不，什么也别想得到。"儿子过了一会不哭了。回到了家里，拿出好吃的在吃。第二天，还是从幼儿园出来，爸爸问："今天还要东西不？"儿子摇摇头。

2. 说话算数，自主承担责任

幼儿在力所能及的范围之内，除了要做好已经安排好的事情之外，还要主动承担责任，并且遵守自己的诺言，完成责任。在这方面父母要多给予机会和引导，同时也要自己说话算数，以身作则。

案例4：关门

阳台的门开着，天刮起了风，有点冷。儿子正在看电视。爸爸说："儿子，去把门关上好吗？"儿子说："门不是我开的，我不关。"爸爸有点惊讶，儿子可以"讲理"了。但是，不能让他讲歪理。于是，爸爸又说："那好。电视不是你买的，那你别看了；衣服不是你买的，也别穿了；沙发不是你买的，别坐了。"说了这些话后，儿子的态度有所松动。爸爸一看，有辙！就说："好，爸爸也不关电视了。看儿子能不能主动去关门。"爸爸闭上眼开始数数，1，2，3，4，5，6，7，8，9……10还没出口，儿子就去关门了。

案例5：看电视拉钩

"儿子，到点了，该睡觉了。"4岁的儿子在看电视，爸爸这样催促。但是他不肯。爸爸想了一想，问道："儿子，还看几分钟？""5分钟"。儿子连头也没抬回答道。"你可要说话算数。""嗯""到了点不算数怎么办呢？""不知道。"那咱俩拉钩。"好！"父子俩伸出小指，钩到一块。"拉钩上吊，一百年不变。"到了5分钟了，爸爸跟儿子说："好了，5分钟够了，该休息了。"儿子还是不同意。"我们拉钩了，说话应算数。""讨厌！"儿子说了一声，起身去关电视了。

案例6：拿碗

吃完晚饭，爸爸起身就走。没想到儿子在身后喊道："爸爸，你看你也不把碗放到厨房里去。你就走。"我猛打一个愣怔："小孩子监督起我来了。"原来在幼儿园里，老师教小孩子们自己的事情自己做，要把自己的饭碗收拾起来放到厨房里。这次我也得"自己的事情自己做"，于是，我赶紧把碗拿到厨房里去。儿子在旁边乐了。

3. 兄弟友爱

如今的孩子是独生子女，缺少伙伴，非常孤单，更不谈不上兄弟友爱观念和感情的生成。家庭在这个方面要创造条件，让孩子多和表兄弟、叔伯兄弟、小朋友一起玩耍、生活，以生成友爱之情。

案例7：哥哥、弟弟

为了对家族尽点义务，爸爸把孩子他大伯家的大侄子接过来在城里上学。在长期的生活中，儿子和他哥哥建立了深厚的感情，形成了怎样当哥哥和怎样当弟弟的观念。二人互相帮助、互相依赖、互相礼让，有东西彼此都会给对方留一点。有一次，在楼下玩，儿子想摸一摸一个1岁多的小女孩的脸，不小心被小女孩长长的指甲刮了一下，儿子捂着脸连说："你看你，都把我的脸刮破了。"事后，爸爸妈妈问他："你为什么不再去抓小姑娘的脸呢？"儿子说："她小，我大，我怎么会抓她？"还有一次，邻居家的一个上四年级的大孩子来家里玩，见到玩具就抢，别人正在玩也抢。儿子急了，上去就说："你看你还比我们两个大呢，也不当大哥哥让着我们。"

4. 道德体验，良心评判机制

幼儿的道德生活是一个完整的整体，除了前面所说的自我生活责任、自主生活方法的生成外，幼儿还有建立在这些生活之上的道德体验。通过道德体验，幼儿具有自己的内心评判机制，也就是良心。良心是平时和父母在对话、交流、生活中的一种通过将心比心、体谅、珍惜、对得起别人的移情方式形成的自我体验和评判机制，更多地生成于能够有所自觉引导和密切交流的家庭之间。

案例 8：我得好好学

> 爸爸花 4000 多块钱给 5 岁的儿子买了阶梯英语的学习资料，并且参加学习班。每周爸爸亲自接送，并时常和孩子交流："看看爸爸也不容易啊！"儿子看在眼里体会在心。有一次和邻居家的孩子在她家里玩，邻居阿姨问儿子："你爸爸给你报的英语班学得怎么样？"儿子回答："我爸爸给我花了那么多钱，我得好好学啊！"爸爸听了很受感动。但是后来，因为自己是代替儿子做的选择，有些超越儿子的实际能力和需求，所以，也就放弃了。儿子的自我良心机制却由此沉积了下来。

当一个幼儿能够具有自我生活的责任、自主生活的方法，就能很好地处理和父母、家庭、自己生活事务、幼儿教师、小朋友、自己其他家人的关系，就会拥有自己这个阶段完整的道德责任，构成道德智慧、道德生活，基于此就会产生自己的道德体验，享受道德生活的快乐和幸福。

（二）小学道德教育的发展性使命

在小学阶段，儿童的年龄在 7～12 岁，这个阶段孩子的思维是具体符号思维，即离不开具体事物的符号运演。皮亚杰称之为具体运演阶段。在这一阶段，根据弗洛伊德的理论，儿童的情感、性心理处于潜伏期，机械记忆力处于高峰期，正是学生集中精力学习阅读、计算、说话等科学文化工具和简单知识的阶段。所以，在这一阶段，孩子的任务集中在文化学习上。儿童此时的生活境域主要还是集中在家庭生活上，除此之外还增添了正规的学校生活、班级生活、班级学习地位、同学社会地位等差异性的人格存在。所以，在幼儿自我生活责任、自主生活方法、自享成功快乐的道德生活基础上，迁移并生成自我学习责任、自主学习方法、自享学习快乐的道德生活方式，并在此基础上正确处理和老师、同学、班级、学校、自然之间的关系。只要学生生成了自我学习责任和自主学习方法，就会把主要任务完成，而相应附带的对班级、对学校、对教师、对同学的力所能及的任务也会很好地完成。只要如此,就是很好地热爱祖国、热爱人民、热爱科学、热爱社会主义、热爱集体、热爱老师、热爱同学的表现了。除此之外,不是道德所能及的了。

1. 自我学习责任,自主学习方法

学习科学文化工具和知识是孩子在小学阶段的主要任务,把这个任务视为自己的责任而去努力完成,是孩子必须生成的一种道德观念。如果儿童不能很好地履行自己的学习责任,就会给家庭造成很大浪费、给父母和老师添加很大负担,同时也直接浪费社会提供的各种学习资源。如果一个孩子很好地完成了幼儿阶段的道德生成任务,就会很自然地把已有的自我生活责任和自主生活方法迁移到文化知识的学习当中来,把文化学习看作是自己正常生活的一部分,是自己的责任,既不是为父母学习,也不是为国家、社会学习,而是自己必须完成的责任,完不成学习责任要受到自己良心的谴责。现在很多父母把孩子的学习成绩视为自己的脸面,认为孩子学好了是自己的荣耀,对孩子大加物质奖励;学不好则大加批评乃至惩罚,让孩子无所适从。无形中,让孩子的意识转移到学习不是自己的责任,是爸爸妈妈的责任,同时学习好坏与自己无关,只与物质的奖励和惩罚有关。由此,学习责任的缺失使孩子不能把注意力、兴趣集中在学习本身上,而是集中在与学习基本无关的一些"副产品"上。久而久之,就失去了对学习的原动力,也就不能集中自己的能力和智慧来解决学习问题,形成对大人的依赖心理。

案例 9:不买奖品

儿子考试成绩很好,他妈妈一激动跟儿子说,要买好东西奖励一下。爸爸听了,坚决反对,说:"爸爸整天上班,工作很好,谁给奖励了?你妈工作很好,照顾家很好,谁给奖励了?"儿子说:"没有。"爸爸说:"对呀,其实爸爸妈妈工作是应该的,照顾你也是应该的,爸爸妈妈不求有什么奖励,只求你自己快乐健康就好。"儿子听了,默然不语。他妈妈也只得作罢。爸爸又说:"买礼物可以,但不是对应该做的事情搞奖励,而是在合适的时机,比如说生日啊,等等。"儿子听了赞同,他妈妈也赞同。

一个拥有自我学习责任和自主学习方法的孩子只要尽了自己应有的努力,学习成绩就不会差到哪里去。如果父母不受虚荣心的影响,不要孩子考多少名次和多高的分数来满足自己,那么就让孩子做好自己,成为自主决定下的自由的、最好的自己就好了。在学习上不要有什么额外辅导、陪读等措施。让孩子形成自我学习责任、自主学习方法的能力和良心机制,体验和欣赏自己学习成功的快乐和学习失败的苦恼,进而通过自己的努力赶上去。

案例 10:偶尔看孩子语文、数学作业后的对话

爸爸妈妈对孩子的学习基本没有做任何辅导,只是偶尔看一下作业和

课本，跟孩子聊几句。晚上看电视节目《同一首歌》，当看到韩国几位歌星唱的《小人物》时，儿子发表评论："唱了那么多歌，就是这一首还有点意义。"看完电视，孩子在做作业，爸爸偶尔看一眼作业训练，发现有一篇阅读题目是就"一座普通石桥"发表感言，写读后感。看了儿子的作业，爸爸深有感触。第二天送孩子上学的路上，爸爸问道："你昨晚做的一个作业和你听歌曲时发表的感慨还有点相似之处呢！是哪一个作业呢？"儿子想了想，回答道"是那篇关于桥的作业。""都讲了什么道理？"儿子答道："作为普通的桥和作为普通人，虽说都是不起眼的小人物，很平凡，但是只要履行好自己的职责就是不平凡的事了。"爸爸深表赞同。偶尔看孩子的数学训练，有一道题是初中生才做的题目，儿子做不出来，爸爸当即决定："不要做了。回去跟你们老师说，这道题超出了学习能力范围。"儿子照办了。

2. 热爱集体，尊敬老师，同学友谊

自觉引领孩子在班级里确立自己较要好的朋友，在学习、生活上互相关心、互相帮助，每逢朋友生日，互相到家里祝贺。逢年过节，给老师拜年、打电话，感谢老师一年的培养和照顾。这些只要在日常生活中稍加注意便会自然生成，没有必要用专门的课堂来进行说教。同时，孩子对集体的感情是从教师、同学对自己的感情中体会的，尤其是教师代表集体的关爱，既代表着学校，又代表着班级，还代表着自己本人，因此此时儿童的良心机制就存在于和教师的互动中。如果教师冷漠，那么学生必然冷漠；教师充满爱心和关爱，学生自然也会回报教师以爱心和关爱。没有无缘无故的爱，也没有无缘无故的恨。离开具体生活境域的体验想要通过说教而拥有人心，那将很难实现。

3. 保护环境，爱护动物

经过自我生活责任和自主生活方法的道德智慧指导，儿童很容易把自己的爱迁移到自然环境和小动物身上。不随便乱丢垃圾和物品，保持公共环境整洁等公德，就是从保护自己的家庭环境延伸而来的，是自己良好道德生活的迁移，不需要刻意培养。

（三）中学道德发展任务

人的生活进入中学阶段，就跟幼儿、小学阶段有着明显的不同。此时，学生的认知水平进展到形式运演阶段，也就是能够脱离具体事物而通过符号、概念进行抽象思维了。与此思维水平相适应，学生的道德智慧水平也会发生质的变化。学生到

这个阶段的道德智慧水平就有可能达到科尔伯格所说的面向道德原则本身的原则水平。这个阶段如果学生的道德发展顺利，也就是顺利完成了幼儿和小学阶段服从于权威的自我责任、自主方法和自得其乐的道德发展任务的话，那么到中学阶段，学生会把过去具体做事的行为概括化为道德观念，然后将道德观念作为自己的道德生活准则。

宋朝教育家朱熹说，"人生八岁……皆入小学，而教之以洒扫、应对、进退之节，礼乐、射御、书数之文；及其十有五年……皆入大学，而教之以穷理、正心、修己、治人之道。""小学者，学其事；大学者，学其小学所学之事之所以。"透过朱熹的教育观念可以发现，小学生的道德学习主要是在具体做事中进行，也就是我们所说的植根于真实的生活境域之中；大学生的学习主要是抽象的观念的提升，但是也不能脱离其真实的生活境域进行。大学生的思维能够对生活的事件进行观念化的道德解释，他们不仅知道怎样做，而且知道为什么要这样做。当然，朱熹时代的大学和今天有所差别，但是他所说的 15 岁之后的阶段和今天的高中生相合，12 岁以后的初中生，按照现代认知心理学和道德心理学的研究成果，也可以进行形式运演。也就是说，帮助他们生成明确的道德观念是可能的，也是道德教育的发展性任务的具体表现。

由于中学生的生活境域更多的是在家庭里完成，所以，引领学生道德智慧生成的主要任务还是在于父母。教师也要自觉和家长合作、引领，使中学生的道德智慧得到发展。

1. 道德责任的观念化和道德偶像

此时的中学生，做事情的时候不再简单地服从道德教育权威父母或者教师的安排了，凡事都要问个"为什么？"只有当他们觉得事情合情合理之后，才会心甘情愿地履行自己的责任。这就是道德责任的观念化。观念化的道德责任进一步发展就会构成自己内心的道德信念。学生的道德信念一旦形成，他们就会服膺于自己内心的道德判断和分析，从而不再依靠道德教育权威而自行做出道德选择。尽管他们的道德责任可以观念化，但是，他们的道德行为仍然是在真实的生活境域中发生，只不过此时的生活境域多了份自主。他们眼中的道德权威不是来自成人，而是来自自己的同龄人，或者是自己生活环境中密切接触的人。这个时候他们自己选择的道德权威就成为他们的道德偶像，道德偶像的存在集中了学生最高的道德标准、道德判断、道德行为目标、道德情感体验。和这个道德偶像的关系最为密切，相互学习、相互促进，构成学习生活中最亲密的朋友和伙伴。此时的学习责任仍然是自己的责任，但是学习过程开始了和道德偶像之间比、赶、超的行动。

案例 11：儿子的偶像

经过了幼儿园和小学的学习生活，儿子顺利考入初中。进入初中的儿子，很快就找到了自己的新朋友，同时也有了自己的"跟屁虫"朋友。有一次，阅读儿子的作文本，发现儿子这样写道："辉煌的小学使自己觉得自己还行。但是，进入初中，发现了一个不可逾越的大河，他就是×××。他是我心中的偶像，更是我的好朋友。"有一次儿子的妈妈也告诉爸爸说，儿子的最好朋友不是那个"跟屁虫"，而是×××。爸爸想，儿子的道德发展进入新阶段了。

当然，并不是所有的中学生都会有自己的道德偶像。由于幼儿阶段和小学阶段家庭教育的不平衡性，许多孩子的阶段性道德发展任务没有及时完成，因此，很多孩子是在缺乏自我责任、自主方法和自得其乐的道德体验下进入初中的。由于初中生活的事情又多又杂，所以，缺乏良好道德智慧的孩子容易手忙脚乱、分不清主次，总是顾了东顾不了西。他们的好的道德观念很难形成，不好的道德观念却能很快形成。比如投机取巧、侥幸心理、弄虚作假、游戏玩乐等等，一些才智被用到非理性和欲望的满足方面上，而对于正当的学习、交往等事情，却越来越不感兴趣。这是非常令人忧虑的。由于这部分孩子的坏的道德观念已经形成，要想使他们转变进而生成好的道德观念，必须付出很大努力。对这样的孩子，要加强管理，不能让他们惹是生非，损害具有好的道德观念的孩子的利益。

2. 循名责实，坚持理性正义

中学生的道德观念生成了，因此他们可以跳出具体事务对思想的束缚，开始用形成的道德观念来观察、分析自己的真实的生活世界。当真实的生活世界的人和事符合这些道德观念时，他们会更加相信道德观念，进而更加坚持自己选择的正确性，情感体验呈现为愉悦、平静、肯定、坦然；出现不符合这样的道德观念的人和事的时候，他们就会反思、批判，产生难过的情感体验，就会远离那些不好的道德行为。但是，如果代表正义的老师及其他权威不符合道德观念时，他们就会产生义愤填膺的情感体验，进而会进一步思考道德观念的正义性，或者继续坚持道德观念，或者怀疑道德观念有没有用。此时的教师、道德权威、父母要特别留意孩子的情感变化，要帮助孩子正确分析道德观念中的反例，帮助孩子更好地坚持自身的正确的道德观念。

案例 12：运动会后的愤愤不平

儿子参加运动会的长跑项目。放学回家后，进家门闷闷不乐，情绪愤愤不平。爸爸问"是不是没有拿到名次心情不爽？""不是。""那为什么闷闷不乐？""不公平。""什么事不公平？"儿子一五一十地道来。原来是班级集体项目接力赛，本来是自己的班级跑了名次，可是被另一个班级诬陷为犯规，被裁判罚下。班主任提供了录像证据，可是裁判不认账，反而指责说班级多事。为此，儿子愤愤不平。爸爸说："那你们班最后得到集体奖状没有？"儿子说："得了，但是没有上台去领。我们全班抗议，拒绝不公正奖励！"爸爸为儿子的行为感到高兴。

3. 生成自主学习和生活策略，以责任赢得自由，享受快乐幸福

进入中学，学生的课业陡然增多，如果孩子没有生成很好的学习责任和学习能力，就会被淹没在课堂上课和课后作业乃至节假日辅导的汪洋大海之中，没有自己的闲暇时间。这是很可悲的事情。而一个真正的中学生，其道德智慧应该是用较快的速度和较高的质量完成应有的学习任务、生活职责，然后享有自己充分支配的自由时间，或者阅读，或者锻炼，或者和朋友玩耍，或者上网聊天。当然对于网络要进行管制，比如在规定的时间内上网。要帮助学生生成自己的生活和学习策略，妥当安排自己的学习时间和自由时间。一个学生享有自由支配的闲暇时间的多少反映出这个学生自身的道德智慧水平。自律决定自由。一个拥有高度自我责任和自主方法的人拥有高度的自由，同时也会拥有较大的幸福和快乐。

案例13：儿子的时间安排

由于经常给儿子灌输履行好责任享有自由的观念，儿子从小总是能够很好地完成自己的生活责任和学习责任，然后充分享有自己的自由时间。在学校里，儿子尽可能抽空做作业，以在家里能够玩耍。在家里，儿子的作业量一般就是半个小时到一个小时之间，做完作业后，儿子开始支配自己的时间：或者阅读，或者休息，或者帮助同学打印文章。他妈妈给他规定好上网时间，上网的时候特别兴奋。偶尔超出时间就会遭到他妈妈的惩罚：被从下次上网时间中扣除相应的自由时间。所以，在学习和娱乐方面，儿子的安排是很妥当的。因此，他的生活有条不紊，秩序井然。

尽管我们提倡道德教育的道德性原则，要让学生的道德更加注重道德行为本身，而不是某种具体的利益回报，这样才能保持道德行为的意志自由。但是，道德权利和道德义务是统一的。世界上既没有不讲义务的权利，也没有不讲权利的义务。所以，当自觉地履行了道德义务后，或者当一个人自觉地把道德义务主观责任转化为自己的道德责任和道德良心后，那么这样的人难道只有付出而没有回报吗？事实并非如此。履行道德责任是有回报的，道德义务的履行达到道德责任和道德良心的原则道德水平之后，一个人所享有的回报就是道德权利，而作为道德权利的回报就是享有自由。自由既包括消极意义上的摆脱束缚、享有自由，即不受任何外在强迫、压力、专制、诱惑而享有的意志自由，同时还是在现实生活中运用自己的理性想干自己任何事情的积极自由，也就是自主安排自己、自我设计、自我实现，等等。因为拥有道德责任感的人是道德行为的核心标志，标志着一个人的道德行为从他律达

到了自律。一个拥有自律的人不仅享有内心的自由,而且享有现实生活的自由,在现实生活中他是自由人。而达到了这样的自由人的自由联合,则是我们所期望的共产主义社会。代替那存在着阶级和阶级对立的资产阶级旧社会的,将是这样一个联合体,在那里,在那里每个人的自由发展将是一切人的自由发展的条件。[①] 而这里的自由人就是指的具有道德责任的自律之人,因为只有自律的人才能组织自由的联合体。无论在思想意识中,还是在现实生活中,共产主义社会就是自由人的自由联合的集体社会,而每个人的道德自律则是享有自由的前提。如此,在某个人和某些人身上,如果达到了自己应有的自律水准,那么其就需要拥有那些缺乏自律道德的人所不能享有的自由。

人之所以能够履行道德责任和道德良心,并不是简单地履行社会规范的义务要求,而是要享有在社会中自由生活的权利,这样的自由权利的获得恰恰就是一个道德社会的本质所在。拥有道德责任和道德良心的人越多,这个社会就会越健全,越健全的社会下的个人当然拥有的自由就会越充分。只有这样,人追求道德责任和道德良心才算是有了归宿。试想,一个拥有道德责任和道德良心的人在现实生活中充分拥有选择自己生活方式的自由的话,那么其还有什么理由拒绝道德义务的自觉履行呢?

4. 正确对待青春期生理变化,以成人化责任要求自己,学会处理本能与健康、情感需求与学习之间的关系

中学阶段,学生大多进入青春期,自己的身体也会产生生理、心理和情感上的躁动和波动。孩子这个时候开始对自己的身体感兴趣,有自己安慰自己的行动。由于这样的行动具有很大的刺激性和诱惑性,因此可能对身体健康产生影响。此外,生理上的成熟开始让孩子对异性感兴趣,对某个异性产生好感和迷恋。再者,不健康网站的存在,启蒙了孩子的性意识和性冲动,也会对孩子的情感产生很大的刺激,使其具有性幻想。这样的生理、心理和情感的变化,很有可能会使那些早熟的男生、女生产生情感上的波动,严重者会影响学习质量和生活质量。在这个阶段引领孩子生成正确的性道德,理性认识、处理自己的生理、情感需要和学习、生活需要之间的关系,分清主要任务与次要任务、长远利益与短期利益之间的关系至关重要,是孩子道德智慧的重要内容。但是在引领孩子的正确道德智慧的时候,要充分尊重孩子的主体性,尊重他们的自尊心和羞耻感。通过合适的方式让孩子明白教师和父母的良苦用心,引导孩子采取自省的方式生成青春期自己独特的道德智慧。

案例14:邮箱里的家庭作业

儿子进入青春期了。除了生理上的变化外,似乎心理情感需求也增加

---

① 马克思、恩格斯:《马克思恩格斯选集(第一卷)》,人民出版社1995年版。

了。打开儿子浏览过的网页，会发现一些浏览过的不健康图片和不健康网站。心想，儿子长大了，有男性需求了。不禁为儿子能否渡过这一关——保证身体健康，学习生活正常任务完成——而感到担心。但是，为了儿子的面子，还不能明确提出来。于是，想了个办法，从邮箱里给儿子布置了三份作业：① 写篇小文章，讲讲自慰的成因和利弊；② 谈谈不健康网站对中学生的影响；③ 阐述如何保证身体健康、学习质量的提高。将这三份作业发至儿子邮箱后，对儿子说："有三份网络作业，你自己自由完成。"儿子似乎感到点什么，答应着。以后过一段日子再问，"作业看了吗？""看了。"儿子微笑着点点头。"怎么样？明白了？""明白！"儿子又点点头。看到儿子如此心领神会，自己就放心了。在后来的日子里，很少发现儿子看不健康图片，同时网页浏览的内容也更加健康了。

5. 学会自主处理和同学的关系，通过正当竞争确立在班级中的地位

班级就是一个小社会，这个小社会其实也反映着家庭和社会这个大社会。家长往往望子成龙心切，恨不能自己代替孩子的生成和发展。因此有的家长把自己的社会地位优势、家庭背景优势带到学校和学生班级生活中来，通过一些手段，为孩子在学校铺路、出力。比如在班干部的选任、座次的调整、教师关注程度的多少等方面，使尽浑身解数，企图让自己的孩子成为班级里面较有优势的人。这其实是一种特权思想在学校教育中的反映。这样做的危害性很大，容易使学生形成不健康的道德观念，比如不正当竞争、不劳而获、依赖思想、特权观念等等。这是需要加以预防和取消的。学校生活、班级生活不仅要成为学生自由、公平学习与竞争的生活场域，更要成为学生未来美好生活的理想场域。

要让课本上所期望的学生的道德智慧、道德生活和道德幸福体验通过自身的努力在真实的学校生活和班级生活境域中得到最大限度的实现。只有这样，学生才能相信学校、相信社会、相信生活，同时会凭借自己生成的道德素养去开辟新的道德生活境界。这就需要班主任、教师、学校管理者坚持公平正义，创造公平正义的学校、班级、课堂生活。否则，学校生活就会在学生的心灵中留下不道德的阴影，产生反学校、反课堂、反社会的观念和情感。

案例15：自主确立的地位

儿子上初中了，被编入某某班。由于是从小学到初中的第一步，所以家长们都非常重视。班里很多家长都找到了班主任要求照顾一下孩子。儿子妈妈也想让爸爸去找一找，爸爸拒绝了，说："那是对孩子拔苗助长、不好的事情。让孩子自己确立在班级的地位最好。"刚开学放学，儿子垂头丧气地回来了。自己躲在角落里暗暗地掉眼泪。妈妈悄悄问询，知道班级里

有关系的都安排成班干部了,儿子仅仅安排了个小组长位置,很有失落感。我安慰道:"不出半年,那些不行的孩子在班里都会威信扫地。你好好干,凭借自己的本事在班里树立自己的地位。"儿子点点头。凭借已经生成的自我责任和自主方法,儿子在班里很快建立了威信:会交往,学习成绩班级前三名,长跑、跳远班级第一。到了学期末,期末考试结束,儿子回来告诉爸爸,班主任找儿子谈话了,意思是让他竞选副班长。新学期开始,儿子竞选副班长,还没到一学期,就被老师选为班长。到了初二第一学期末,儿子被全班同学按照"学习好、威信高、体育好"的标准民主选举为区三好学生。看到儿子凭借自己的道德智慧,建构自己的道德生活环境,享受自由幸福和快乐,爸爸心里非常安慰。

(四)大学道德发展任务

中学道德教育实质上是大学道德教育的开始阶段,到大学学习阶段,大学生的道德教育发展任务应当是更加全面、深刻、自由地生成道德信念,并把大学生活和自己的日常生活置于自己的道德信念引领之下,做道德智慧和道德生活相统一的人,并且在这种统一中体验自由生活带来的幸福和快乐。

与中学生的生活境域相比,大学生的生活境域还是在父母规约和权威规约的前提之下,但是来自外在规约的力量只局限在某些方面,比如父母规约主要集中在经济支持和规约上面,而对于经济流向何种地方则由大学生自己说了算;来自权威规约,比如大学辅导员、班级管理和学校管理,已经不能像中小学、幼儿园时那样全天候地直接和大学生发生联系,更多的是通过间接的方式来进行规约。所以,在大学里,大学生已经开始享有最大限度的自由生活、最小限度的社会规约了。从内在的思想、心灵、情感,到外在的学习、生活、社会活动,大学生享有充分的自由。此时大学生的道德发展就不再以与具体事务相联系的道德观念为目标了,而是在道德信念的引领下生成健全的个人理性,建构自由的道德生活,进而享受自主自由的幸福和快乐。

1. 生成科学理性,建构自己的事业观,在事业观引领下建构自己的专业和学科学习生活,享受至真探索的冒险和快乐

大学生继承前人的科学文化知识的学习仍然是自身最主要的任务。但是其学习与小学和中学的学习相比较,则是专业学习。小学主要是科学文化工具的学习。中学主要是科学文化知识的入门学习。大学则主要是按照专业的划分学习专业领域的基础、纵深和前沿知识,并且训练和学会前人的科学研究方法,生成追求真理、尊重真理、献身真理的科学精神。大学生所提供的未来的劳动,不是工人、农民等提

供的劳动，而是按照此类劳动所构成的原理来进行劳动。因此大学生科学视域必须是最全面、最长远、最深刻、最先进和最自由的。只有这样，才能获得较高的生活起点，同时才能拥有继续探索未知世界的足够高度。

为达到此目标，这一具体过程就是引领大学生带着遇到的现实的科学困惑、功利价值和情感价值追求中的各种问题，再现出现种种问题的生活场景，走进古今中外哲学、人文、社会科学、自然科学经典原著中寻求答案，在寻求答案的过程中使自己与孔子、苏格拉底对话，与老子、柏拉图谈心，与庄子、亚里士多德同呼吸、共命运，与伽利略、牛顿、爱因斯坦同享探索之惊险和快乐。在此追寻和对话过程中，生成自己像经典一样清晰的语言表达、缜密的逻辑思维，包囊宇宙的宽广的胸怀，触及人类生存根基的深刻的思想，达至终极关怀的高尚的境界。这样的科学理性素养只有在直面经典原著的过程中生成。这就是大学生最好的、最难的然而也是最有效的一条成长之路。没有对经典的执着和热爱，没有和经典的对话，自己就不会成为创造经典的人。凭借生成的科学理性，大学生将自己置于最先进、最深刻、最高尚、最全面、最自由的人生起点上，一方面，他们可以凭借此起点去用大学的方式处理人生和社会问题，建设国家和社会，取得更好的效果；另一方面，凭借此起点，他们站在巨人的肩膀上，直面自然、社会和个人的未知世界，通过自己的经验和思考，产生新的视域融合，从而为人类增添新的知识和人性元素，他们就会成为新的文明创造者。率先走出黑暗无知洞穴的他们用自己的文明成果再传给新的大学生们，引领他们走出洞穴，见到光明，引领他们生成自己的科学理性。如此，科学理性、科学精神就会在一代又一代的大学生身上延续，从而创造出一个民族乃至整个人类的新的传奇。

2. 生成道德理性，建构自己的友谊观和爱情观，在友谊观和爱情观引领之下建构自己的社会交往和爱情、婚恋生活，享受至善的甜蜜和快乐

在科学理性的基础上，大学生拥有足够的思维深度和广度，拥有足够的缜密的逻辑辨析和表达能力，借此把自己引向情感领域，生成自己的道德理性。如果说对于幼儿、小学生和中学生而言，他们的道德理性仅仅是对某些社会具体规范的信念和责任的话，那么大学生的道德理性已经是几乎全部由自己支配的道德信念了。其虽然还依靠成人权威的指导，但那仅仅是一封遥远的、有启迪作用的来信，至于这封信的指导作用管不管用，从根本上取决于大学生自身的判断和选择。

伴随着主要的专业学习和训练的科学理性生活，大学生的情感需要也丰富了起来。参与社会交往、同伴交往，发展友谊，寻觅伴侣则是大学生的年龄阶段、生理成熟、心理安慰、情感需要的表达形式。所以，引领和帮助大学生生成自己的友谊观和爱情观，找到自己的真正朋友和伴侣，是大学道德教育的发展性使命。

真正的友谊从真诚的帮助、共同的志趣和爱好及彼此的欣赏、佩服和羡慕发展

而来。当你困苦无助的时候,有人无私的物质或精神帮助奠定了其就是你的真挚朋友的基础;同样,当别人困苦无助的时候,你无私的物质或精神帮助也奠定了你就是其真挚朋友的基础。一定不要忘了,真正的朋友是不需要任何回报的,因为其就是需要的那份真诚。真正的朋友叫作知己。当然朋友有多种,除了知己,还有知心朋友、知音朋友。知心朋友有着共同的志趣和爱好。知音朋友是建立在彼此欣赏、敬佩的基础之上的朋友。如果在异性之间产生了知己友谊,而这种友谊进而发展成为好感、喜欢,同时又是知心、知音,那么很可能会产生爱情的火花。所以,爱情之爱,是在无私给予对方全部之后对方无私给予的回报,彼此希望对方最好同时又充分希望享受对方爱恋的爱恋,爱情就是至善之爱恋。拥有友谊的人会享受到彼此某一方面的至善幸福和快乐,而拥有爱情的人则能享受到彼此全部至善的幸福和快乐。如果一个人深深爱上另一个人而不能被另一个人所爱,那么这种情况就属于单恋。单恋是存在的爱恋,并不需要拥有和占有对方,是自己对对方最好的爱情见证。

3. 生成政治理性,建构自己的信仰观,在信仰观的引领下建构自己的政治生活,享受至诚至信的快乐

大学生的生活除了家庭经济支撑、心理安慰和精神支持外,还有来自社会、国家、民族、他人的关爱和支持,所以大学生理当把自己的所学奉献给社会、国家、民族和集体,方是道德的学习。其实,在幼儿、小学、中学阶段,每个人都会被先天地置于国家、民族、社会、集体构筑的物质和精神基地上,只不过,在幼儿、小学、中学学习阶段,人的注意力被直观地限制于具体生活境域的具体事务中,不能感受到国家、民族、社会、集体的关爱而已,即使进行说教,也因为学生缺乏直接体验而流于空泛。到大学阶段,学生的道德信念就会超越出具体事务的限制,而朝向道德理念本身。他们可以凭借自己的抽象逻辑思维从本质上感受到凭借具体感性感受不到的国家、民族、社会和集体的存在,从而与这些虽然抽象但是具体存在的事物产生联系,进而确定与它们之间的道德责任和义务。此时,便会产生报效祖国、服务社会、服务集体的人生信念。

但是,大学生对于社会的回报不只是简单地用自己所学为国家、民族、社会、集体服务,并在服务过程中获得自己生存的物质和精神利益。同时,大学生还需要具有让国家、民族、社会和集体更加美好的志愿和理想,也就是不断改进和完善国家、民族、社会、集体,使其让更多的人享有幸福和快乐。而在走向改造国家、民族、社会、集体的过程中,大学生当然要首先改造自己,具有创业的精神和行动;同时,大学生还需要拥有自己的组织和信仰。当许多具有共同信仰的大学生组织起来投身于改造和建设国家、民族、社会、集体的行动中的时候,大学生就会充分享受到由至诚至信的信仰而产生的政治道德生活的快乐和幸福了。

4. 生成美感，建构自己的审美观，在审美观的引领下建构自己的情趣生活，享受至美的幸福和快乐

每个人都是肉体和精神的统一。肉体产生欲望，精神产生幸福。欲望的满足是快感，精神的幸福是美感，亦即真正的快乐。人和动物的重要区别就是，人因欲望而有责任，因食欲而有美味，因听觉而有音乐艺术，因视觉而有美术，因性欲而有爱情。但是，大学生和社会上其他群体的重要区别在于，其能生成责任、美感本身，从而在纯粹的责任、美感之下引领自己的欲望生成新的精神境界。虽然每个人不可能都生活在纯粹的精神境界里，但是每个人的日常生活都离不开纯粹的精神境界，就像离不开洁净的水、新鲜的空气、干净的食物一样。当然，纯粹精神境界的生成并不是只发生在大学生身上，但大学生群体作为一个为国家、社会、民族、集体、家庭所关怀的特殊群体，需要在形而上的层面上生成自己的超凡脱俗的精神境界，正是凭借此精神境界的引领，每个人的日常生活才会有继续进行下去的可能性。

可以说，大学生建构自己的审美观，生成自己的美感，将会使自己超越世俗，走向纯粹；超越物质，走向精神；超越利益，走向正义；超越肉欲，走向爱情；超越束缚，走向自由。这正是人类所追求的自我解放的永恒的主题，也是庄子与天地同久、与日月同辉的逍遥境界，更是孔子的随心所欲的自由诉求。

5. 生成哲学理性，建构自己的存在观，在存在观的引领下建构自己的意义生活世界和精神家园，享受规定自身和规定他者的高峰体验

哲学不是教科书提供的世界观和方法论，不是哲学史构成的哲学知识，而是透过这些具体化的哲学东西而存在的、能够生成这些哲学现成之物的人的生活方式。这种生活方式致力于穷根究底、探索本源的终极关怀。虽然最终没有终极存在，但正是因为没有才去追寻。而这种追寻就是领会着自己存在的人向着自己能在而存在的生存筹划。领会是人的存在方式。正是基于人的领会存在，人才能解释世界，生成存在的意义。人不仅生成自己存在的意义，而且命名着、生成着非人的存在者的存在意义。当一个人开始从他人的赋予意义中跳出来，凭借自己的领会获得赋予意义的自由，那么他就会拥有自己的生活世界和精神家园，从而也会引领公众建构自己的生活世界和精神家园。由此体验，他就会享受因规定自身同时规定他者的自由而带来的最高峰的快乐和幸福。当然，拥有这样的哲学理性和存在意义，并不是所有人都能达到的。据马斯洛研究，这样自我实现的人只有1%～2%。然而，事实上还要少得多。只有那些不仅享有充实的功利价值和情感价值，而且把自己的生活理念和现实统一起来的人，才有可能达到这一哲学理性。

（五）成人道德发展任务

很少有教科书涉及成人道德教育这个主题，即使是现在的终身教育、成人教育，

也只是涉及与成人生存、升迁、升职相关的知识、技术等方面的学习和教育，对于道德教育则没有涉猎，更谈不上道德发展。道德教育的发展性使命到成人阶段意味着源于父母、教师权威引领的道德教育走向终结，而道德的自我引领、自我生成粉墨登场。此时成人的道德表现出明显的自律特征，尽管有些成人的实际道德水平达不到自律。此外，成人道德教育和学生道德教育的生活境域相比更加真实，学生的生活境域是一个被选择、优化和净化的环境，而成人的生活境域则是一个良莠不齐、贤愚同在、真假同生、善恶并行、美丑相伴的现实社会，里面充满了本能欲望与责任、权力与正义、金钱与高尚、名誉与诚意、情欲与美丽的交织斗争。在成人生活世界，成人必须时时处处事事小心谨慎，否则犯了错只能自己承担责任；而学生犯错是自己的一项权利，即使犯了错也有改正的机会，因为有父母和老师承担教诲不到的责任。如此，成人道德教育完全是自我生成了，能够领会着自己存在的人的自由选择，享有完全的自由便会承担完全的责任。

成人的道德发展完全取决于自己，因此既可能表现出常人的道德，也可能表现出不平凡的道德。一般而言，常人道德是每一个人普遍的首要选择，只有在特定的行业、特定的时空才会有超出常人选择的道德。

1. 生成常人道德，以正义的方式充分实现自己正义的功利价值和情感价值，成为充实的个人

所谓常人道德，就是在维持生存、安全、尊严、归属和爱的需要过程中发生的道德现象。维持生存、安全、尊严、归属和爱的需要的活动可以概括为追求功利价值和情感价值，具体表现为对于物质、权力、金钱、名誉等现成之物的追求和满足。一个人依靠自己的努力在法律和社会规范所规定的范围之内追求功利价值和情感价值的充分实现并且正常享用是正义的行为，也叫正当的行为。所以"素富贵，行乎富贵；素贫贱，行乎贫贱""贫而无谄，富而无骄"，就是正当的道德，也是常人的道德。能够凭借自己的努力充分满足和享用功利价值和情感价值的人就是充实的个人。生成充实的个人不仅是每个个体的首选价值，而且是整个社会的首选价值。社会的支柱道德就是正义或正当。

但是，有些人在满足自己功利价值和情感价值的过程中，往往忽视道德和法律规定，而被功利和情感所捆绑，成了欲望的奴隶。此时他们追求功利价值和情感价值的方式可能会伤害到他人、社会的利益，这就是自私，是恶的行为，往往伴随着虚假和丑陋。对这样的行为，除了个人要自觉抵制外，公众也要群起抵制，更重要的是通过公权力来惩罚和鞭挞。

当然，对于常人而言，达到正当道德就是最基本的要求了。但是也有成人在某些时间、空间做出很好的道德行为。比如在满足自己利益的过程中，首先满足别人和社会的利益，这就是良好的行为了；如果有人更是把自己的基本需要满足之上的利益无私奉献给别人和社会，那么这种行为就是高尚的行为了。所以，常

人的道德发展境界是无限的，是自由的，既可能选择为自私，又可能选择为正当甚至高尚。

但是也有一些常人，比如鳏、寡、孤、独者通过努力很难实现温饱，这就需要其他常人的爱心。当然，一个健全的社会是有相关部门负责这些人的生活的，常人只需要纳税和适当捐献就可以了。当然也有很多常人对这些人表示爱心，但那是个人的自由选择，并不需要大张旗鼓地提倡和褒扬。

2. 基于自己的哲学观和生成的存在意义，根据大学生成的科学理性、道德理性、政治信仰、审美观念，在各行各业履行职责，建构道德生活，享受快乐幸福

在以正当方式满足自己正当需求的基础上，成人需要根据大学领会和生成的科学理性坚持真理、诚实守信来完成本职工作；坚持道德理性处理与他人、社会、集体、国家的利益关系和情感关系；坚持政治信仰，投身于改造社会的行动中；坚持审美，超越功利和情感而拥有纯粹的精神境界。如果成人能够在现实的物质、权力、金钱、名誉等的现实诱惑面前仍然保持道德信念和理性规约，那么他就是一个具有道德智慧的人，是一个有道德的人。如果他受到物质、权利、金钱、名誉等的诱惑而不守道德信念和理性规约，那么他就是一个不道德的人。

一般地，成人能够坚守自己的道德信念就可以了。只要每个成人都能坚守自己的道德信念，那么这个社会就是一个自由人的社会，每个人都能享受道德生活的快乐幸福。但是对于一些特殊行业和位置的成人而言，他们有着超出常人的道德起点。在社会上，往往有三类人的道德起点要高于常人：公务员、军人、教师。由于这些人的生存资源是由常人纳税而提供的，他们是为了主持公平正义而存在的，因此他们的需要除了法律规定的之外，都要全心全意投入到他们所服务的人民大众身上。除了为人民服务这一高尚的要求之外，他们没有其他特殊的权力来为自己服务。如果有什么特权的话，只能说明这个社会不健全，是需要继续改造的社会。但是，从事这三类行业的人仅仅限于特定的时空当中。当公务员下班回到自己家里，以普通人的身份出现在大众场合，他就不再是公务员，而是常人一个；当军人退役回家，也是常人一个；当教师不再面对学生，而是下班回到自己家里，在社会上也是常人一个。作为常人，他们的道德起点就是正当。

3. 引领下一代生成道德智慧，建构道德生活，享受道德幸福快乐

成人除了自己的道德发展要继续提升境界外，更重要的一项任务就是引领下一代生成道德智慧，建构道德生活，享受道德幸福快乐。他们要作为父母、教师、表率，尤其是父母角色将会伴随一个人的真实生活境域直到其成人，而教师从幼儿园到大学对学生的道德智慧的生成和发展具有不可替代的精神导师作用。所以，父母

要懂得道德教育规律，教师要懂得道德生成和发展规律。只有如此，他们才能肩负起引领学生道德发展的历史使命，才能更好地完成道德教育的发展性使命。

思考题

1. 请确立自我道德教育的基本原则。
2. 请确立对家庭、学校、社会中受教导者的道德教育原则。
3. 请设想各个年龄段的道德教育任务。

参考书目

1. 檀传宝：《德育原理》，北京师范大学出版社2007年版。
2. 戚万学、唐汉卫：《学校德育原理》，北京师范大学出版社2012年版。
3. 薛忠祥：《教育·人性建构》，大众文艺出版社1994年版。

第七讲

学习德性及其养成

基本问题：

1. "德性"概念的中外考察。
2. 为什么要生成学习德性？
3. 学习德性的内涵是怎样的？
4. 怎样培养学习德性？

一　学习与德性的历史发展

> 每天探讨德性以及相关的问题，对于人来说是一种至高之善，没有经受这种考察的人生是没有价值的人生。
>
> ——苏格拉底

为求知而学习是人的本性，在学习求知中积淀生成的学习德性深藏于人类向自然学习、向社会学习、彼此相互学习的历史实践中。所以，学习德性不仅是个教育概念，而且作为人之为人的特性之一深深植根于人类文化和伦理史。下面通过考察中西方的典型德性思想，从历史、文化等角度系统地分析学习与德性的历史发展。

（一）中国传统德性思想文化的支撑

中国古代思想文化特别强调人的德性及其发展。儒家伦理理论是中国古代伦理思想的源头，德性历来备受儒家学者的关注，并且构建了完整、丰富的道德体系。从思想特征上看，孔子的伦理学就是典型的德性伦理形态，孟子在继承孔子的德性思想的基础上，系统地阐述了儒家的德性伦理理论。而王阳明则在继承孟子思想的基础上，继续扩充"良知"。德性在思想历史的长河中不断得到思想家们的重视和发展，讲德、重德这种传统也一直延续至今。

在中国的传统思想文化中，对"德性"的理解，一般集中于对"德"的理解。孔子之前的时代里，"德"字并不具有伦理道德的含义。孔子对"德"进行了新的阐释。"性相近也，习相远也。""性"指的是人与生俱来的特性；"习"指的是人们在日常生活中通过教育、自我修养而形成的人性。在这里，孔子并没有用善恶来说明性，强调了人的天性其实都差不多，是可以通过后天的"习"而产生变化的。其实，在孔子那里，"德"更多地体现出一种行为范畴。比如"子欲善而民善矣""仁远乎哉？我欲仁，斯仁至矣"等，这些语句传达出了人具有主体性的特点。"习相远"是从人有差异的个性角度来讲"性"。人的差异性具体表现为以下两点。一是指人的才智存在差异性。孔子云："生而知之者上也，学而知之者次也；困而学之，又其次也；困而不学，民斯为下矣。"二是指个体后天的德性修养的差异性，这一点是孔子更为重视的，并且认为德性的高下是后天修习的结果。这个方面就凸显出了，人的主体自觉力量在人的德性发展过程中所起的关键作用。

孔子之后，第一次把"德性"作为一个词进行解释的，是出现在《中庸》中的"故君子尊德性而道问学"，指出德性是人生下来就有的向善的道德本性。郑玄注曰："德性，谓性至诚者。"表明他是从"性"的至诚含义上来理解人的本性。到了宋代，思想家们主要是基于对"理"的解释，来进一步阐释德性。例如，朱熹曰："德性者，吾所受于天之正理。"另外，在《中庸》的开篇就提到："天命之谓性，率性之谓道，修道之谓教。"朱熹对"天命之谓性"进行了解释："于是人物之生，因各得其所赋之理，以为健顺五常之德，所谓性也。"意思就是人和物都是由"天理"赋予"性"，差别在于人接受的是"正理"，因而将"人性"称为"德性"。宋代之前，儒学家用"至诚之性"来定义人性，而宋代的儒学家则用"天之正理"来解释人性。但他们的阐述也存在相同的地方，就是都认为德性是一种人性，是人人都具有的、普遍的东西。

其实，在儒家看来，德性就是内化于心的一种道德品质。孟子指出，每个人生下来的时候，善这个因素就存在其本性之中，并且"恻隐之心""羞恶之心""辞让之心""是非之心"也是与生俱来的，称之为四端，四端进一步发展，便成了仁、义、礼、智四德，并且这四德"非由外铄我也，我固有之也"。在孟子看来，这四端和四德是天之所赋，明显具有先验性、先天性。孟子的性善论虽然存在先验论，但是也肯定了道德作为人之为人的根本特性，为建构人性向善的理论奠定了信念基础。其提出的性善论，也为儒家的德性论思想奠定了基础。仁、义、礼、智四种德性是人心固有的，同样也是人不需要经过思虑、学习就能够拥有的本能或本性。孟子的性善论其实暗含了虽然人的本性为善但行为不善的矛盾。为了克服这个矛盾，孟子指出四端、四德是人先天潜在的功能，但他同样承认了四端、四德需要后天培养，否则很容易夭折。

另外，孟子认为私利、欲望很容易遮蔽人的先天善性，使人丧失本性。孟子曰："人之所不学而能者，其良能也；所不虑而知者，其良知也。"其中的"不虑"是指，做出行动时，没有各种功利的计算，呈现一种良善的状态。在1000多年以后，王阳明继承了孟子的这一思想，认为："良知即是未发之中，即是廓然大公、寂然不动之本体，人人之所同具者也。但不能不昏蔽于物欲，故须学以去其昏蔽，然于良知之本体，初不能有加损于毫末也。"由此看来，孟子、王阳明都意识到，"良知"是先天的，都会有被遮蔽的时候，但作为本体的良知是始终存在的，不会消失，可以通过"致良知"来体现良心，"致良知"不仅是建构精神世界的核心，也是构建自我的关键。正如冯契先生所言："这种以本体与智慧为过程的思想，是王阳明独特的贡献。"王阳明认为，良知是先天存在的，人人都有，是用来判断是非善恶的标准。同时王阳明也强调了人的主体地位和主观能动性，自己对待良知的态度、能动性的发挥程度决定了要成为什么样的人。成就德性意味着成就自我，王阳明反复强调要为己、成己，超越世俗的沉沦，需要人们不断修养身心，任何时候，都应该保持良心的本真状态，依照良心的引领去行动。

中国传统儒家在阐述德性时，会触及知识方面的问题，其将德性放在主体地位，认为德性是知识的根基。"君子尊德性而道问学",这种学习传统,从先秦一直延续到明清,充分反映了儒家在做人与求知、德性与知识的关系上,道德至上的价值追求。宋代张载最早将知识分为"见闻之知"和"德性之知"。"见闻之知"来源于人的"气质之性",属于经验性的科学知识,容易被外界所影响和束缚,被外物所连累;"德性之知"来源于人的"天地之性",能够突破自我的限制,实现人之所以为人的道德价值。可以看出,张载把"德性之知"提升到了认识的主要地位,而将"见闻之知"放到了次要地位。

春秋时期,孔子也曾提到德性是学习的重要条件和必备要素,"弟子入则孝,出则弟,谨而信,泛爱众而亲仁。行有余力,则以学文。"表明一个人如果想要学习知识,首先应该具备德性,德性不仅是学习的起点,也是学习的主旨。《中庸》提出:"天命之谓性,率性之谓道,修道之谓教。"教育的目的就是提高人的德性。《大学》中也出现了类似的表述:"大学之道,在明明德,在亲民,在止于至善。"在做学问、学习知识的时候,应该围绕德性而展开。于是我们可以说,德性既是儒家立世的起点,也是修身、学习的归宿。到了明代,对于知识与德性之间的关系,王阳明做出了更加充分的阐述,在他看来,道德占主宰地位,要想获得或扩充知识,必须接受道德的统领,个体如果能够不受外在的知识干扰,就能够实现德性。学习、做学问的目的,不仅仅是为了增加知识,更应该重视"为己"。把德性放在首位,过于强调"尊德性",在一定程度上忽视了"道问学"。

综上所述,中国传统儒家以人性论作为伦理基础,构建了德性思想体系,将德性看作是动物与人之间的根本区别。他们主张人类都具有"善"的本能,德性在本质上来说,其实就是人性。关于知识与德性之间的关系,儒家坚持认为德性占主体地位,德性至上的观点也对中国古人的教育观和学习观产生了深刻的影响。

虽说思想受到时代背景的影响,但我们可以看到的是,中国自古以来就非常重视学习和德性问题,古人即便在颠沛流离中依旧能够坚守自身对学问本身的追求和热爱,"穷且益坚,不坠青云之志"。中国传统儒家的思想体系虽然也有一定的局限性,但是为我们探讨学习德性问题提供了强有力的思想支撑。学习的目的不仅仅是为了实用而去学习科学知识,更重要的是要认识到自己的本心、本真,丰富自己本身的意义,不要被功利遮蔽了自己的"良心",从为了学习而学习走向乐于学习、善于学习。

(二)西方具有代表性的德性伦理思想

德性这个概念是古希腊伦理学的核心,其作为西方伦理思想史上的重要范畴,一直以来都受到西方思想家们的关注与重视,其对西方伦理体系的建构以及发展也产生了深远的影响。古希腊哲学家苏格拉底最早提出"德性即知识"的重要命题。其后的柏拉图指出,德性并非善本身,而是获得善的能力,并提出了"四德性"说:

治理者善于计谋，其德性是智慧；保卫者善于战斗，其德性是勇敢；劳动者恪尽职守，其德性是节制；人们各做各的事而不相互干扰，其德性就是正义。① 古希腊思想的集大成者亚里士多德认为："人的德性就是一种使人成为高尚的，并使其出色地运用其功能的品质。"② 在中世纪思想家奥古斯丁看来，德性是能够使人幸免于恶的品质。而在康德那里，德性是意志的一种道德力量，是人恪守责任时，意志不为外物所动的一种道德力量，"德性就是人在遵循自己的义务时准则的力量"③。斯宾诺莎指出："德性与力量，我理解为同一的东西。换言之，就人的德性而言，就是指人的本质或本性，或人所具有的可生产一些只有根据他的本性的法则才可理解的行为的力量。"④ 总体看来，德性的内涵经历了丰富多样的发展演变。

亚里士多德的德性伦理价值观在德性伦理学中备受推崇。亚里士多德提出，所有生命及其现实活动中，都有德性的存在。"德性分为两种：理智德性和道德德性。理智德性主要通过教导而发生和发展，所以需要经验和时间。道德德性则通过习惯养成。"⑤ 他又将理智德性分为理论理性德性（包括科学、智慧）和实践理性德性（包括明智、技艺）。

虽然技艺、明智被划分在了实践理性德性之中，但因为技艺是制作活动，在某种程度上与实践活动有所不同，它的目的不在于自身。例如，医术作为一门技术，是为了解决健康问题，而不是为了医术本身，但是实践的根本目的应该是为了自身。所以更准确地讲，亚里士多德所谓的实践理性德性，也就是指明智，因为亚里士多德在论述明智问题时，会以明智的人为出发点，明智的人善于思考对他们本人来说是好的、有利的事物，当然也不是某一方面的善，只是总体好的生活的善，他们也会对感兴趣的事情深加思考，寻求对其有益的事物。所以，亚里士多德根据明智的人得出，"明智是一种同善恶相关的，合乎逻各斯的，求真的实践品质"⑥ 无论是科学、理智还是智慧，这些和人的情感欲望无关。明智的本质是关于人类的实践活动的理性，是情感和行为的统筹，以善为目的的一种实践品质。对于明智的形成过程，亚里士多德认为，其产生于人们的实践活动所积累的经验，并借助经验培养，达到对某些事物的普遍的善的感觉，而在这种感觉中，必然存在与道德德性有着密切联系的理智德性的成分。理论理性德性作为对那些永恒的、绝对的、确定的"真"的事物的思考，是可以通过教导被掌握的。

亚里士多德之前的一些哲学家，赋予了德性以神性的色彩，苏格拉底和柏拉图

---

① 北京大学哲学系史教研室：《西方哲学原著选读·上卷》，商务印书馆1981年版。
② 亚里士多德：《尼各马可伦理学》，廖申白译注，商务印书馆2003年版。
③ 李秋零：《康德著作全集 第6卷：纯然理性界限内的宗教道德形而上学》，中国人民大学出版社2007年版。
④ 斯宾诺莎：《伦理学》，贺麟译注，商务印书馆1983年版。
⑤ 亚里士多德：《尼各马可伦理学》，廖申白译注，商务印书馆2003年版。
⑥ 亚里士多德：《尼各马可伦理学》，廖申白译注，商务印书馆2003年版。

的德性观也比较偏于理论式。而亚里士多德将德性与人联系在一起，更多地突出了人性。其对实践理智的重视，更贴近现实生活，更偏向于实践式的德性教化的思想。这些学者对德性教育和培养的重视，对实践活动的关注，对善目的的要求，使人类开始意识到教育活动对德性所产生的重要性，也对后来的现代伦理学以及德育产生了较大的影响。

（三）中西方德性思想的比较

通过上面的梳理和讨论，关于中西伦理学中的"德性"概念，可以看到二者之间存在相似点，不过也存在很多不同之处。

1. 关于德性是天生还是后天的问题

中国传统儒家思想将德性与人性混同运用，认为德性就是指人性，德性是天生的，来源于天命。在西方伦理思想家看来，这二者之间还是存在一定的差别的，亚里士多德认为德性是后天形成的。孔子云："天生德于予，桓魋其如予何？"《中庸》云："天命之谓性。"孟子主张性善论，人的本性是善良的，要想成就德性的话，就要保持自己的本性。这与西方的德性伦理学存在明显的不同。正像我们在前面所提到的，亚里士多德认为德性并不等同于人性，德性是后天养成的，并非天生的品质。人具有接受德性的能力，但这种能力并非德性本身，而是成就德性的手段和途径。借助这种能力和后天的实践活动（包括教导等），人们可以获得道德德性和理智德性，一个人的道德品质有赖于个体的实践活动，个体品质取决于其后天实践活动。

2. 对于情感与理性在德性中的侧重存在不同

中国儒家比较强调精神情感在其伦理学系统中的重要地位，而西方德性伦理学则着重于理性对德性培养的指导。亚里士多德将德性分为道德德性与理智德性，前者与人的情感有关，来源于风俗习惯，后者与人的理性、思维有关，来源于教育，道德德性的形成需要理智德性的引导。可见，以亚里士多德为代表的西方德性伦理学，更加注重理性在德性形成过程中的作用。而中国传统儒家更加注重情感在德性形成中的作用，德性是人的道德情感的自然流露。德性形成的过程是道德情感由萌发到生发，自然而然逐渐扩充的过程。

3. 对于知识与德性之间的关系存在不同

中国儒家将德性放在主体地位，认为德性是知识的根基，反映出其在做人与求知、德性与知识的关系上,坚持道德至上的价值追求。相对而言,西方的哲学家们更加注重知识的作用,曾经把知识作为德性来追求。比如苏格拉底构建了一种伦理思想体系,就是"知识即道德",他认为知识是德性的根据或本质,强调知识的重要性,任何不道德的行为都是由于无知而产生的。柏拉图在此基础上,做了进一步系统化、理论化的论述,在他的《理想国》中,所描绘出的"哲学王"既包括知识,也包括德性。在亚里士多德那里,他注重理智德性的论述,并且认为德性是一种品质,表现出一种重理智的致思倾向。

由于所处的时代环境、社会价值取向、传统习惯、思维方式等有很大的不同,中国古代先哲的认识范围也只是限制在人伦层次,而没有进入自然知识的领域。尽管西方传统哲学家也曾经把善的理念只是当作德性本身来探求,但是在探索实践的过程,走向了"求智"的知识论立场。总体来看,中西方好像都没有很好地处理知识与德性的关系。其实,知识与德性应该是统一的、相互促进发展的关系。

4. 中西方都十分重视德性的培养,但是在培养方式上有共同之处,也存在不同之处

首先,他们都承认在培养德性的过程中,外在的行为规范有着重要意义。亚里士多德主张,德性的养成源自教导与习惯,但同时也依靠不断实践。儒家伦理思想中的"礼"成了约束人们行为的外在规范。儒家也重视德性的实践,但是与西方德性伦理不同的是,在德性的培养方式上,儒家认为应该内外兼备,既要注重外在行为、规范对于德性养成的重要作用,也要注意自身的心性对于德性养成的重大影响。例如,孟子提出了两种德性培养的方式,分别是存心养性与尽心知性。与西方强调外在因素相比,儒家关于个人自身心性培养的注重则是其重要优势,因为它阐明了不管人处于什么样的环境、境地,都能够修养自身德性。

5. 在德性的特点上,中西方都强调主体的自愿性、主体性、选择性

"非自愿行为是被强制的或由于无知。"① 亚里士多德将那些出于无知,但是不会引起自身后悔的行为称为非自愿的行动,那些由于欲望和情绪等非理性因素引起的行为,并不是非自愿行动。因为欲望、情感等都是属于人的,人必须对自己负责。可以看出,亚里士多德有过分强调理性的倾向。此外,他还认为主体自身的判断选择能力是具有根本性的德性品质,"做一个善良之人还是邪恶之人,总是由我们自己"②。从这些言论主张,也让我们看到其与孟子的思想的相似之处。孟子认为,一

---

① 苗力田:《亚里士多德选集·伦理学卷》,中国人民大学出版社1999年版。
② 杨国荣:《道德系统中的德性》,载《中国社会科学》2000年第3期,第85—97页,第205页。

切的德行都是由于主体本然的一种善心。看到小孩子掉到井里，恻隐之心会随之产生，这完全是出自主体的一种自然良心。他们都充分肯定了主体自身的自愿选择，认为德性与德行统一于实践活动中。这些观点与亚里士多德如出一辙，都是对于主体自身意志自愿的充分肯定，并将德性与德行统一到具体的实践活动中。

通过上述比较，可以看出中西方关于德性的阐述有相似之处，同时也存在很多差异。比如，中西方都重视主体性和德性的培养；中国传统儒家认为德性与人性是相等同的，侧重于用人性来解释德性，并且认为"德性"来自天命，是与生俱来的，而亚里士多德则明确表示"德性"不是"本性"，是一种后天养成的品质；儒家成就德性主要依靠的是教导（理智德性）或风俗习惯（道德德性），等等。其实从总的分析来看，中西方的德性伦理思想存在一定的价值和局限性，并不能完全抑此扬彼，但值得肯定的是，其都以各自的哲学致思角度给人们以伦理反思，提出了非常有价值的借鉴意义。

（二）学习德性培养的必要性、迫切性、可行性

亚里士多德在《尼各马可伦理学》中指出："每种技艺和研究，人的每种实践与选择，都以某种善为目的。"[①] 据此可知，任何事物，包括一切技艺、科学等，其本质目的都是善，其德性就是事物本性及其功能的发挥。学习的德性就是作为一项技艺活动的学习的本性及其功能的发挥。学习是人类在不断求知，其本性就是爱智、求知，但求知的功效既有爱智，也有实用。由此决定了包含着学习目的、态度、情感、价值观等要素的学习德性，既有爱智取向，也有功利取向。相应地，一个人的学习德性就会有用智、相对用智、相对爱智、爱智这几种层次。学习贯穿一个人的始终，伴随着学习德性的不断提升，学生个人道德层次和综合素质会在无形中达到一个更高台阶，从而推动着其他道德指标也向着更高水平迈进。

（一）德性本质及生成规律的必然要求

如果离开德性的本质来谈德育，德育将会失去其有力的支撑，从而走上异化的道路。我们需要重新审视德育，为德育建立起德性之基。关于道德的本质和内涵，传统道德伦理学派有着不同的理解和阐释。西方关于道德本质的观点，主要有道德本体论和道德工具论。

苏格拉底创造了道德本体论，在他看来，存在一个善本体，贯穿于所有的德行，

---

① 亚里士多德：《尼各马可伦理学》，廖申白译注，商务印书馆2003年版。

道德的本源和实质就是这个善本体,这是人类应该追求的完美状态。在柏拉图看来,至善才是所有事物出现的最终原因与目的,而人生的根本目的便是要实现至善。在亚里士多德眼中,功能导向事情的终极目的,并展示了事物及其活动的实质状况,因此德性或优秀性就是事物功能的实现与本质的表现,而所有事物的德性便是其本性与功能的最好实现。道德工具论认为,道德是工具、手段,如此就很容易成为人们追求功利、私欲的手段,助长功利主义、实用主义的社会风气,导致社会道德失去秩序、陷入危险。这种观点无疑是对道德本身的违背。其实,究其根本,整体的道德本质既包括本体道德,也包括工具道德,只是二者存在不同的侧重点罢了。

将这两种道德本质理论统一起来的是马克思主义伦理学,两者的互补性构成了道德的整体。道德是本体与工具的统一,具有功利性和非功利性的二重本质特征,但其本质是人的道德。

就道德的产生而言,马克思主义认为,道德由社会存在、经济基础决定。马克思主义指出:人们自觉或不自觉地,归根到底总是从他们阶级地位所依据的实际关系——从他们进行生产和交换的经济关系中,获得自己的伦理观念。道德并不是上帝的旨意,也并非凭空产生的,亦非亘古就有的,而是在调整利益主体之间的利益联系中产生的,当利益关系发生变化时,道德也会发生变化。普列汉诺夫认为:"人类道德的发展一步一步跟随着经济上的需要,它确切地适应着社会的实际需要。在这种意义之下,可以也应当说,利益是道德的基础。"

由此看来,德性的本质是人之为人的特征,是德性本身。道德是在利益关系上产生的,但是利益本身不构成道德,利益关系来自提供利益的环境,道德的功利性和非功利性相互联结并统一于道德本质之中。就学校环境下形成的德性及德育而言,学校提供的利益关系并不是直接涉及政治权力斗争、日常生活的经济利益关系,而主要是学生的学习利益关系。与此相关,良好的学习道德及其培养既是保障学生学习利益最大化的获得,也是规约其学习利益获取目的和手段的正当性所在。所以,提出学习德性培养问题就是其必然要求。

(二)正当其要:学校道德教育的重要性

自从学校诞生之日起,学校德育问题就随之而来,之所以对学校德育的德性问题进行反思,也主要是因为对学校道德教育设有应然的理想期待。从德育地位的历史变迁来看,主要经过了从"教育唯一的首要目的"向"教育的最高目的"的转变。古代的教育,将道德作为教育的唯一目的,实际上是以道德伦理为根本的道德教育。例如,孟子认为,教育的目的是"明人伦";孔子对弟子们的要求是,"入则孝,出则弟,谨而信,泛爱众而亲仁。行有余力,则以学文。"要致力于"孝弟""谨信""爱众""亲仁",养成优秀的道德理念和美德言行,只有在品行方面都做到了,在其基础上才能够掌握人文科学基础知识。这就说明,孔子的教学思想也是以德育为中心的，着力于教导学生的德行教养，做人就是学知识的前提。另外，司马光也曾言："才者，德之资也；德者，才之帅也。"德就是目的和方向，德是才智的统帅，要以德为先，重在品德。到近代，智育则占据了非常重要的地位，而与此同时，体育锻炼也受到了重视，德、智、体这三方面的教育就成为学校教育的主要组成部分。德育在这时被认为是学校教育的最高目的。还有很多思想家，比如卢梭、赫尔巴特、杜威等人，他们也都主张，德育是教育目的的最高层次。赫尔巴特提出的"教育性教学"理论，认为教学的主要目的是培养德性，道德是教育的最高目的。德育的地位变迁说明了道德教育在学校教育中的重要地位，以及德性及其培养在教育中的重要性。

再追溯学校道德教育的发展史，主要包括主知德育、活动德育、情感德育、生活德育、制度德育等德育理论。"20世纪，道德教育的理论与实践，都是一个主知主义的时代"①。例如，法国思想家涂尔干强调道德教育的基础是理性，理性或道德事实的科学，是理解和研究道德的唯一方法途径。杜威认为，人们的道德行为习惯植根于其思想，个体在进行道德选择和判断时，个体的思维、理智起到非常重要的影响作用，那么在道德教育过程中，主要任务是培养学生的言行、习惯、理智思维。此外，杜威从生长理论出发，认为道德教育是一个持续不断、终生发展的过程。不过关于道德成长阶段的研究，杜威主要以理论为主。而皮亚杰借助实证研究，在生长理论的基础上，发现了儿童认知活动的普遍规律性，从而得出有关儿童智力发育的生长阶段理论。柯尔伯格继续从儿童的道德判断出发，通过研究建构了道德教育理论，理智和思维是道德教育的基础，认知则是道德发展的核心。道德认知会随着道德判断力、逻辑思维力的提升而得到进一步的提高。个体的认知、理智的发展程度也直接决定了其能够达到的道德水平。

主知主义德育的地位受到应试教育的影响，逐渐边缘化，学校德育状况也陷入难堪的境地，这时，生活德育论指出道德教育应该为人们的生活服务，其基本使命是引导学生成长，帮助学生成人，而不是为考试提供服务。刘铁芳认为：现代德育的困境在于与生活疏离，摆脱困境的出路是向生活回归。②高德胜提出："现代德育的知性特质，在很大程度上是悬挂在空中支离破碎而又抽象的德育。"③从道德的源头上来说，道德是由人们生活的需要产生的，并且是为了人们能够实现更美好的生活。④但是，也有学者对这一理论提出了质疑，例如，冯文全认为，德育并不能等

---

① 戚万学：《冲突与整合——20世纪西方道德教育理论》，山东教育出版社1995年版。
② 刘铁芳：《现代德育的困境与德育向生活的回归》，载《上海教育科研》1997年第7期，第9—13页，第30页。
③ 高德胜：《生活德育简论》，载《教育研究与实验》2002年第3期，第1—5页，第72页。
④ 高德胜：《道德教育评论2012：生活德育论的反思与展望》，教育科学出版社2013年版。

同于生活，要与生活保持一定距离。"众所周知，在学校产生之前，德育同其他教育一样，还没有从生产生活中分化出来，德育的内容与手段、方法等都是同原始的生产生活融为一体的。"① 他们主要的争论点是，生活德育是否会偏向功利主义的价值倾向。对此，鲁洁指出，为了追求生活而道德，使德性的发展带有功利化的倾向，好的生活也有道德的、不道德的，为了道德而道德不是生活德育的目的。② 如此看来，生活德育论内部也出现了分歧。制度德育是继这些德育理论之后的又一创新，这一概念最初是由杜时忠提出的，他认为制度德性比个人德性更具普遍性，制度德性是个体德性的基础和前提，但同时也指明，德育的制度模式目前还存在一定的局限性。③

长期以来，学校德育的理论流派各执一词。审视学校德育的地位变迁、发展的历史与现实，发现人们通常是以德育是否有利于国家政治、社会稳定、经济发展，是否可以帮助就业、获得高分等来评价德育，德育逐渐变成了政治、经济发展的附庸及应试教育的工具，从而流失了自身的本质。如此看来，学校德育是一个非常值得思考和探究的话题，而基于学校本身的要素和利益关系研究德性问题也很有必要。

（三）正当其时：学校道德教育的现实迫切要求

学校道德教育的边界有待界定，根据德性本质及其生成机制原理，就学校环境下的德性及培养而言，其利益关系主要是学习利益，与此相关的学习道德及其培养是必然要求，然而现实中更多培养的是政治道德、生活道德、思想道德等等。这些都是远离学校利益关系的道德，植根于学校利益关系的学习道德并没有得到彰显，由此便导致学习其他道德时的核心支撑不足。

目前，我国的学校道德教育在建设实施的过程中，主要方向整体偏向规范化而非德性。人所需要具备的一些德性品质只出现在课本中，或者是言语宣传中，并没有真正在学生自身生成以及发展中出现，德育呈现表象化趋势。与此相对应的是，学校用大量的行为规范、奖惩制度约束着学生的日常学习、生活。冯文全曾经提出，由于学校德育目标空泛，从而导致德育工作无法落在实地，成效也甚微。④ 在应试教育的环境下，学校教育注重知识培育的同时却忽视了德、体、美、劳的发展。学校道德教育不仅违背了道德的本质，离开了道德本质只培养学生的道德知识，而且

---

① 冯文全：《德育创新不能背离教育的历史逻辑和德育的基本原理——与高德胜教授商榷》，载《教育研究》2011年第12期，第81—86页。
② 鲁洁：《生活·道德·道德教育》，载《教育研究》2006年第10期，第3—7页。
③ 杜时忠：《制度德性与制度德育》，载《高教探索》2002年第4期，第11—13页，第6页。
④ 冯文全：《学校德育目标的分层研究》，载《教师教育研究》2004年第6期，第29—33页。

离开学校环境最有利的方面,去培养不利的方面,如生活、政治道德。与这些道德生成的利益关系主要不在学校,没有把学校环境决定的利益关系充分发挥出来。并且违背了道德本身的特点和道德教育的规律,学校课堂是师生交往、学习的主渠道,对学生培养了道德认知,但没有能够做到知行合一,学校费了很大的功夫,却收效甚微。学校对学生的基本生活道德只能起到推进道德认知和一定道德情感的作用,并不能决定其生活道德如何。但是学校作为学生学习生活的主要场所,提供了学习的利益关系,涉及如何获得学习成绩、该不该获得学习成绩以及如何使用学习成绩的问题,可以对学生的学习德性起到主导性的培养作用。因此,要将学校道德教育引导到正轨上来,厘清学校道德教育的本质,找到学校道德教育的定位、方向和内容。

(四)培养学习德性的可行性

学习德性培养的可行性,体现在大学生学习德性培养和发展的紧迫性、可行性、可能性、辐射性上。

首先,大学生学习德性培养具有紧迫性和可行性。随着现代市场经济、科学技术的快速发展,国家、社会需要具备创新精神、实践能力和社会责任感的人才。而大学生作为人才的主要来源,他们的学习状态与发展状况,会直接关系到一个国家各项事业发展的速度与质量。大学生既要成人又要成才,成人又离不开德育。但是在目前的教育过程中,教育的功利化价值取向淹没了教育本身,虚化了教育的德性。相比之前的基础义务教育阶段,中小学生面临升学、高考、教师、家长的压力,自主性选择还很弱,掌握不了自己的命运。而到了大学阶段,不再将考试成绩作为主要目的,以学生的自主性选择下的个性化综合素养成长为目的,所以更加需要学生的学习德性的提升,同时也有外在的时空条件,这是紧迫性和可行性所在。

其次,大学生学习德性培养具有可能性。在中小学教育乃至家庭教育中,学生的学习德性主要是老师和家长德性的映射,受制于家长和老师。若要调控学生的学习德性,则需先引导中小学教师、家长转变观念,影响的因素较多,在调查的过程中可能会引发不真实的结果。大学生具有自主意识,具备反思自己的理性能力和自主空间,可行性比较大。同时,大学生离开了家长、中小学老师,在大学更有自主空间,所以能够运用自己的理性控制自己加强修养,有相应的判断和选择能力,有提升学习德性的可能。

最后,大学生学习德性培养具有辐射性。在大学阶段,如果学生养成了良好的学习德性,将会对学生一生的学习、生活、实践都产生非常重要的影响。到了大学阶段,脱离了义务教育阶段的应试性学习,更多的是一种自主性学习,学生完全成为自己、学习的主人。大学生在学习中的道德发展水平,不但会影响其在校时期的学业情况,还制约着其在进入社会之后的学习、工作、生活等的质量,以及对社会的影响。具有学习德性的大学生毕业后走向社会，如从事教师、管理、科学研究等工作乃至组建家庭为人父母等等，可以构建一个良好的循环，能够更好地推动社会进步与发展。

因此，学习中德性的问题已经成为学习伦理学研究的一个领域，它也应该受到人们的高度重视。

三、学习德性的内涵和外延

（一）学习德性的相关概念阐释

1. 德性

1）德性的词源学解释

在英语中，"德性"也叫美德，即"virtue"。"virtue"源于希腊文的"aretê"。其包含了优秀、力量、强大的功能等意思，从广义上说，指所有事情的优秀的功能，比如马的德性就是跑得快等等；从狭义上说，则专指人的德性，就是使一个人好，又可以促进他出色地完成工作的品质。"aretê"后来逐渐被"virtue"所代替，"virtue"来自拉丁文"virtus"，"vir"代表着能力、力量，"virtue"则蕴含有功能、力量、优秀的意思，在这一点上与"aretê"是一致的。

再看中文"德"字的词源，"德"是一个会意字或象形文字，由"彳""直""心"构成，"彳"（chì）表示人行走的姿势的意思，"直"表示眼睛向前看的意思，"心"表示人的心境和情态。"德"从"彳"、从"直"、从"心"，结合起来的意思就是遵照自然本心去行事和行动。从词源上讲，就包含了行动的意思，通过人的内心精神实践活动去修炼自己。在《说文解字》中，"德，升也"，说明德也包含了生长的意思。还有"德，外得于人，内得于己也"。在这里，表明了需要结合内、外两方面来获得德，更表明了德中隐藏着实践的能动性。所以，在中国古语中，德或者德性包含着生命、生长和获得的意思。

2）德性与道德概念辨析

在伦理领域中，道德一般指的是人的行为品德，是社会对人言行的某种制约与评价。例如，孔子主张"志于道，据于德"，这里的"道"指的是个人应该崇尚的人格和社会生活理念的境界，"德"则指个人在实践过程中的行为准则和立身依据。孟子提出，国君要尊德乐道，要崇尚美德，并且推崇至仁之道，而"其尊德乐道，不如是不足与有为也"。在《礼记》中，也提到"道德仁义，非礼不成"，这里把道德与仁义相等同，泛指人的品德行为状态。

在哲学领域中，首先对德性做出解释的是老子，他认为："道生之，德畜之。"世界的本原就是"道"，道生万物，是世界万物运动、变化的规律。"德"则是"道"的具体属性规律，德不会干涉世间万物的发展，主要是顺其自然，任其自由生长、发展。庄子则延续了老子的道德观念，提出"通于天地者，德也；行于万物者，道也"。贯穿于天地的是顺应自然的"德"，通行于万物的是听任自然的"道"，也是强调顺应自然。那么，在行动的过程中，要做到"通乎道，合乎德"，也就是通过道的方法，才能达到对德的要求。在老子、庄子的思想领域之内，道就是作为本质和规律而存在的，德为具体的表现形式，道德就是人按照一定的客观规律所呈现出来的某种状态。

宋代，产生了关于道德的新阐释。比如，张载提出："德，其体；道，其用。一于气而已。"在他看来，德为体，道为用，并把道德统一于"气"。在清代以前，道德在伦理学领域内的含义，大多是指人的行为质量或品质状态，在哲学领域上，道与德之间更多的是一种因果联系，也就是"因道而德"。再到了近现代，很多学者认为，道德就是通过传统习俗、规范规则、社会舆论等，借助善恶评价的形式，指明应该做的和不应该做的，用来约束和调整人的行为、人际关系、实践活动。从这种意义上说，道德应该属于规范伦理学领域。现代谈论道德时，往往是要求人们共同遵守一些外在的行为准则和规范，但这又或多或少地同个人以及他人的现实利益相关。从这个意义上看，现代的道德规则常常是客观的，带有外在强制性的特征。

德性作为一种精神性的内在品质，具有独特的价值特征。叔本华曾说过："具有真正道德价值的行为还有另一个特点，它完全是内在的，因此不太明显。"① 德性的价值主要着眼于个人内在品性的生成和培养，或者说提升精神境界，强调个人能够自由充分地实现自身价值，自觉体验幸福人生，用中国古代的哲学术语来讲，德性的学习是"为己之学""成己成物"，也就是成就人之所以为人的一种学问。② 同时也能通过自身的善，来帮助更多的人实现善，使众人各得其益。

总体来说，道德更多地偏向外在的行为规范和约束，通过确立善恶的标准，来进行道德评价。价值功能在于规范、约束人类的行为以及调节社会关系等等，目的是维持社会稳定和维护社会秩序。而德性是人的一种善的能力和品质，有德性的人会遵守社会规范，去做道德的事情。有道德并不能说明人就具有某种德性，因为道德规定的只是不去触犯，而不触犯又有两种表现，即"做好"和"无为"。道德在无为的层面上时，就很难与德性相联系。

---

① 叔本华：《叔本华文集——人生智慧》，任立、潘宇编译，华龄出版社1997年版。
② 陈根法：《论德性的意义和价值》，载《复旦学报（社会科学版）》2002年第3期，第104—107页。

3）德性的内涵

结合前文对中外德性思想的梳理，可见研究者们都是从不同的方面来认识和阐述有关德性的本质与内涵。总而言之，不管是古代或者近代，不管是东方或者西方，德性这个词的内涵越来越丰富。经过梳理，可以得出德性的几种界定（见表7-1）。

表 7-1 德性的几种界定

学者	德性的几种界定
亚里士多德	人的德性就是一种使人成为高尚的，并使其出色地运用其功能的品质
西季威克	德性是一种展示在义务行为（或超出了严格的义务范围的好行为）中的性质
包尔生	德性可以定义为旨在提高个人和集体幸福的意志习惯和行为方式
弗兰克纳	德性是一个人所具有的或力求具有的心灵的气质、习惯、品质或品性
罗尔斯	德性是由一种较高层次的欲望（在这种情况里就是一种按相应的道德原则行动的欲望）调节的情感，这些情感亦即相互联系着的一组组气质和性格
斯宾诺莎	就人的德性而言，就是指人的本质或本性，或人所具有的可生产一些只有根据他的本性的法则才可理解的行为的力量

经过上述梳理，再结合笔者的理解和研究的需要，对德性进行了界定：德性就是主体个人在正确引导下通过一定的方式培育而成的一种稳定的、卓越的品质，是在界定利益、获取利益、使用利益中所体现出来的情感、态度、价值观，这种品质可以使得主体更好地发挥本身的功能，以期产生好的实践结果。

那么借鉴中外哲学家对"德性"的理解，笔者认为"德性"概念至少包含以下几种意思。

首先，德性是人之为人的内在规定。如前所述，在东西方的德性伦理思想中，德性不仅具有本体论上的内涵，也包含伦理道德的意义。德性是主体在人与自身、他人、自然的实践交往过程中，对于社会价值和生命之道的深切感悟，并逐渐凝结于人自身的本性之中，形成卓越而优秀的内在品质，是人之为人的内在规定。主要包括：一是本性如何，事物的本身是怎样的；二是使事物的功能的发挥程度如何。

其次，德性是可以通过后天培养形成的，是人的一种卓越、优秀的内在品质。如前文所言，德性具有内在卓越、优秀的含义，这也得到了中国传统伦理文化和西方伦理思想的共同认可。主体在实践的过程中，会始终用向好的目标来要求自己，既不会无所事事、碌碌无为，也不会为了达到目的而采取不正当的手段。

最后，就人之存在的个体之维而言，人的存在固然有着多方面的维度，但不可否认的是，人在生活世界中总是作为整体而存在着。德性与人的存在涉及自我与他人的两重维度，"诚者，非自成己而已也，所以成物也。成己，仁也；成物，知也。性之德也，合外内之道也"。在这里，"诚"既有人格的真诚，又有存在的真实性的含义，是儒家所理解的完美的德性。可见，在儒家看来，真正拥有完美的德性，体现为成就自己与成就他人的统一。许慎在《说文解字》中说道："德，外得于人，内得于己也。从直，从心。"在这里，所谓"内得于己"，即以善（德）性存于内心，使身也互得其益；而"外得于人"，即以善（德）性施于他人，使众人各得其益。

2. 学习

1）学习的词源学解释

孟子云："夏曰校，殷曰序，周曰庠，学则三代共之，皆所以明人伦也。""学"字的本义是"学校"，甲骨文的"学"字是一所房屋，上有"爻"（表声）；也有些字体里面有一双手的形状，代表合力兴学。如图7-1所示，金文在屋内加"子"，代表培育学问。① 由此可见，现在的"学"在很大程度上保留了最原始的学习的含义。从字形上看，"学"是甲骨文的算筹，有的甲骨文算筹里面会加手，突出学生通过左右手认真地学习。

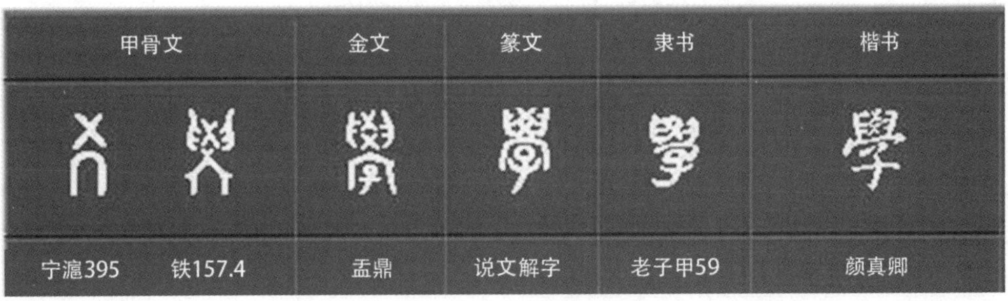

甲骨文	金文	篆文	隶书	楷书
宁沪395 铁157.4	盂鼎	说文解字	老子甲59	颜真卿

图 7-1 "学"的字形演变

如图7-2所示，"习"在甲骨文中象征着在巢穴上挥动双翼进行飞翔动作训练。有的甲骨文在鸟巢中加点写为"日"字形状。金文中的"习"承续甲骨文字体传统。小篆中的"习"把金文中的"习"里的"日"写成"白"。简体楷书"习"字，把繁体楷书的"羽"和"白"省去了，强调不断地重复练习。

古代将专业的理论知识的训练称为"学"，将日常的生活实践体验称为"习"。所以，从字符的表征来看，"学""习"组合起来，就包括知识理论的系统训练以及技能技巧的训练。《现代汉语词典》对"学习"的基本解释是，从阅读、听讲、研究、实践中获得知识或技能。

---

① http://www.guoxuedashi.com/zidian/ziyuan_3042.html.

習 习

甲骨文　　　　小篆　　　　楷书（繁体）　　楷书（简体）

图 7-2　"习"的字形演变

在英语中，"学习"（learning）为动词，是指通过研究、实践或被教育获得知识或技能。"learning"用作名词，指学问、学识、知识，也被普遍译为"学习"，例如行为主义学习理论、建构主义学习理论。"learning"有教与学的双重含义，也含有学问和知识的事实。从中英文的学习字符表征中可得出，学习包含知识和技能获得两个方面，具有实践客观性特点。英文的字符表征还暗含学习对人类精神的塑造。

2）学习的概念

通过梳理发现，对学习的研究也越来越受到学者的重视，要讨论学习，我们首先要明确学习的定义，于是收集了几种具有代表性的关于学习的定义（见表 7-2 至表 7-4）。

表 7-2　西方学习理论对学习的定义

学习理论	学习的定义
行为主义	学习的实质是一种刺激代替另一种刺激建立条件作用的过程，通过条件反射建立牢固的刺激-反应联结，从而形成新的行为习惯
认知主义	学习是认知结构的建立和组织的过程，是学习者原有认知结构中的有关知识和新学习的内容相互作用，从而形成新的认知结构的过程
建构主义	学习是主动建构的过程，是认知结构的改变过程，是对事物和现象不断地解释和理解的能动过程
人本主义	强调学生自主学习、自主建构知识的意义，以人的发展为本，强调学生的自我发展，发掘人的创造潜能，重视情感教育

表 7-3　心理学对学习的定义

学者	学习的定义
施良方	学习由经验而引起，在行为、能力和心理倾向等方面，产生比较持久的变化
李伯黍	学习是人在一定情境下掌握一定知识和由知识所制约的活动过程
刘兆吉	学习是人与人之间进行社会交往，将语言作为传递工具，借助感官、器官等，来掌握人类社会的历史经验，是人的一种智能活动

表 7-4 哲学对学习的定义

学者	学习的定义
谢德民	学习是一种认识、实践活动，以求知、获得能力为主要目的
叶瑞祥	学习是个体与环境互动，从而获得经验的活动，学习活动包括学习的主体、客体和学习活动的结果三个基本要素
王文博	人类的学习，是学习客体在主客体的相互作用中，通过主体的意识、行为发生效应而内化的过程
佐藤学	学习是与客观世界对话、与他人对话、与自我对话的交往实践活动，换句话说，就是创造客观世界、构建同伴关系、探索与发展自我

学习的分类如表 7-5 所示。

表 7-5 学习的分类

学者	学习的分类
加涅	在众多的学习分类说中颇具影响的是美国心理学家加涅的分类模式。加涅是行为主义与认知学派的折中者，他根据学习从简单到复杂的过程，提出了学习层次理论（也称累积学习模式），并依据学习最终形成的能力，将学习分为五种类型：言语信息学习、智慧技能学习、认知策略学习、动作技能学习、态度学习
潘菽	根据学习的不同内容和结果，可将学习分为四类：① 知识的学习，包括学习知识时的感知和理解；② 技能和熟练的学习；③ 心智的、以思维为主的能力的学习；④ 道德品质和行为习惯的学习
李伯黍	依据学习的内容和结果，可将学习分为三类：① 知识学习，就是"新符号所代表的观念在学习者心理上获得意义的过程"，本质是获得事实意义；② 技能学习，"技能即动作方式，或者说，就是在特定目标指示下的操作程序，本质就是获得方法的步骤；③ 道德学习，就是个体对道德原则和社会规范的自主建构，使道德品质内化、道德行为外化的价值性学习

通过资料查找，可以了解到不同学科和理论流派对学习概念的界定各不相同。目前对于学习的研究也是处于探索的动态过程，不同的人的见解和看法不同，都无法否认其价值。

在心理学领域，对于学习有很多种界定。"学习是指个体在特定的情境下由于练习和反复经验而产生的行为或行为潜能的比较持久的变化。"[①] 这一概念界定得到了众多人的认可，其较全面地概括了学习的本质性构成要素，阐明了学习产生的原因，是由于经验和不断练习，学习的特征不仅体现为表现出来的行为，而且应将行为潜

---

① 邵瑞珍：《教育心理学（修订本）》，上海教育出版社 1997 年版。

能的获得也视为学习，最后指出学习应排除先天遗传的倾向性行为即非持久性行为。① 在教育学领域，人们主要从广义和狭义的角度对其进行了界说。广义的学习包括人与动物的学习，是经验获得及行为变化的过程。狭义的学习则专指人类的学习，学习并掌握实践活动中长期积累的社会历史经验，或者总结创造出的科学文化知识。

在了解了学者们对学习的定义和分类后，笔者将学习定义为：学习是人类习得知识、技能、道德等文化形式和内容的实践活动，也是人的一项生存、生活的技艺。

学习贯穿于人类生命过程的始终，可以说学习是作为人的一种性质而存在，也是人的一种存在方式，是实现人自身意义自由充分生成和发展的实践活动，是使人成为主体并不断增强主体性的过程。同时，人作为自身生命的主体，不是给定的，而是生成的。主要可从以下几个方面进行理解。第一，学习可以被看作是一个动词，表示去学习知识、技能等的一种动态活动，是为了追求某些目标或达到某些目的。人之为人，总是活动在对某种更高事物的希望、期待或者追求当中，学习活动也会存在目的性。第二，学习更是一个名词，即学习本身和学习结果，当我们询问别人"你的学习怎么样""你的学习好不好"等时，其中就暗含了询问一个人的学习态度、情感、价值观等等。这样的一种追问就不只是表示对学习这个活动过程和学习结果的关注，而是关注学习本身怎么样，即人对学习本身的一种自觉反思。透过一个人的学习态度、价值观等，也可以反映出他的素养，体现出他的内在品质。学习是人的一种动态生成过程，也是学习本身作为人自身性质的存在方式。

3. 学习与德性的关系

人与动物不同，刚出生的婴儿几乎什么都不会，动物遗传的确定性比人要多，而遗传给人的限定性就很少，每个个体都有无限发展的可能性。雅斯贝尔斯说过："没有一个人知道自己是什么和自己能做什么，他必须去尝试……人类并不是一个不再发展的固有的族类，不像动物一样是不可改变的，人类有着无限发展的可能性。"② 但人的无限发展的可能性，不是随着生理成熟就能够自然获得的，必须经由学习来实现。不学习，就无法去实现我们作为人的无限可能性，就无法真正成为人。也就是说，学习与人之为人是密切联系在一起的，是人之为人的方式。正如亚里士多德所言，"求知是所有人的本性"③。《礼记》中也讲到："玉不琢，不成器；人不学，不知道。"作为人，我们必须学习，也只有通过学习，我们才能成为人，"每个

---

① 冯忠良：《学习心理学》，教育科学出版社1981年版。
② 雅斯贝尔斯：《什么是教育》，邹进译，生活·读书·新知三联书店1991年版。
③ 亚里士多德：《尼各马可伦理学》，廖申白译注，商务印书馆2003年版。

人都是在学习中成为人的"①。学习是成人方式，即"学以成人"。德性是人性特征和人性成就，而学习是人之成人的方式，也是人获得人性与德性的过程。

佐藤学认为，就"学习"而言，东西方有两个"传统"。一是将学习作为一种自身修养的传统，即修炼学习传统，为的是提高自身的修养，提高自身素质，使自己的内在得到提升。二是一种关于对话方式的传统，即对话学习传统，孔子的《论语》就是基于对话方式，苏格拉底最先提倡的学习也是采用对话方式。修炼学习传统奠基于人的不完善性，借由学习来实现由不完善向完善的逼近；对话学习传统将学习奠基于对话，通过对话共同探索人的使命与意义。②

中国的传统儒家学习观，以德性作为知识的主体和根基，主张学习就是生活，生活就是学习。学习就是过一种有意义的"德性"生活。学习要专注于自身的修养，不断完善自我的道德。在前文已指出，儒家过分推崇道德的地位而忽视了知识，但是始终强调学习与做人不分，通过努力学习，力求让自己能够成为一个自主、独立、有智慧的真我，成为自己本身。孔子云："古之学者为己，今之学者为人。"他认为真正的学习，始终都不是为了别人、外在的功名利禄而学习，而是为了修身养性，学习是关于如何做人的问题。学习就是生活，生活就是学习。学习就是过一种有意义的"德性"生活。

彼得·圣吉提出，如果仅仅是吸收外在的科学文化知识、技术技能，不能说是学习，目前学习的意味以及用法已经没有了它的核心意义，真正意义上的学习，一定是需要修正自己的行为，也便是修炼、修身，同时还要做到身体力行，方可成为真正的学习者。他的这种学习观与中国传统儒家存在某些相似之处。

如此看来，学习与德性是密切联系的，学习是成人方式，学习本身也是道德活动，这是学习的本性。目前在日常生活中所提到的学校应该加强德育、思想政治教育等，是将德性作为学习的内容、目标而存在，对于德性本身而言，学习也是德性存在的一种方式。

（二）学习德性的内涵

通过前文分别对学习与德性的概念进行阐释后，有助于进一步剖析学习德性的内涵。

1. 学习德性的本质

探讨学习德性离不开对教育本身的追问，传统的教育学观点认为教育是有目的、

---

① 迈克尔·欧克肖特：《人文学习之声》，孙磊译，上海译文出版社2012年版。
② 佐藤学：《学习的快乐——走向对话》，钟启泉译，教育科学出版社2004年版。

有计划、有组织培养人的活动。这种教育观凸显出来的是教育目的的外在性，容易导致重视"教书"而忽视了"育人"，教育应该关注人自身的成长。教育存在论指出，教育是一种生成性活动，是人们在交往过程中基于觉解的意义生成，教育性则是意义的自我生成。① 我们应该看到的是，教育主要不在于只为获得有用的知识或技能，而是在于通过知识学习引导学生的意义生成与自由充分发展。

在古代，衣、食、住、行等基本生活技能和技巧，都是经过感官、知觉的不断强化和锻炼而产生的，必须经过学习，才能使这种生活经验得到保留，也可以使人类免于苦难，以便保证种族的延续与传承。而随着人类生存、发展与生产实践活动的需要，学习也成为必要，可以通过学习掌握经验从而改造世界，实现人类社会更好地发展。对个人而言，个人需要经过日常的耳濡目染或者经由长辈的口耳相传而获得经验，以便掌握人类进行生产生活所必需的技能。如此看来，就是为了生产生活的需要，才促使人类自觉不自觉地加以学习。

在最开始的学习，可能是为了生存、生活、生产等实用目的，或者为了摆脱无知的困扰，受外界环境驱使，产生一种迫切学习的动机，这种情境下的学习是完全受价值期待所驱动的。但是，在学习过程中，学习者不仅仅满足于所需要的学习结果，并且开始对于觉解过程、意义生成过程进行自我反思，采取相应的策略提升自己的学习效能，从而掌握了更多关于意义生成的知识，也更好地满足了自己的实用价值期待。这种实用价值不单单是通过"知道了"的知识来解决自己的无知困扰，也不单单是满足现实的实用，也可能是为了某个考试分数，获得对自己有利的选拔、提升结果。倘若学习者只是满足于以上学习结果和学习能力的获取，则其学习只能在既定的学习资源中徘徊。由于人存在自主性和自由性，在学习过程中，也会追求实用价值，但他们会超越对实用价值的关注，走向关注意义本身，体验到意义生成的自我感、获得感和幸福感。这样的学习动机一旦产生，人性也便拥有了朝向意义生成本身而不是意义生成结果应用的目的。

正如亚里士多德在《尼各马可伦理学》中所言："每种技艺和研究，人的每种实践与选择，都以某种善为目的。"② 亚里士多德所说的幸福就是人的实现，是人的本质的完成。任何事物，包括一切技艺、科学等其本质目的都是善，善就是事物、技术之本性和功能的充分实现，这种充分实现构成事物、技术的德性，合乎德性的活动就是幸福。学习德性就是学习的本质及其功能的充分发挥，就学习的本质来说，非"用学习"，而是"爱学习"本身，指向人的自我充分生成。

具体到教学过程而言，知识被视作教学的载体和产出结果，是教育者和受教育者之间的一个桥梁，并且知识也是可教的。通常来说，知识也被视作学习活动中最简单、最普遍的符号表征形式，但是如果仅仅把人类文化经验的认识成果——知识

---

① 薛忠祥：《教育存在论——教育科学的形而上学基础研究》，武汉大学出版社 2013 年版。

② 亚里士多德：《尼各马可伦理学》，廖申白译注，商务印书馆 2003 年版。

当作学习的客体，一方面低估了知识的意义和重要价值，另一方面使人很容易被知识异化。因为知识不仅具备表征功能，而且还包含人类认识、生成知识的方式，以及在过程中所要传达的思想、情感、态度、信念和价值观。所以，在学习的过程中，除了要获得表面的知识信息外，我们更应该去发现和探寻符号背后的意义。要想获得更深层次的意义，显然不能通过机械式学习，如果简单地认为只要掌握了课本上的知识，就能获得生存所需和终身发展的能力的话，就是教育对人的自由充分发展的遮蔽。知识对于学生而言，是一种意义生成的形式，是需要在交往过程中，通过自身觉解领会意义而生成的，这样才会使得真正的教育发生。这不是单纯地将现存的知识搬进脑袋就能够实现的，如果一味地被动接受知识，无法发挥自身的主体能动性进行深度加工和运用，就会错失亲身体验知识生成过程的机会，难以达到创新。虽然在接受知识后，会增加自身的知识容量，但一旦主体离开了外在的学习刺激，已掌握的知识会逐渐减少甚至忘却，而且不会具备创新能力，难以突破自身瓶颈，最终使自身处于缺乏学习德性的状态下却还不自知。

然而，学习德性不是客观知识，它也并非通过短暂性对教育对象施加影响，就能够直接产生的结果，而是在无数次的教育教学活动中，由学习者发挥自主性生成的良善学习品质。在这样的过程中，老师也发挥着十分关键的角色作用，不仅要传授先进的知识，还要引领学生探究新的知识，帮助受教育者领会、体验知识生成的过程，有利于学生产生学习兴趣，获得学习动力，选择适合自己的学习方法，形成正确的学习价值观，从而真正领略知识背后的意义，这便是教师作为引领者引领学生形成学习德性的过程。

在这个过程中，一开始，学生应该做好学习准备。一方面在心理上要有学习动力的产生；另一方面可以借助先天的智力与天赋，并通过后天的勤奋学习，对基础知识进行加工，形成自身的见解，这一准备过程是知识习得的过程。人的自然禀赋存在差异是客观存在的，北宋王安石在《伤仲永》中，借仲永的案例，告诫人们不能仅仅凭借天赋就不去掌握和学习新的东西，而应当重视后天的教育和不断学习，突出了后天的教育和学习对于成才的重要意义。在学习知识的基础上，通过对话等方式进一步反思学习过程中的问题，并且生成自己的语言表达方式，充分发挥自主性，才能有助于突破自身的瓶颈，生成本体性思维、逻辑思维和价值论思维，获得至善的学习德性。

不管是创造知识的人，还是学习知识的人，都必须具有追求教育本身价值的意识。但是实际上，教学实践、教育总是受实用价值的主导，学习被当作是获得个人成就、谋取利益的工作和手段。倘若以这种遮蔽人的自由充分、自主、本真成长的实用教育价值观念来进行教学，则最终将会造成人的片面成长。

2. 学习德性的概念

通过前文对学习以及德性的阐释，综合来看，不管对于学习和德性的概念如何界定，都没有办法否认其价值。不同的学者对学习的阐释角度不同，见解和看法不同，人们也没有办法强求他人接受关于学习德性的唯一正确的定义。目前还没有学者对学习德性进行界定，笔者也无法给学习德性下一个标准的定义，而是可以对其进行描述性、解释性的界定，结合学习德性的生成本质去阐释它。

现代的教育大体上是"知识（认知）教育学＋智力教育学"的组合，一般的理解是"传授知识与发展智力"。这个现状的产生，一是由于受到工具理性思维引导的影响，即人们往往只要求注重智力、技术等的工具性事物；二是受到心理学等单一视野的限制，只看到教育需要满足人类的认知、能力、生存发展等的需要，却遗忘了"爱智"本身意义上的关怀。教育伦理学意义上的学习德性应该突破心理学的认知视野（这并不等于不要认知心理学的支持），结合伦理学、哲学、社会学等多种学科相交融的视角，从而上升到促进人的求真、向善、趋美的统一的最高目标上来。

结合前文对学习德性的本质分析，本研究认为，学习德性就是人类在习得知识、技能、道德等文化形式和内容的实践活动中，对于界定学习利益、获取学习利益、使用学习利益所体现出来的态度、情感、价值观。学习德性可以使个人更好地发展自己。

人类借助先天的自然力即心理素质、生理素质等，在后天习得知识、技能、道德等文化形式和内容的活动过程中，自身的素质与环境相互作用，使得主体的本质及功能得到充分发挥与实现，综合素质与能力等方面发生持久变化。主要包括学习态度、学习情感、学习价值观、学习动力等。

3. 学习德性的要素分析

1）学习态度

学习态度是指学习者对学习较为长期的肯定或消极的行为取向及其内在反应的心理准备状况。它一般可从学生学习中的注意状态、情感状况和自由意志状态等方面进行评价与解释。学习是一个循序渐进、精益求精的过程。对于很多学习者来说，学习动力的获得、学习能力的提高都是相对易于实现的，而学习态度的缺乏是相对严重的问题。孟子云："虽有天下易生之物也，一日暴之，十日寒之，未有能生者也。"因此，学习者有坚持到底的信心和决心，是学习取得进步的关键所在。从学而知学转向生而知学，关键在于顽强坚韧的学习意志力，在学习的过程中不断探索、追寻、钻研，而后便会产生"众里寻他千百度，蓦然回首，那人却在灯火阑珊处"的体验。

2）学习情感

学习情感是指学生通过与外部环境的互动而获得的情感体验和收获，包括对学习本身的体会、理解、尊重他人,以及社会责任感等方面。① 就像孔子所谓的好之、乐知的学习境界,还有北宋程颐读《论语》后所引发的感觉,"有读了全然无事者;有读了后其中一两句喜者;有读了后知好之者;有读了后直有不知手之舞之足之蹈之者。"他在这里所提到的"喜""好""手之舞之足之蹈之",就是指的学习的情感状态。此外,学习情感还包含人的学习毅力。看一个人的学习毅力,就是看其是否具有持之以恒学习的能力。

3)学习价值观

学习价值观,是指学习者对学习目标的取向,即学习是为了什么的问题。它对学习者的学习过程和学习结果都起关键作用,可以说,学习价值观直接决定学生在学习兴趣、学习积极性和学习动机等方面的表现。② 也就是学生在学习的过程中,为了什么目的而学习,学习对于自己的意义。在现实的教育活动中,教育实践往往受到实用价值的主导,当应试教育的实用价值占主导地位时,教学内容和方法的选择就会围绕着通过考试、升学、就业进行,教育被当成取得成就、谋生存的工具。外在的功利化需求可以作为一种促进学习的刺激因素,但并不意味着始终抱着功利化的倾向而学习。失去对学习本身的兴趣、意义生成的体验,会阻碍个人的自由充分发展,一旦离开了外在的刺激,这些通过学习已经获得的知识也会逐渐被个体忘却,在既定的资源中徘徊,很难突破天花板的限制,最终可能会导致人的片面发展和社会的单一发展。

4)学习动力

学习动力主要包括外部驱动力和内部驱动力,是推动学生学习的力量来源。内部驱动力产生于个体的内在要求,具有自发、自主的特性。比如个体的求知欲、学习兴趣等内在因素,可以激发个体自觉积极学习,一般会产生比较好的学习效果。外部驱动力,主要是指外部的一些因素所引发的学习动机,有较强的被动性。比如,有些学生为了得到父母、教师的认可和奖励等愉快的刺激或者避免接受父母、教师的惩罚等不愉快的刺激而学习,他们学习的原因不在于学习活动本身,而在学习活动之外。

(三)学习德性的外延分析

德性是人之本性,学习与人之为人是密切联系在一起的,是人之为人的方式,

---

① 王芳:《我国大学生学习力模型研究》,厦门大学 2019 年。
② 吕艳平:《试析农村中学生学习过程中的心理适应问题》,载《教育探索》2004 年第 11 期,第 91—93 页。

是人本身存在的表现方式，学习德性也是人性中重要的构成部分。在道德领域中，德性不仅仅是一种主观的意识范畴，同时也属于行为实践的范畴，是知行相互统一，是人的基本特性与规定，它可以帮助人过上更加有意义的生活。学习德性并非只是一种观念的存在，更重要的是它必须持续地通过实践来确证自身，并在学习实践过程中使内在品质不断得到提高。在了解了学习德性的理论内涵和本质特征的基础上，本研究尝试揭示学习德性的层次与应然的价值追求。

1. 学习德性的层次探析

学习德性也是与学习相关的利益与道德问题。教育存在论认为，教育价值取向包括教育本身价值取向和教育相关价值取向。教育本身价值取向就是以教育本身为出发点，为了实现人在交往中意义自我生成的价值追求；而为了教育本身以外的目的，将教育作为实现国家、社会发展和个人未来发展等这些外在目的的手段和工具的价值选择，就是教育相关价值取向。① 只有"人的意义生成"才是教育本身的目的，除此之外的只能算是教育的相关目的。我们把追求实现前者的选择，称为教育本身价值取向；而把追求实现后者的选择，称为教育相关价值。两者的关系为：教育本身价值是实现教育相关价值的根本，教育相关价值是教育本身价值的附属之物。② 可以进一步推导学习也有本身价值和相关价值。学习本身价值则是以学习本身为出发点，为了实现人在交往中意义自我生成的价值；学习相关价值是将学习作为满足实用价值的手段和工具。学习的最终至善目的应该是引领自身不断成长，提升智慧，自身修养成至善德性，最终走向爱智慧。虽然人的社会实践活动以价值论为基础，但应该由其本身提供支撑。如果只注重外在相关价值的实现，忽视内在价值对于人的完善所具有的更加深远的作用，则会失去对于外在价值的根本支撑。

"用学习"是以升学、获得成果、生存生活等相关价值为取向的实用性学习方式，忽视了对人的本身发展的价值关怀。在这种价值取向下，会导致学习的主体性缺失，通过外部刺激促进人的发展，学习能力得不到持久提升，存在一定的局限性。虽然通过大量的知识学习，智力得到开发，扩大了自身的知识容量，并且通过学习获得了一定学习成果，比如考试成绩合格、拿到奖学金、找工作等，为自身生存和生活创造了相应的物质财富，但是这种学习始终是在既定的教育资源中徘徊，无法进入先进科学知识、技术文化的内部，更无法在现存知识的基础上创造新的知识、技术和文化，这样的学习效果是短期的、有限的。

---

① 程晨、薛忠祥：《从相关到本身：教育价值取向的应然》，载《当代教育论坛》2016年第2期，第45—49页。

② 薛忠祥、马青香：《坚守教育的本身价值》，载《人民教育》2014年第21期，第18—20页。

"爱学习"是以确立学习的主体性为基础，立足于"以人为本"的发展观，激发学习者的内在潜力，使他们真正对学习本身感兴趣，从"要我学习"转变为"我要学习"，不仅仅满足于外在实用价值的实现，更加保持了人的独特个性，并实现人的自由充分发展以及创新能力的生成。"爱学习"是爱智慧、爱知识、爱德性的过程，有助于促进人和社会的多元化发展。

　　在学习这个求知的过程中，既有追求爱智（爱智慧、爱知识、爱德性），也有追求实用功利（用知识满足自己目前的价值需求）。但是实用主义并非建立在单纯的价值论基础上，而是由本体论提供支撑。我们强调"爱学习"，不是绝对地排斥实用性学习，二者不是完全相对的存在，而是应该正确看待二者的关系，坚持以学习本身作为相关价值的内在支撑。我们强调"爱学习"，并不是绝对地排斥实用性学习，二者不是完全相对的存在，应该正确看待二者的关系，坚持以学习本身为相关价值的内在支撑。

　　依此而言，可将一个人的学习德性层次划分为"用智""相对用智""相对爱智""爱智"。"用智"就是处于"困而学之"或者"困而不学向困而学之"的转化阶段，为了满足实用价值，受到外在的刺激，解决无知的干扰，追求符合自身需求的知识学习；"相对用智"是处于"用智"与"爱智"之间，但偏向于"用智"，处于"困而学之"向"学而知学"的转化阶段；"相对爱智"处于"用智"与"爱智"之间，但偏向于"爱智"，处于"学而知学"向"生而知学"的转化阶段；而"爱智"则是爱学习本身，爱智慧、爱知识、爱德性，实现从次生教育者向原生教育者的转变，不仅仅会体验到意义生成结果带来的实用价值，更重要的是意义对于自我生命力的提升，正如叶澜提出的"让课堂充满生命活力"，充分体现了对学生、学习的生命和意义关怀。

　　本研究建构了学习德性的层次模型，如图7-3所示：

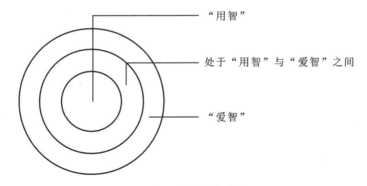

图 7-3　学习德性的层次模型

　　"爱智"的人是把哲学、智慧当作自己热爱的追求，乐知者则把求知当作自己的乐趣。同时，"爱智"与乐知还表现出超功利主义的求知心态，是一种本体论意义上的求知精神。"爱智"也就是"爱学习"本身，是一个人发自内心对知识纯粹本真的追求，但其并不是与功利完全对立的，外在的功利化需求可以作为一种促进学习的刺激因素，并不意味着为功利而学习。若一个人内心怀着一定的功利目的，在过程中带着一些功利性结果判断去审视学习，并不是真正对学习本身感兴趣或者热爱，那么其并不会得到自由充分的发展，其自身意义也得不到充分彰显。金生鈜认为："现代性教育试图用规训的技术、规训的道德、规训的知识为人们装备上最具生产力的功能，教给人们获取各种利益的手段，但这些手段是无法燃起生命和精神之火的。"① 但现实是，功利主义现象并不少见，其本质就是追逐私利，是对作为人的本性的漠视。同时也有很多家长将过多的压力放在孩子身上，使孩子为升学、就业而学，采用物质化的奖励等手段督促孩子学习，对孩子的学习观产生不良影响，最终束缚个人发展，阶段性的学习成果就成了人生的天花板。

一个人的德行可以反映出其德性，那么学习德性可以通过外化的学习德行体现出来。个体如果能够独立地做出学习价值抉择、判断，并根据自己的真实意思做出适当的行动，就是个人积极完善自我的实现过程。在没有外在的制度、规则、规范等强制约束的情况下，个体的学习德性也可能帮助个体能动地寻求和实现其作为人本身应有的价值，更有利于人的自由充分发展和社会的多元化发展。

当然，学习德性的培养要遵从外部环境和内在机制良性相互作用的原则，它是推动个人学习德性的形成和发展必须要考虑的。个体学习德性的形成与外界因素也是密不可分的，而这些外界因素总是借助主体内在转化机制起作用。外在利益往往只是整个社会发展的一个重要推动因素，而内部力量的获取才是个人自身价值提升的主要来源。而外在利益的诱惑又常会造成个人本性的丧失，使得个人很容易忽视自身的真正成长。这对于个人的完善和整个社会的发展来说都是十分不利的，也不利于社会的全面多元化发展。这就需要我们思考学习德性培养的应然价值追求。

2. 学习德性培养的价值追求——超越实用，走向本身

学习德性的提出并非主观意愿的必然产物，是因为德育自身也具有复杂特性，以及现代社会发展的必然要求，有着深刻的历史渊源和巨大的现实必然性。所以不管是从经济社会发展、人的发展或者德性的本质出发，学校德育都离不开对学习德性的培养。学习德性的培养与自身是否会学习、爱学习分不开，不仅是良好学习习惯的理性养成，更是一种追求突破自我界限的创新意义。所以，学习德性的培养还需要一种基于学习本身的内省、反思，使得知识力、语言力、觉解力、德性力得到充分提升，意义自由自主地充分生成，同时也是个人和社会更高的学习德性自觉、信念的建立。

---

① 金生鈜：《规训与教化》，教育科学出版社2004年版。

1）遵循学习本质和教育基本规律

（1）学习德性具有可教和生成的特性。

教育的本质是生成性的存在。在前文已经提到，亚里士多德将德性分为两种——理智德性和道德德性。理智德性主要通过教导而发生和发展，所以需要经验和时间。道德德性则通过习惯养成。① 理智德性是可以通过教导而形成的，这一部分是可教的；道德德性则主要是通过习惯养成的。二者统一起来才能真正地使"合德性的行为"与"有德性的人"达到统一。孔子所讲的"性相近也，习相远也"，表示人生下来都具有相近的天性，其他的所有性质都是要在后天当中形成的。因而，学习德性也是可以进行后天培养和教导的，不过，这里的"教导"并非指的是狭义上的灌输、传授，而是在教育交往的过程中，教育者细心、耐心地培育、引导，学习者能够自由充分地生成。

学习德性潜伏在学生个体的本性之中，需要教育者在教育实践过程中加以启发、帮助引导，同时它也依赖于学生个体的一种自主、自觉性。随着知识量的增加，智力也得到了进一步发展，学生在学习探究的过程中，也可以有意识地进一步反省和提升自己等等，而每一个提升阶段都伴随着专业知识的积淀和德性素养的突破。在教育者的引导下，学生的学习德性认知和实践将不断相互碰撞摩擦，进一步促使学习德性动态地生成和发展。综上所述，学生的学习德性是在自身的成长发展过程中，个人通过对外界事物的认识和经历的积淀和重组，以及对在意义生成过程中做出的个体体验、思考、感悟等，进而能够做出正确的学习价值判断而逐渐形成的。在学习德性培养的过程中，教师的相关德性也会对学生的学习德性的生成产生直接的影响，渗透到大学生学习德性培养的过程之中，起到不可或缺的作用。

（2）学习德性是人之为人的特性。

教育存在论认为，教育有自己本身的目的，由本体支撑其存在，有自己独立的内在价值。教育具有纯粹性，人的意义生成具有自由性、充分性和优先性，是原生教育和次生教育的统一。② 那么，学习作为人的本质性的活动，在教育存在论的基础上，可以被看作是对于已经有的人类文化成果的意义系统进行再度生成，这一过程也遵循觉解、领会的结果的意义生成律，只不过此时的意义是再度生成，不是原生意义。当然也会有人在习得已有知识的次生教育阶段通过沉思，有属于自己的意义新生，进一步由次生教育阶段进入创造新知的原生教育阶段。这两者并不是完全对立的，而是相互统一的。

在学习的过程中，一旦有人从既定的资源中跳出来，敢于面对未知的世界，然后又经过觉解、视域融合，进一步生成新的意义，从次生教育者变成原生教育者，

---

① 亚里士多德：《尼各马可伦理学》，廖申白译注，商务印书馆2003年版。
② 薛忠祥：《教育存在论——教育科学的形而上学基础研究》，武汉大学出版社2013年版。

产生更多新的原生教育。如果受到外界的安排和束缚，只看到现实的功利性，便会遮蔽人的本心，阻碍人的意义的自我生成。

学习是人的德性存在的寓所。对于人的一生来说，学习是个体存在的状态和手段，就像饿了要吃饭、困了要睡觉一样自然。离开学习，离开德性，人的存在也会变得没有意义，甚至还不如物品、工具的利他性。学习是点亮人性的基本方法，不学习、缺乏好的学习德性，就不知为人之道。所以，要养成好的学习德性，社会的科学文明成果才会更加多元化，社会才能更好地发展进步。

2）坚持"爱智"本位，臻于至善

（1）以促进自我生成为导向。

个体在做某些事情的时候，都会带有一定的意图和目的性。学习可以带来一定的效用价值，关键是采取怎样的态度对待学习本身。实际上，对这种问题的探讨，自古以来就有了。中国古代思想家的学习目的主张，大致可以划分为"明道"与"谋食"两类。孔子提出"学而时习之，不亦说乎"的主张，也表达了"学也，禄在其中矣"之类的话语。学习的目的是个人的成长、发展和提高。真正学有所得、完善自身，还是以外在的功利追求为主要目的，需要把握好两者之间的关系。

学习所产生的功效，总结起来大致有以下几点。

首先是为了获得利益，具体表现为社会的阶层地位、学习文凭、物质奖励等等。"教育的社会流动功能是指社会成员通过教育的培养、筛选和提高，能够在不同的社会区域、社会层次、职业岗位、科层组织之间转换、调整和变动，以充分发挥其个性特长，展现其智慧才能，实现其人生抱负。"[①] 通过接受教育，可以改变自己的命运，实现在社会中的流动。"教学是一个人们通过公平竞争机会实现社会流动、身份再造的过程。"[②] 从个体的一些自身条件、背景来看，每个人所拥有的经济资源、教育资源、社会资源等在客观上会存在着一定的差别。尽管竭尽所能，但还是会面临始终客观存在着的社会层次、公平等问题。从这个价值层面上来说，每个人通过自身的努力，尽可能争取到更好的教育资源、社会资源，这个"争取"本身是合情合理的，但是不能为了达到目的而不择手段。

其次是为了自我的生成和自身的成长。与功利主义相比，这一点更有利于自我和社会发展。这也并不是说极度排斥或抵制为功利、实用而学习，而是倡导要厘清学习目的的定位，在认识自我、提升自我的同时，也能为社会做出相应的贡献。但是，一味地只看到或者追求各种荣誉、地位、资源等外在的价值，而不去关注学习本身、人本身，只看到学习能为自己带来的外在利益，担心成绩高低，等等，会使人缺乏对更有高远境界的学习价值观的追求。

---

① 王道俊、郭文安：《教育学》，人民教育出版社2009年版。
② 戴双翔：《教学优良道德刍论》，浙江教育出版社2012年版。

(2)"爱智"是用智动机的基石。

从道德伦理学的角度来看，人类的自身发展、提升、完善，主要依靠自身的努力和修养。"只关注眼前利益，忽略对自己长远发展的必备素质的培育，最后迟早是要为自己的目光短浅付出代价的。"① 孔子云："古之学者为己，今之学者为人。"叶圣陶先生对这句话的看法是："为己，就是说所学都归自己受用，生活从而丰富美满。为人，就是说所学跟生活不发生关系，学如未学，徒然说些空话，摆个空架子，使人家误认他已经在学了。"② 孟子也曾经说过："君子深造之以道，欲其自得之也。自得之则居之安，居之安则资之深，资之深则取之左右逢其原，故君子欲其自得之也。"如此，学习的目的应该要立足于自身的不断提升、完善，通过学习找到本我，走向爱智本身，这才是学习之本。在这个基础之上，再去追求其他方面的利益，这样才更有意义。同样，外在的一些荣誉、利益等自然而然就来了，重要的是自己的本心是澄明的。在我国传统儒家文化中，有一种"内圣外王"的思想，强调的就是先将自身修炼到完善的境地，在此基础上也便能为社会做出更大的贡献。当然也不是要人人做圣人，这也是不符合现实逻辑的，但是我们依旧要坚持以本体论为支撑，将"爱智"这个基础打牢了，才能获得更多、更好的效用价值。

3)"最善利益"：让学习真正发生

(1) 学习主体的意义向度。

马克思曾指出，追求"人类的幸福和我们自身的完善"，应该作为大学青年在选择职业的时候。首先要考虑的问题，这一追求也值得成为每一个人应该努力达到的最高境界。其中，"自身的完善"，指的是要重视真才实学，属于知识层面；还要不断提升自身道德修养，属于德性层面。从这种意义上来说，"自身的完善"不仅仅是个体价值得以充分实现的关键机制，也是谋求人类幸福的基础。③ 明代王阳明指出，道德是知识的主宰，知识的获得与扩充，必须在道德的统领和主宰下进行。学习的目的不仅仅是扩充知识量，更要重视"为己"二字。

长期以来，学校在进行德育工作时，重点放在了生活道德、思想政治教育等方面，并没有厘清学校德育的定位和内容，导致学校德育工作困难重重。学习是一种以自身为对象的特殊实践活动，同时也是一种人性建构的过程。在这个过程当中，学生既是主体也是客体，主客体相互作用也就是学生与自我进行交往，进一步发展自我、完善自身，能够做到不断地反思、审视自我。所以，我们应该对过去关于学习的认识加以反思，从教材内容的"接受者"向自我的"对话者"转变。真正的学习不仅需要将"授人以鱼"转化为"授人以渔"，更重要的是要将"授人以渔"转化为"自授以渔"。这样才能促进学习主体在亲历知识、体验知识的过程中生成更多不

---

① 钱理群：《梦话录》，漓江出版社 2012 年版。
② 朱永新：《叶圣陶教育名篇选》，人民教育出版社 2014 年版。
③ 徐光春：《马克思主义大辞典》，崇文书局 2017 年版。

可预料的意义,这样才是意义的最大化。

(2) 有意义的价值的达成。

从传统意义上说,人实现自我价值,可以通过为自我服务和为社会服务这两种方式。但是就生命的内在表达形式而言,人建构起独立人格并充实精神层面的发展,使其发挥在生活世界中的创造性与改造性的作用,是基于人为自我服务的需要,这一过程只有通过学习才能实现。真正的学习能使自我不断产生反思的动力,反思动力是助推社会个体进行创造的前提。而自我创造则是人之所以为人的本质体现,它代表了人的一种精神追求在意义层面的实现。可以说,"学习就是人不断超越自己、提升自己的过程"[1]。

值得一提的是,这一过程的结果,必定伴随着物质积累的逐渐丰富。精神追求一般会通过外在符号化的形式,为人所认识与理解,它会反映在个体的生活世界中,比如生活质量、社会地位的高低,或者声望、名誉的积累等,都是一种精神追求外化的表现。而这些外化的表现形式背后其实是人通过不断学习来加深对外部世界的认识与人的自我超越的结果。可以说"超越与创新能力已经成为社会和个人生存发展的关键,没有超越与创新的人进入社会必将为变化所控制"[2]。正因如此,学习具备双重价值。但是在意义生成律的基础上,对于外在的实用利益的追求,其本质就是人在学习过程中,意义生成结果在多大程度上满足人的价值期待和需求。对于这样的价值取向,可以说是将学习局限在"价值最大化"的需求范围之内了,寻求符合最大收益原则的意义生成结果。然而往往可能会产生相反的效果,所收获的不会是最大收益,而是有限收益甚至最小收益或反收益,是"有心栽花花不开"。尽管目的上是追求最大化的收益,但是因为那个价值天花板阻碍了能够带来价值收益的意义本身的源头活水,所以最终会导致不利的局面。

超越"用智",走向"爱智"本身,是相对于实用价值取向而言的,并不是说要舍弃价值期待的满足,而是在遵循教育本质及意义生成规律的基础上,让意义本身能够自由充分地生成、发展,从而为其他后续相关价值提供取之不尽、用之不竭的源头活水。在此意义上对应于意义生成,实用利益的价值期待就是意义生成的副产品或附属之物,是有意义的价值的充分实现和达成,这样才能有助于高质量教育的发展,营造出多样化的意义局面。

3. 学习德性对人的整体素质结构的功用分析

目前主要是以知识本位、应试为主的教育,无论是家长还是学校,乃至学生自

---

[1] 李润洲、石中英:《人·学习·学习能力——构建学习型社会的哲学思考》,载《教育学报》2006年第1期,第62—67页。

[2] 王晓丽、李晨曦:《道德认同视野中人生自我价值实现探析》,载《湖北社会科学》,2016年第1期,第188—193页。

身，都更看重成绩，而不是自身的整体素质。面对一些具有挑战性或者未知性的任务时，就很容易将自身素质的不足暴露出来。如今，高质量社会、高质量教育的发展对人的素质要求也愈来愈高，要求从应试教育过渡到真正的素质教育。

关于人类整体素质的概念以及结构，目前的研究和讨论也有不少。基于学者们的研究成果基础，笔者认为人的整体素质是一个多层次、全方位、庞杂的系统结构，具有稳定性、根本性，包括自然素质、社会素质、精神素质，由人们习得的知识、能力、观念、情感等因素有机整合而成。与此相关的学习素质、创新素质贯穿于各个方面的素质之中，学习素质处于首要的、基础的位置，是人的所有素质构成的元素质，创新素质则是人的自身以及社会发展进步的原动力。素质结构图如图7-4所示。

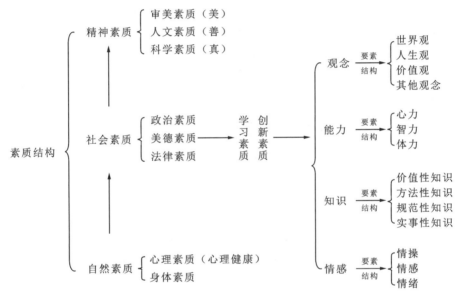

图 7-4 素质结构图

司马光云："才者，德之资也；德者，才之帅也。"个体意义的自由充分生成与人类社会的发展进步，离不开学习德性的引领。学习德性直接影响着个体的学习目的、学习态度、学习情感，同时关系到学习利益的价值关系，以及个人和社会发展的质量等方面。教育以学为本，人以学为本，要全面推进素质教育，就要高度重视学生学习德性的培养。学习德性的培养对于人的整体素质发展有着非常重要的作用，同时人的整体素质对学习德性的生成也有一定的促进作用。

1）为素质功能的发挥提供导向作用

自然素质会影响人的素质发展，后天的环境、教育也会对人的素质产生影响。学习德性可以为人的各类素质发展发挥正确的导向作用。学习德性不仅是人的学习的积淀成果，而且也是对人的素质结构的德性自觉。借助学习德性的生成，对个人素质的功能最大限度发挥加以引导。

人没有办法选择自己的出生，一开始没有办法决定自身的自然素质。在后天的学习中，如果不善加开发和利用，再好的天赋也会被扼杀在摇篮里，难以适应不断变化的生活环境，更难达到自我实现。人同时拥有自然属性和社会属性，因此脱离社会和人群的个人是不存在的，社会素质也不是与生俱来的，通过社会与个体的相互作用推动个体素质的形成和发展。当个体的学习德性形成后，对于其他德性的生成和发展也具有带动作用。做人的问题是人的素质发展的核心，而学习德性也是人之为人的基本特征，都与做人分不开。学习德性可以帮助人建构一个自我约束系统，不仅在学习上，而且在生活、思想等方面，都能够追求至善的目标。人不只是"为自己的人"，同时更是"社会人"。应在个人独处与社会生活之间保持均衡、互相协调，更好地适应和促进社会发展。当自身意义得到充分生成后，意义会给自身带来更多的实际效益，同时也会为社会带来好处。

学习德性有利于提高个人的精神素质，引领人们到达一个更高的学习境界。科学素质的发展要求人们在求知的过程中，必须坚持知识本身的教育价值，以科学本真的价值观、教育本真的道德观为导向。知识的意义不仅仅在于它的工具性，使人掌握某种技能，而是引领人自由、自主、自觉的意义的充分生成。总之，学习德性处于整体素质结构中的核心地位，它可以为人的整体素质发展提供方向。

2）可以促进学生整体和谐发展

学习德性引领人求真向善，从而使人格更加完满，对于促进人的整体素质和谐发展有着非常重要的作用。

首先，有利于实现与他人、社会的和谐相处。现在的社会关系比较复杂，社会也存在一些矛盾和冲突，学习德性对于营造自身与他人之间和谐共处的社会环境，有着重要的积极意义。对于具有学习德性的学习者来说，其在处理学习过程中的各种利益关系、交往关系等时，懂得怎样用正当手段获取学习利益，不采用不合理、不正当的行为去谋取学习利益。当有越来越多的原生教育者出现时，会引领社会朝向更美好的发展方向。

其次，有助于个人与自我的和谐相处。由于德性本身具有"向内看"的特点和要求，体现在人的对内关系上，学习德性可以帮助人们认识自我，找到本真的我，学会接受、改变、超越自我。一方面可以正确认知自己。学习德性可以帮助学生意识到自己是作为人的存在，并且能够理解学习本身所具备的德性，以便将人生的有限性融入到无限的意义探索与追求中。另一方面，可以帮助学生努力改善自我。学习德性能使人始终保持一种不断提升、自我发展的学习状态，做出明智的行为，不断完善自身，能够达到与自我的和谐发展。另外，学习德性可以帮助个体勇于突破自我、超越自我。学习德性是指向个体持久发展的，并不会满足于现状，而是尽力去挖掘自我，努力实现自我，不断超越自我，让自身的本质及功能得到最大限度的发挥。

3）有利于提升学生学习的主体性

现在越来越重视素质教育，强调主体性，其目的是充分发挥学生的主体作用，包括自主性、创造性、主观能动性等。在学习的过程中，如果主体缺乏好的学习德性，无法充分调动自己自觉学习的主观能动性，没有认识到自己作为学习者、作为人本身的存在，便难以支撑自己更加深远、持久的发展。同时，在教育发生的规律上，也要保证个体的自主、自由、自觉。教育以学为本，人也是以学为本。既然要建设高质量的教育体系、推进主体性的素质教育，就应该高度重视学习德性的培养。学习德性培养是其他各方面素质完善的保证。至善的学习价值观可以激发人们挑战自我、突破自我，成为其永恒的精神动力。作为当代大学生，他们所承担的不只是学习表面知识，更应该进入先进知识的内部，发展和完善自己，为自己和社会提供更大的发展空间。

4）可以引领学生的意义生成

学生的意义生成并非通过灌输就能达到，而是在教育的过程中，经过教师的引导及自身对人类历史、文化精神的体悟，在不断反思、沉思、叩问的过程中慢慢生成的。对知识力、语言力，一般人是基本可以实现的。但是觉解力、德性力需要个体有自主、自觉的意识。学习德性能够帮助学生树立起正确的世界观、人生观和价值观，在功利主义、享乐主义以及各种不良诱惑面前能够保持本真的自我，完善自我，服务社会。

学习德性能够促进知识、技术更新，激发创新意识，培养创新能力。现代科学技术更新得很快，任何一个研究领域的专业知识，都在不断发展变化，也需要为社会不断创造新知识，激发更多的活力。首先要打好基础，也即掌握好知识，培养创造力的前提。这也关系到如何运用自己的学习德性去对待知识的问题。其次需要观察、记忆、思维等很多认知能力的综合，开发自己的智力从而更有效地掌握、运用、创造知识。最后，要激发自身的创造力，在习得了现有知识后，领会、思考并生成自己的见解，再进行不断的反思、验证，并让创造的知识逐渐被大众所认知、接受，不仅可完善自己，也能为社会的发展提供动力。

对于学校德育来说，其根本目的就是培养学生完善的学习德性，提升学生的整体素质，帮助学生过上合德性的幸福生活，使其成为高品质的综合人才。学校要为学生学习德性的培养和发展创造良好的条件和环境。学习德性引导、支持人的价值选择，具体表现为对真善美的追求，可以启迪、激励、引领学生的发展，使之走向智慧人生。总而言之，学习德性对于每个个体的成长、发展都有着重大的意义，培养学生的学习德性也是学校进行德育工作时的主要宗旨和基本目标。

四 大学生学习德性的培育策略

"求知是所有人的本性"。① 作为人，我们必须学习，也只有通过学习，我们才能成为人，"每个人都是在学习中成为人的"②。德性是人性特征，而学习是人之成人的方式，也即是人获得人性与德性的过程。下面针对目前学生学习德性存在的问题，基于学习德性的内涵和本质，探讨学习德性的培育策略。

（一）涵养学生的学习德性意识

"你们是自由的，因此是负有责任的"③。亚里士多德认为："一切行为都是自己的行为……既然行为是自己主宰的，经过策划和自愿的，那么自己就负完全责任。"④ 学生既享有自由学习的权利，同时必须为自己的学习负责。让学生能够实现自由学习，也能帮助学生脱离不合理的禁锢和约束，使之能够成为学习活动的主体。

1. 重建学习的主体性

第一，在学习自由中解放主体。传统教育观认为，学生是教育的客体，只能单纯地被动接受知识，好奇心和求知欲也随着心智和年龄的发展逐渐被磨灭，有时候还会选择逃离和躲避课堂。面临外在的限制和约束，学生失去了基本的自由，无法在自由的环境下实现自主、自觉的意义生成。要帮助学生从教育的客体中解脱出来，帮助他们意识到自己是学习的主人，拒绝模式化的训练，生成不同于别人的自我。当然，自由并非随心所欲、为所欲为，而是自由与责任的统一。

第二，在承担学习责任中感受自由。完全自由的人应该是对自我负责的，责任从本质上来说，是出于个体的自觉行为。对自己的学习负责任，是主体自身的自由、自觉精神的表现。学习活动本身就是自我建构、人性塑造的实践过程，需要依靠主体的自觉性，而自觉性又依赖于主体对责任的理解与认同。个体如果能够勇于承担学习责任，就会体现出学习的主体性，也就会在承担责任的活动当中，感受到主体自由的内涵。

---

① 亚里士多德：《尼各马可伦理学》，廖申白译注，商务印书馆2003年版。
② 迈克尔·欧克肖特：《人文学习之声》，孙磊译，上海译文出版社2012年版。
③ 马志尼：《论人的责任》，吕志士译，商务印书馆1995年版。
④ 亚里士多德：《尼各马可伦理学》，廖申白译注，商务印书馆2003年版。

2. 发挥主观能动性，走出"自我迷失"的困境

相对以前的应试教育阶段，大学的学习环境更加宽松自由，学生也有了更多的自主选择。要求学生能够对自身进行主观的管理与调控，凸显出主体的主观能动性，这也是大学生必备的基本素质。

大学生应该明确学习的主要目的不是为了父母、老师及其他人，学习首先是自己的事情，他人的期望、肯定或者赞赏只是学习过程中的一个外在激励因素。学习也不是为了获得物质上的享受满足，这样带有功利性的学习不能作为支撑自身发展的持久性因素。在学习的过程中，主体与客体都应该是大学生自身，大学生的学习应该是为自己而学、为自己而负责，是为了丰富个体的精神内涵并实现自我的意义充分生成与发展。

提升学习的效率，注重学习的方式方法。首先，大学生可以制订学习计划，可以是系统的，也可以是详细的，以确定各个阶段性的学习目标，并且一定要坚持有计划性地学习，以免突如其来的任务给自己造成压力与焦虑。其次，要学会自觉抵制诱惑与懈怠，要对自己的学习进行反省和总结，这也是慎独精神的体现，提升学习的自主能力和自律能力。

学习也是与自我、他人对话互动的过程。"见贤思齐焉，见不贤而内自省也"，向他人学习、采纳他人的忠告也是完善自我的方式。但是，绝不可以没有辨别性地单纯依赖他人的学习经验，受到他人的影响，人云亦云，这也会失去学习的主体性，也是对自己不负责的行为。也要加强对自身的理解，审视自身，更好地认识自我，做出合德性的行为。

3. 树立正确的学习价值观

对于大学生来说，他们的身体、心智等发展得已经比较完善，会有各自不同的思想、态度、看法，在学习目的的价值取向上也各有差异。

学习要以促进自我生成为导向，确定个体发展价值，充分重视学生个体的主体性。这并不是说极度排斥或抵制为功利、实用而学习，而是倡导要厘清学习目的的定位，在认识自我、提升自我的同时，也能为社会做出相应的贡献。但是，不能只看到或者追求各种荣誉、地位、资源等等外在的价值，而不去关注学习本身、人本身。

学习目的应该要立足于自身的不断提升、完善，通过学习找到本我，走向"爱智"本身，这才是学习之本。在这个基础之上，再去追求其他方面的利益，这样才更有意义。同样，外在的一些荣誉、利益等自然而然就来了，重要的是自己的本心是澄明的。在我国传统儒家文化中，有一种"内圣外王"的思想，强调的就是要先将自身修炼到完善的境地，在此基础上也便能为社会做出更大的贡献。当然也不是

要人人做圣人，这也是不符合现实逻辑的，但是我们要坚持以本体论为支撑，将"爱智"这个基础打牢了，才能获得更多、更好的效用价值。

4. 完善心理与行为调适能力

情由心生，意从心出。由于人的行动和情感会受到心理、思想的支配，所以个人的心态的改变也会影响到行为主体的活动意图，对大学生而言，对自身的心理、心态进行管理和调试也非常重要，因此大学生要时刻关注个人的心理变化。

一方面，大学生要学会对个人的情感加以管理。李叔同云："盛喜中，勿许人物；盛怒中，勿答人书。喜时之言，多失信；怒时之言，多失体。"① 当人的心理和情感都处在一个非理性的环境中时，也会做出非理性的选择和判断。随着环境的复杂变化，会面临很多的压力和困境，大学生更应该学会平衡自身的心态，保持理性，提升在困境中解决问题的能力。

另一方面，大学生应该学会自觉抵制外界的诱惑。欲望会支配主体的心理，甚至会异化主体的人性，从而促使主体在利益的诱惑下，产生不自由的心态，并且做出不负责任的行为。因此，在学习的过程中，大学生要守牢意志防线，避免做出违德的行为。

（二）以德育人，变革教学方式

1. 追求德性教学

规范伦理规定了教学过程中教师和学生应该做的和不该做的行为。不可否认的是，它可以在一定程度上保证教学的正常进行，但无形之中给教师和学生划分了等级关系。

从生命的意义出发，意味着教师用自由的精神和合适的教学方式，创新教学过程。德性教学恰恰是接受一切无形之中不可预料的各种可能性，尊重生命本身的意义，创造出更有生命力的教学。应当意味着一种强制，教师用自己的思维告诉学生什么是应当做的，这不利于学生学习的主动性及教师的成长。倡导教学方式的变革，将学生作为主体，就是从学生的生命意义出发，从人性的角度出发，尊重学生的人性，给予他们在学习中的自由，培养他们自主探索的学习精神。德性教学的这种思想，对教学方式的变革具有一定的作用。

---

① 张笑恒：《李叔同的禅修智慧》，台海出版社2016年版。

2. 开展探索性和创造性教学

如果在教学中，缺失了探索性与创造性，不仅会产生很多价值性问题，还会影响个体自身的可持续发展。在教育发展的历史长河中，随着科学文化知识总量的增加和新的知识的产生，以及社会各种情况的复杂变化，相比记忆、学习现有的知识来说，通过探究、钻研来创造出新的知识显得更加重要和必要。在某种意义上，这样一种对于"爱智"的追求，使人的学习更像是学习了。

杜威曾经通过观察学生在学校里的学习状况，发现兴趣与探究是人与生俱来的两种本能表现，而且这两种本能表现会贯穿人的一生。培养学生的探索和创新能力是学校教育和大学老师所应尽的职责，也需要为其发生提供自由充分的教育环境。现在，在很多教学活动中，教师的课堂教学引不起学生的兴趣，主要是因为学生缺乏主体自由。

在教学过程中，不仅要营造自由氛围，而且要对个体的智力和思维予以尊重。与教师提出"你是怎样想的"这样的问题相比，那些还能够进一步追问"你为什么这样想"的教师，不仅多的是耐心，更加深刻地体现出对学生观点的认可、欣赏，以及对学生个人自主思考权的充分尊重。

同样应该明确的一点是，崇尚在教育中的探索和创新，绝非指向被教育者一方，也就是说，唯有倡导和力行探索和创新的老师，才会启发和提高学生的探索和创新水平。有了创造性的教，才有创造性的学。

3. 关注生成性教学，建立反思式教学

第一，由计划主义教学转向关注生成性教学。雅斯贝尔斯认为："教育绝不能按人为控制的计划加以实行。教育计划的范围是很狭隘的，如果超越了这些界限，那接踵而来的或者是训练，或者是杂乱无章的知识堆集，而这些恰好与人受教育的初衷背道而驰。"[①] 由此可见，计划主义在一定程度上缺乏人性关怀，容易导致人成为被训练的对象。学生是发展的人，如果按照计划被安排，会给其套上很多框架和束缚，阻碍学生的自由充分发展。当然，并非绝对抵制计划主义教学，因为人其实是有意识、有计划的，只是反对它对于那些并不能计划的部分做出强制指导，不能计划的那些部分，是在教学过程中生成的新思维或者新知识，即生成性教学。"生成的核心就是创造，过程即创造。"[②] 生成性教学实际上是对学生的关注、对学习本身的关注、对创造的关注，可以为学习意义创造更多的空间与可能。

---

① 雅斯贝尔斯：《什么是教育》，邹进译，生活·读书·新知三联书店1991年版。
② 郭元祥：《论教育的过程属性和过程价值——生成性思维视域中的教育过程观》，载《教育研究》2005年第9期，第3—8页。

第二，建立反思式教学。所谓反思，就是对过去发生的一些事情进行再度思考，是思考的再思考。反思过去的不足，以获取与现在问题相关的信息，并处理实际中的问题。反思教学是与课堂实际密切联系的教学方法，重点在于老师对课堂教学的反思。当然不是简单的对学生学习不足的反思，也是对自己的课堂教学的反思；不仅仅是为了学生的发展，也有助于教师自身的成长。

4. 教师作为课程，成为学习德性的典范

从教育发展史来看，教师一直被视为知识的传授者，课堂的组织协调者，学生学习的解惑、教导者。教师与课程之间的关系是不断变化的，大致经历了从浑然一体到分化，再到融合的过程。20世纪70年代，施瓦布认为教师不是孤立于课程之外的存在，而是课程的有机组成部分，教师是课程的创生者、课程的主体。所以，他从实践课程的范式视野出发，提出了"教师是课程"的观点。20世纪90年代，佐藤学提出，在教学活动中，教师不是一个纯粹的"中间人"，而应该是一个"介入者"，教师的伦理道德、经验学问和实践知识同样会对学生产生影响。钟启泉认为，任何设计好的课程都需要教师去落实到课堂教学之中，从这个意义上说，"教师即课程"。① 这样来看，教师不只是在课堂上传授课程知识给学生，教师自身就是课程的一部分，是学生学习德性生成的重要引领者和学习典范本身，对学生学习德性的生成也会产生直接影响。

教师作为课程，不仅仅是实施课程的主体，而且是开发和创生的主体，也使得教师的主体性得到最大限度的发挥。进一步说，只有作为主体的教师才能培养出具有主体性的学生，只有作为一个真正意义上的"人"的教师，才会认识并尊重作为"人"的学生的自身价值，将自己的真实思想、情感与学生作充分的交流，真正实现教学过程中"人"与"人"之间的交往、对话、协商。②

首先，教师要以身作则，提高自身的德性修养和专业素质。进入高质量教育发展的新时代，要更好地发挥教育的功能，使人类的优秀文化得以持续发展，就要求教师不能仅仅向学生传授课本上的知识，要积极主动地学习，学会反思自己的教学行为，不断提升自身的教学能力和水平。教师要经常对自己的教学行为、伦理道德进行反思。"其身正，不令而行；其身不正，虽令不从"。卢梭曾说过："你要记住，在敢于担当培养一个人的任务以前，自己就必须造就成一个人，自己就必须是一个值得推崇的模范。"③ 为师者，要为人师表，以身作则，用自己的优秀德性影响学生。

---

① 段鸿：《论教师作为课程》，上海师范大学，2013年。
② 邓平：《教师即课程资源——对教师的新解读》，载《内江师范学院学报》2012年第11期，第137—140页。
③ 卢梭：《爱弥儿：论教育（上卷）》，李平沤译，商务印书馆1978年版。

其次，教师作为学生成长路上重要的引领者，要提升自己的教育智慧，主动学习。要会把握教育时机，有一双敏锐洞察的眼睛，在教育交往中能够捕捉和发现学生潜在的学习德性，采取切实的行动将其诱发出来，并转化成现实的学习德性。教师要以德立身，做到言传身教相统一，严格要求自己，也要会教导学生；要以德立学，坚持潜心问学；要以德施教，坚持教书与育人相统一。教师要与课程相融合，与自身、与学生对话。

5. 构建平等公正的师生关系

就目前来看，平等的师生关系并非一种"实然"状态，而是一种"应然"状态，既因为师生之间客观存在的差异，也因为老师往往在主观上没有把学生们看作与自己地位平等的主体。然而，良好的师生关系是教学活动顺利进行的重要影响因素。

只有当学生在教育活动中，充分感受到老师对自身的尊重并将自身看作平等的主体时，才可以与老师处于一种积极友好的交往互动中。同时，不管是在伦理道德层面，还是在法律等制度层面，老师与学生之间都是一种平等的关系。从伦理层面上来说，每个学习者都希望自己可以得到老师的尊重与认可，但前提是老师要把学生看作平等的主体。从法律等制度层面来说，学生与老师在政治生活中的权利等方面是一样的。这些都是建立平等公正的师生关系的内在依据，师生关系是由这种师生之间平等相待的内在依据所决定的，老师应该充分发挥培育的主动性，努力将这种理想化的师生关系转变为现实。

（三）协同推进，回归育人宗旨

学校作为学生学习的主阵地，要充分发挥作用，为学生学习德性的培育创造有利的环境。

1. 要明确学校德育的边界

根据德性的本质及其生成机制，就学校环境下的德性及培养而言，其利益关系主要是学习利益。学校德育的主要内容应该是学习德性的培育，而不是成为功利的附庸，不然会导致学习其他德性时的核心支撑不足。学习德性不是靠灌输和说教就能够形成的，也不是一蹴而就的，要求学校把握好学校德育的重心。

2. 树立和践行以人为本的管理理念，回归育人的管理目标

目前大部分的学校行政管理忽视了育人的重要性，是对人的忽视。所以，要重

新树立并实施以人为本的学校管理理念,更加尊重每一个教育主体作为人的存在,确立保障学生自由充分发展的德育管理目标,以实现真正的育人目的。从以"训练式的教"为主转向以"育性"为根本。例如,学校要充分尊重教师和学生的主体地位,营造敬畏学术研究的氛围,避免让教师、学生成为科研、成绩等的附庸,为其制定良好的管理制度并做好资源环境安排。

3. 坚持无差别的教育人道与正义

要完善学校管理机制的弹性建设,提升人性化水平,坚持教育人道与正义。每个个体在其先天的能力、素质上是差不多的,但是后天的一些条件、背景,如家庭环境等会存在较大的差别。每个人都应该平等享有学习、意义生成的权利,"教育正义是面向所有人的正义……这里强调人的发展,是对所有人来说的。"① 如果能做到这样,那么每个人都能尽可能地接触到人类已有的知识文明成果,并拥有更多自由生成和发展的空间,从而创造出更多的意义成果。学校作为学生交往的主要环境,老师作为重要的他育者,要为学生提供自由充分的意义生成条件,掌握科学的教育观和教育方法,引导学生成为一个完整的自己。

思考题

1. 中外关于"德性"概念的含义有何联系?
2. 为什么要形成学习德性?
3. 学习德性的内涵是什么?
4. 怎样培养学习德性?

---

① 舒志定:《马克思正义批判语境中的教育正义》,载《教育研究》2015 年第 7 期,第 4—10 页,第 63 页。